PLANEJANDO O
TRABALHO
EM GRUPO

C678p   Cohen, Elizabeth G.
            Planejando o trabalho em grupo : estratégias para salas de aula heterogêneas / Elizabeth G. Cohen, Rachel A. Lotan ; tradução: Luís Fernando Marques Dorvillé, Mila Molina Carneiro, Paula Márcia Schmaltz Ferreira Rozin ; revisão técnica: Mila Molina Carneiro, José Ruy Lozano. – 3. ed. – Porto Alegre : Penso, 2017.
            xxix, 226 p. : il. ; 23 cm.

            ISBN 978-85-8429-101-4

            1. Trabalho em equipe. 2. Métodos de trabalho. 3. Processo de ensino-aprendizagem. I. Lotan, Rachel A. II. Título.

CDU 37.091.312

Catalogação na publicação: Poliana Sanchez de Araujo – CRB 10/2094

PLANEJANDO O TRABALHO EM GRUPO

ESTRATÉGIAS PARA SALAS DE AULA HETEROGÊNEAS

3ª Edição

Elizabeth G. COHEN
Rachel A. LOTAN

Tradução:
Luís Fernando Marques Dorvillé
Mila Molina Carneiro
Paula Márcia Schmaltz Ferreia Rozin

Revisão técnica:
Mila Molina Carneiro
Mestre em Política Educacional. Membro do Corpo Técnico do Instituto Sidarta.

José Ruy Lozano
Licenciado em Ciências Sociais e Letras pela Universidade de São Paulo (USP).
Membro do Corpo Técnico do Instituto Sidarta.

Instituto Sidarta

2017

Obra originalmente publicada sob o título *Designing Groupwork: Strategies for the Heterogeneous Classroom*, 3rd Edition
ISBN 9780807755662

Copyright © 2014. First published by Teachers College Press, Teachers College, Columbia University, New York, New York, USA. All Rights Reserved.

Gerente editorial: *Letícia Bispo de Lima*

Colaboraram nesta edição
Editora: *Paola Araújo de Oliveira*
Capa: *Márcio Monticelli*
Preparação de originais: *Cristine Henderson Severo*
Leitura final: *Grasielly Hanke Angeli*
Editoração: *Kaéle Finalizando Ideias*

Reservados todos os direitos de publicação, em língua portuguesa, à
PENSO EDITORA LTDA., uma empresa do GRUPO A EDUCAÇÃO S.A.
Av. Jerônimo de Ornelas, 670 – Santana
90040-340 – Porto Alegre – RS
Fone: (51) 3027-7000 Fax: (51) 3027-7070

SÃO PAULO
Rua Doutor Cesário Mota Jr., 63 – Vila Buarque
01221-020 – São Paulo – SP
Fone: (11) 3221-9033

SAC 0800 703-3444 – www.grupoa.com.br

É proibida a duplicação ou reprodução deste volume, no todo ou em parte, sob quaisquer formas ou por quaisquer meios (eletrônico, mecânico, gravação, fotocópia, distribuição na Web e outros), sem permissão expressa da Editora.

IMPRESSO NO BRASIL
PRINTED IN BRAZIL

Autoras

Elizabeth G. Cohen (1932-2005) foi professora emérita de educação e sociologia na Universidade de Stanford. Ela pesquisou sobre o aumento das expectativas de competência de jovens com baixo *status*. Seu trabalho começou no laboratório, mas se estendeu a escolas não segregadas e multilíngues. Ela escreveu amplamente sobre aprendizagem cooperativa, ensino em equipe, isolamento do professor e avaliação de pares.

De 1982 até a sua aposentadoria em 1999, Elizabeth Cohen dirigiu o Programa de Ensino para Equidade. Convencida de que as teorias sociológicas apresentam significado para a educação, ela trabalhou com centenas de professores dos anos iniciais e finais do ensino fundamental na implantação de salas de aula baseadas em atividades para populações heterogêneas do ponto de vista acadêmico, étnico e linguístico.

Rachel A. Lotan é professora de educação na Universidade de Stanford. Com Elizabeth Cohen, codirigiu o Programa de Ensino para Equidade iniciado em 1986. Desde 1999 tem atuado como diretora do Programa de Formação de Professores de Stanford. Começou sua carreira como professora do ensino fundamental e médio, e posteriormente realizou sua formação avançada em educação e sociologia na Universidade de Stanford.

Trabalhando com professores nos Estados Unidos e em todo o mundo, Rachel A. Lotan compartilhou seu conhecimento e experiências na construção de salas de aula equitativas. Ela defende que todos os estudantes em salas de aula heterogêneas tenham acesso a currículos academicamente desafiadores, experimentem uma participação de *status* igualitário e possam demonstrar de maneira bem-sucedida sua compreensão e suas habilidades como um objetivo pedagógico e moral fundamental.

Dedicatória

Para os alunos de graduação da Stanford School of Education, que me ensinaram sobre escolas.

Elizabeth G. Cohen

À memória de Elizabeth G. Cohen, que nos ensinou sobre a pesquisa de práticas significativas em serviço.

Rachel A. Lotan

Agradecimentos

TERCEIRA EDIÇÃO

Meu apreço e gratidão se destinam aos muitos professores que compartilharam comigo seus conhecimentos e habilidades, sua tenacidade e seu compromisso em tornar o mundo um lugar melhor para todos os jovens. Dentre eles, os licenciandos do Programa de Formação de Professores de Stanford tiveram um local especial no meu coração à medida que aprendia com eles e a partir deles.

Sou agradecida aos meus colegas e aos vários filiados ao programa de Ensino para Equidade. Obrigada por sua amizade e por sua confiança em mim. Estamos juntos nesse trabalho há um longo tempo. Um agradecimento especial à Dra. Nicole Holthuis, cujo apoio, feedback e bom humor me mantiveram organizada e no caminho certo.

SEGUNDA EDIÇÃO

O trabalho inicial deste livro foi apoiado pelo Instituto Nacional de Educação (National Institute of Education), Bolsa No. OB-NIE-G-78-0212 (P-4).

Agradeço leitura cuidadosa e crítica construtiva de Annike Bredo, Susan Rosenholtz, Theresa Perez, Rachel A. Lotan, Joan Benton e de minha irmã e editora favorita, Miriam Finkelstein.

O professor Amado Padilla forneceu conselhos valiosos sobre a revisão do capítulo sobre a sala de aula bilíngue. Também gostaria de reconhecer a assistência e influência de Cecilia Navarrete, que me fez entender muito sobre as exigências da vida em sala de aula bem como forneceu estímulos sobre a educação do aluno de minorias linguísticas.

Finalmente, sou muito grata aos vários professores em sala de aula que trabalharam comigo na utilização dessas técnicas, ajudando uma socióloga a desenvolver conhecimentos úteis para o professor praticante.

Prefácio à Edição Brasileira

É com imensa alegria que escrevo este prefácio. Em primeiro lugar porque tive a felicidade de conviver na Universidade de Stanford com a educadora Rachel Lotan, uma das autoras. Ela vive incansavelmente sua obra, colocando em prática os princípios e as estratégias apresentados neste livro toda vez que se depara com uma sala de aula.

Também tive a oportunidade de observar esse trabalho na Universidade de Stanford e em escolas públicas na Califórnia. Vi alunos de origem social e racial diversas, com conhecimento prévio e personalidades muito diferentes, engajados em um currículo desafiador, muito além do currículo estadual proposto ou do que se esperaria encontrar em uma sala de aula da periferia latina de Oakland. Não é à toa que o livro se tornou um dos mais vendidos entre os educadores norte-americanos.

É um alento encontrar uma obra que, sem desprezar a teoria educacional – "não há nada mais prático do que uma boa teoria" –, constrói o caminho para o exercício docente de maneira estruturada, clara, objetiva e didática. Obras assim são raras no Brasil.

O livro não só apresenta os princípios teóricos e a pesquisa que sustentam o trabalho em grupo, mas acima de tudo descreve passos importantes para a sua concretização, guiando o professor no seu percurso, sem desprezar sua inteligência ou capacidade profissional. Pelo contrário, o respeito a esses profissionais e à complexidade de seu trabalho diário motivaram as autoras a escrever este livro. Portanto, a obra pretende colocar a teoria e a pesquisa a serviço do trabalho em sala de aula e do aprendizado de todos os alunos.

A dicotomia entre equidade e excelência tem permeado o debate sobre política educacional e trabalho docente por anos. O senso comum afirma que um currículo desafiador resultará no aprofundamento das desigualdades. Ao mesmo tempo, ao nivelar por baixo, alguns não serão desafiados. Portanto, o professor se vê diante da tarefa de ajudar aqueles com mais dificuldades ou apostar nos que sentam nas carteiras da frente. Para Cohen e Lotan, essa dicotomia não precisa e não deve existir. O trabalho em grupo é a arma mais eficaz para a obtenção de resultados ao mesmo tempo equitativos e rigorosos.

Para isso, é preciso deixar de lado nossa percepção sobre trabalho em grupo, seja na condição de aluno ou de professor: algo artesanal ou intuitivo em que uns poucos fazem tudo, seja porque alguns não conseguem ter voz, seja porque há quem se aproveite dos mais esforçados. Além disso, para muitos professores esse tipo de atividade significa mais ruído, conflito e indisciplina, com poucos ganhos visíveis para a aprendizagem.

Trabalho em grupo, na perspectiva desta obra, leva em conta questões já mapeadas pela pesquisa na sua estratégia de preparo e implementação (*status*, papéis no grupo, normas, tipos de atividades, etc.). Portanto, a intervenção do professor em sala de aula é diligentemente preparada e implementada visando a participação equitativa e a democratização de um aprendizado relevante e rigoroso. A obra nos ensina como colocar isso em prática por meio de sugestões concretas de como os professores podem pensar e organizar seu trabalho: passo a passo, atividades, protocolos, etc. Essa é a contribuição mais profunda e relevante desta obra para o contexto educacional brasileiro.

Portanto, todos aqueles professores que compartilham o anseio de uma educação de qualidade para todos e que se sentiam, como eu, largados à própria sorte para seguir sua intuição, têm nesta obra um aliado na sua luta.

Paula Louzano
Doutora em Política Educacional pela Universidade de Harvard

Apresentação à Edição Brasileira

O Instituto Sidarta busca contribuir para alterar as políticas públicas educacionais por meio da pesquisa e da formação de educadores de ensino básico no Brasil.

Fundado em 1998, o Colégio Sidarta, Escola de Aplicação do Instituto Sidarta, reinventa-se como locus de formação docente e de pesquisa, aliando teoria à prática de forma coerente e com rigor acadêmico.

Foi na busca incessante por excelência e compromisso com a sociedade que, em 2015, encontramos ressonância com o trabalho desenvolvido pela Universidade de Stanford.

Após a visita a salas de aula que nos foram apresentadas pela professora – hoje nossa mentora – Rachel Lotan, ficamos convencidos de que o que imaginávamos era possível. Na sala da professora Laura Evans, os alunos, instigados por uma proposta desafiadora, estavam visivelmente engajados e comprometidos com a aprendizagem colaborativa. Em grupos de no máximo cinco alunos, conversavam muito entre si a respeito da atividade. Frases como "Você entendeu?" ou "Preciso de ajuda para entender essa parte." eram frequentes entre eles. Laura observava atentamente e fazia comentários no quadro, elogiando ou reforçando determinado comportamento dos grupos. O mesmo acontecia na sala de aula do professor Carlos Cabana, em outra escola pública. Ele fazia perguntas desafiadoras para os alunos, que trabalhavam com autonomia em um ambiente acolhedor. Carlos enfatizou como o trabalho em grupo com delegação de autoridade promove uma aprendizagem consistente e mais aprofundada.

Naquele momento, estávamos convencidos de que não só era possível como necessário compartilhar esse conhecimento com professores de todo o Brasil.

Em março de 2016, iniciamos os estudos e a implementação do Ensino para Equidade (EpE) nas salas de aula do Colégio Sidarta. Sabemos que essa é uma longa jornada que começamos a trilhar, mas já observamos mudanças em nossos gestores, professores e alunos. Carlos, que nos deu a honra de sua visita em junho de 2016, apenas três meses após nossa primeira visita a sua sala de aula, notou a autonomia e a atmosfera colaborativa dos alunos.

É por meio do trabalho em grupo, cujas premissas são a diversidade e as trocas entre pares como principal matéria-prima para a construção do conhecimento, que o EpE materializa os três princípios do Instituto: "é essencial estimular a consciência do serviço à sociedade", "teorias não substituem experiência de vida" e "sabedoria é reconhecer a unidade que existe na diversidade".

A adaptação do termo em inglês *Complex Instruction* para o termo em português Ensino para Equidade nasceu da interpretação do que Rachel entende ser a essência dessa proposta com o Trabalho em Grupo para Salas Heterogêneas para a promoção da equidade. Muito além de estratégias de trabalho em grupo, o EpE parte da convicção de que todos os alunos são capazes de aprender e oferece estratégias para salas de aula intelectualmente instigantes e colaborativas.

Agradecemos à socióloga Lourdes Atié e a Adriane Kiperman, do Grupo A, por acreditarem na importância de tornar este livro acessível aos professores brasileiros.

Nossos agradecimentos à educadora Paula Louzano que, com sua convicção de que a mudança real na educação ocorre no microuniverso da sala de aula, viabilizou nosso encontro com essa proposta.

Nosso profundo agradecimento à professora Rachel Lotan, por sua generosidade em compartilhar seus saberes por meio da tradução de seu livro e por confiar ao Instituto Sidarta o papel de propagar seus estudos no Brasil.

Instituto Sidarta

Prefácio à
Terceira Edição

Existem poucas práticas em educação mais bem fundamentadas, mais duradouras e mais amplamente bem-sucedidas do que o Ensino para Equidade, objeto deste livro útil e fascinante. Inicialmente concebido a partir do trabalho teórico da socióloga Elizabeth Cohen e ampliado e refinado posteriormente com os conhecimentos pedagógicos especializados de Rachel A. Lotan, *Ensino para Equidade* transformou milhares – talvez milhões – de salas de aula nos Estados Unidos e em todo o mundo. Como afortunada colega tanto de Cohen quanto de Lotan na Universidade de Stanford, tive o privilégio de vivenciar esse trabalho de maneira próxima e pessoal, à medida que se desenvolveu nas centenas de diferentes salas de aula ocupadas pelos graduandos do Programa de Formação de Professores de Stanford (Stanford Teacher Education Program, STEP) e por alunos do programa de Ensino para Equidade ao longo da Área da Baía da Califórnia.

Quando Rachel e eu redesenhamos o STEP no final dos anos 1990, concordamos que o curso sobre salas de aula heterogêneas que ela havia dado como disciplina eletiva seria parte do currículo central do STEP, uma vez que apresenta um corpo de conhecimentos essencial e um conjunto de ferramentas valiosas para todos os professores. Ele continua sendo um dos cursos mais populares no programa, e seus ensinamentos agora também fazem parte de muitos dos demais cursos. O valor da aprendizagem colaborativa é bem conhecido, assim como os desafios práticos. Cada um de nós, sem dúvida, teve experiências ruins com o trabalho em grupo, nas quais alguns membros do grupo foram excluídos ou tiveram dificuldade em se concentrar na tarefa enquanto um ou dois outros terminaram assumindo a responsabilidade por concluir uma atribuição, frequentemente deixando os demais ressentidos. Muitos fracassos na sala de aula resultaram de um professor ter passado um trabalho em grupo sem saber como organizar a atividade e o processo de aprendizagem dos alunos de modo que fosse produtivo para todos.

Diferentemente desse cenário, em uma sala de aula de Ensino para Equidade você encontrará um murmúrio de conversas produtivas preenchendo a sala. Alunos em grupos heterogêneos se envolvem em intensas conversas com três ou quatro dos seus colegas sobre um problema substancial que estão tentando resolver conjuntamente – um problema que exige a atenção e os esforços de todos eles (i.e., uma tarefa adequada para o trabalho em grupo). Alguns deles explicam suas ideias, outros escrevem seus pensamentos ou procedimentos, enquanto outros ainda trabalham com materiais físicos para aprofundar sua tarefa. Eles serão guardados por um gerenciador de materiais enquanto um controlador do tempo os ajuda a acompanharem o progresso que estão fazendo no tempo destinado à tarefa, ao fim do qual o grupo irá compartilhar o que descobriram e aprenderam. Os alunos aprenderam processos e normas para trabalhar em conjunto, de modo que os grupos sejam capazes de funcionar de modo independente sem pedir seguidamente ao professor que venha e resolva as questões e os problemas. Eles sabem que devem perguntar uns aos outros primeiro – utilizando seus melhores recursos –, antes de buscar ajuda externa. Na maior parte do tempo, os alunos resolvem problemas de maneira bem-sucedida, avançando em seu trabalho. O professor observa cuidadosamente o trabalho, intervindo apenas para fazer uma pergunta útil, fornecer *feedback* sobre o processo do grupo ou um "tratamento do *status*" que aumente a atenção do grupo (ou da turma) para uma contribuição útil de um membro do grupo pouco participativo ou pouco apreciado, de modo que o reforço do valor de cada membro aumente a inclusão e a participação.

Você também verá provavelmente espalhados pela sala os trabalhos produzidos por esses grupos e pelos alunos individualmente, oferecendo evidências do que é relevante nessa sala de aula em que a aprendizagem dos alunos se encontra no centro. E se observasse essa sala de aula ao longo de um semestre ou de um ano escolar, você veria um aumento das realizações por parte de todos os alunos e uma redução do intervalo de realizações à medida que eles se tornam cada vez mais proficientes juntos em um cenário respeitoso e igualitário para a aprendizagem.

Mais do que um processo eficaz para envolver os alunos uns com os outros, o Ensino para Equidade atua produzindo grandes ganhos na aprendizagem – e para reduzir a desigualdade com a qual nos acostumamos demais na educação dos Estados Unidos. Esta nova edição de *Planejando o trabalho em grupo* – tributo de Rachel A. Lotan à sua colega de muito tempo Liz Cohen, que faleceu em 2005 – inclui muito do que educadores, professores e acadêmicos aprenderam nos últimos 20 anos desde a segunda edição deste livro. Isso inclui tanto estratégias de sala de aula que foram desenvolvidas para refinar a abordagem pedagógica quanto a pesquisa que documentou os sucessos da abordagem em uma ampla variedade de cenários, incluindo aqueles que servem a um grande número de alunos de língua inglesa.

Esta edição do livro amplia capítulos anteriores e adiciona novos com base nessas aprendizagens. Oferece mais percepções sobre como criar tarefas adequadas ao trabalho em grupo que criem condições para aprendizagem profunda e participação igualitária, expandindo a percepção sobre como utilizar o Ensino para Equidade para desenvolver a compreensão dos alunos da "linguagem acadêmica" – isto é, a linguagem da disciplina e da sala de aula –, não apenas para aqueles que sejam novos alunos de língua inglesa, mas para todos os que sejam aprendizes perenes do discurso acadêmico.

Como alguém que trabalhou por muitos anos com professores experientes, bem como com candidatos a professor, Rachel A. Lotan adquiriu uma experiência enorme em tornar essas ideias relevantes e práticas. Esta terceira edição inclui opiniões de professores sobre o Ensino para Equidade, coletadas junto a muitos professores com quem Rachel trabalhou. Esses depoimentos contribuem para a autenticidade e a praticidade do livro ao mesmo tempo em que desfazem a complexidade dessa pedagogia de maneiras vívidas e úteis.

O objetivo de construir salas de aula e escolas igualitárias é particularmente importante nos dias de hoje, uma vez que as escolas estão introduzindo novas estruturas curriculares, padrões, currículos e avaliações que exigem uma pedagogia mais ambiciosa e complexa. Não tenho qualquer dúvida de que este livro terá enorme valor prático, ao mesmo tempo em que oferece percepções teóricas sólidas e evidências empíricas bem documentadas. Os especialistas afirmam frequentemente que não há nada tão prático quanto uma boa teoria. O Ensino para Equidade é certamente uma teoria incrível, e *Planejando o trabalho em grupo* é sem dúvida um livro formidável.

Linda Darling-Hammond
Universidade de Stanford, 19 de abril de 2014

Prefácio da Segunda Edição

Objetivos para escolas – sejam eles de nível local, estadual ou nacional – sugerem ao leitor um processo ativo de aprendizagem nas salas de aula. Um processo que evoca visões de estudantes trocando ideias sobre temas, investigando a validade de diversos pontos de vista pela leitura, compartilhando suas descobertas e preparando relatórios individuais e em grupo. As pesquisas mostram que os professores geralmente percebem como desejáveis práticas como o envolvimento dos alunos no estabelecimento de metas, sua interação em pequenos grupos e seu envolvimento na manutenção do diálogo em sala de aula.

Infelizmente, pesquisas revelam práticas e oportunidades de aprendizagem que se encontram muito distantes dessas expectativas e ideais. Na maior parte do tempo os professores discursam, explicam, perguntam a toda a turma e monitoram as tarefas de classe, especialmente em escolas do ensino médio. Descobriu-se, por exemplo, que os professores falam muito mais do que *todos* os seus alunos juntos durante 150 minutos de discursos diários gravados em centenas de salas de aula. Nesses 150 minutos, os alunos raramente começaram a falar, fazendo comentários ou perguntas não autorizados, consumindo em tais iniciações cerca de 7 ou 8 minutos do total.

Os professores raramente questionam a validade dessas descobertas. Geralmente reconhecem a si próprios nos dados e ficam pouco à vontade; alguns se tornam defensivos. Porém, a maioria passa rapidamente de uma postura defensiva para perguntas sobre como proceder de maneira diferente. Eles sabem que existem outras maneiras. De fato, muitos se envolveram em uma luta interna que resulta do déficit entre suas próprias percepções sobre o que é um bom ensino e as circunstâncias cotidianas que parecem frustrar os métodos diferentes daqueles que eles observaram com mais frequência quando foram alunos. E alguns fazem careta para as memórias das breves incursões em busca de alternativas: discussões com toda a turma dominadas por alguns poucos alunos agressivos, sessões de grupos pequenos que fogem do controle e esforços das chamadas atividades cooperativas que se exacerbaram em racismo incipiente. Eles não tinham qualquer vontade de repetir aqueles desastres.

Por muito tempo procurei por algo útil para colocar nas cabeças e mãos de professores que reconhecem a necessidade de ir além das maneiras convencionais de ensinar descritas anteriormente, sobretudo aqueles cujas breves experiências com alternativas não foram satisfatórias. Apenas os princípios não serão suficientes. Prescrições desprovidas de compreensão levarão indubitavelmente a mais desastres.

O livro de Elizabeth Cohen *Planejando o trabalho em grupo: estratégias para salas de aula heterogêneas* chega mais perto do que tenho procurado do que qualquer outra fonte que eu conheça. Em primeiro lugar, ele é uma mistura quase ideal de teoria e prática, sendo ambas conectadas por princípios e com exemplos específicos que esclareçam a aplicação desses princípios. Em segundo lugar, além de oferecer amplo apoio de pesquisas para os conceitos gerais de trabalho em equipe introduzidos no início do livro, pesquisas específicas são então utilizadas para documentar a utilidade das práticas derivadas desses conceitos. Em terceiro lugar, as ilustrações variam amplamente de acordo com os anos escolares, as matérias, os problemas especiais que provavelmente serão encontrados e os processos a serem utilizados. Em quarto lugar, existe uma sensibilidade surpreendente às necessidades de preparação em etapas dos professores que se aventuram a utilizar o trabalho em grupo como uma maneira de maximizar a aprendizagem dos alunos. Minha surpresa tem origem não na formação de Cohen (seus interesses de pesquisa em geral foram guiados precisamente por essa sensibilidade), mas em experiências em primeira mão com a dificuldade de ser tão prático enquanto permanece fiel aos princípios básicos. Uma vez mais somos lembrados da praticidade de uma boa teoria.

No geral, Elizabeth Cohen é bem-sucedida em prover uma metodologia no melhor sentido de relacionar rigorosamente uma atividade humana prática à posse do conhecimento sobre aquela tarefa em um domínio pedagógico que tendeu a desafiar esse rigor. Embora ilustre muitos usos diferentes para essa metodologia, ela deixa claro desde o início que o trabalho em grupo é a única maneira de possibilitar aos alunos encontros significativos com o conhecimento. Ela considera o trabalho em grupo como particularmente relevante para os processos cognitivos mais elevados e para objetivos que enfatizam valores democráticos. Somos relembrados dos escritos de John Dewey e do enorme impacto dos seus trabalhos no pensamento dos educadores. Porém, os esforços de traduzir esse pensamento em uma metodologia sofreram tanto pelo fato de não irem além dos princípios ou como função de rigidez e prescrição. Como afirmei anteriormente, Cohen consegue prover uma metodologia sem ser vítima de qualquer uma dessas falhas – de fato, uma rara e valiosa contribuição.

Não faz sentido resumir o que a autora tem a dizer sobre cada um dos vários temas e tópicos no seu livro. É melhor deixar que o leitor o folheie e reflita a respeito. Para o leitor interessado em saber por que as abordagens em grupo são úteis para a aprendizagem dos alunos; o que abrange o termo "trabalho em grupo" e em como proceder com uma turma, não falta muita coisa. O livro apresenta informações para uma ampla variedade de leitores, mas claramente se destina e será mais útil aos professores.

Entretanto, um tema da escolarização está emergindo com tanta importância que sou levado a dizer algo sobre o tratamento dado por Cohen a ele. Embora a maioria das escolas seja estruturada para reduzir a heterogeneidade das populações de alunos com quem os professores devem lidar por meio da separação dos alunos "especiais" em grupos segregados, os problemas vivenciados pelos professores ao lidar com diferenças individuais parecem estar aumentando. Parte da dificuldade tem origem no fato de os arranjos de organização que buscam a homogeneidade serem mecanismos rudimentares que criam mais problemas do que são capazes de solucionar. As desigualdades produzidas são tais que as ações corretivas em breve ocorrerão pelos juízes se as escolas e as comunidades não forem capazes de compensá-las. As dificuldades também surgem das populações de alunos em constante mudança, nas quais parece que números crescentes de alunos se encontram nas margens ou em risco. Estão acabando nossas soluções baseadas em organização e na criação de grupos especiais.

Cohen defende eficazmente a utilização do trabalho em grupo em turmas heterogêneas e fornece exemplos úteis de como os alunos são levados naturalmente a aprender uns com os outros, independentemente dos seus diferentes níveis de progresso. De fato, essas diferenças se tornam vantagens em vez de desvantagens. Os princípios inerentes ao trabalho em grupo, apresentados nos capítulos iniciais, entram em jogo mais efetivamente à medida que ela aponta direções claras por meio de temas complicados por interesses especiais e frequentemente carregados de emoção e parcialidade. Por exemplo, os professores que ficarem desconfortáveis com a segregação de alunos em grupos homogêneos serão encorajados e ajudados a aprender a prosseguir com uma alternativa justificável e atraente.

Antes de receber o manuscrito de *Planejando o trabalho em grupo*, eu havia decidido não escrever mais prefácios ou introduções de livros (exceto aqueles de ex-alunos). Porém, eu sabia que o livro de Elizabeth Cohen seria o reflexo de uma vida inteira de estudo e reflexão séria sobre as escolas e salas de aula e, assim, aceitei seu convite (embora muito relutantemente) para ler o manuscrito e escrever o Prefácio. Foi uma boa decisão, pois o tempo gasto foi desprezível quando comparado ao que aprendi.

John I. Goodlad, maio de 1986

Apresentação à Terceira Edição

Assumi a terceira edição deste livro com sentimentos conflitantes. Gostaria que Elizabeth Cohen e eu tivéssemos realizado essa tarefa juntas. A voz corajosa e característica de Elizabeth quando aconselhava, apoiava e repreendia os professores era profundamente respeitada e querida. Seu legado acadêmico e ativista sobrevive naqueles dentre nós que trabalham incansavelmente para tornar as salas de aula locais igualitários para todos os alunos.

No momento, muitos professores nos Estados Unidos estão trabalhando em contextos desafiadores. Embora pareça que estamos nos afastando dos currículos roteirizados, do ensino condicionado e dos testes estreitos, as respostas aos desafios pedagógicos e curriculares por parte das hierarquias profissionais e dos legisladores varia de um grande apoio àqueles que são decididamente suspeitos.

Estamos estabelecendo metas ambiciosas para nós mesmos. Estamos começando a reconhecer as promessas das estruturas e padrões recentemente introduzidos. Estamos elaborando avaliações que capturam os vários domínios do conhecimento e habilidades dos alunos e refletem de modo mais autêntico o seu progresso. Estamos planejando, implantando e analisando práticas pedagógicas que apoiam e melhoram a aprendizagem dos alunos. Estamos pedindo aos alunos que operem em um alto nível intelectual e acadêmico e que leiam, escrevam e falem adequadamente nas diferentes áreas do conhecimento.

Para realizar alguns desses objetivos, o trabalho em grupo permanece como uma abordagem pedagógica eficaz. Desde a publicação da segunda edição deste livro, aumentamos e refinamos o nosso conhecimento sobre como estruturar o trabalho em grupo para produzir os resultados previstos. Nesta terceira edição foram incluídas pesquisas e descobertas relacionadas publicadas desde 1984 em teses de doutorado, artigos de periódicos, livros e capítulos de livro baseados no trabalho no Programa de Ensino para Equidade e na Escola de Educação da Stanford University, bem como as de muitos pesquisadores de outras instituições. Proliferaram bolsas de estudo sobre vários modelos de trabalho em grupo, implantadas desde os anos iniciais do ensino fundamental até seminários de graduação. Foram publicadas muitas investigações de alta qualidade sobre intervenções em pequena e grande escala baseadas em estratégias de ensino em que a aprendizagem cooperativa é um componente principal. Continuamos a explorar os processos sociopsicológicos envolvidos em interações em pequenos grupos, bem como o impacto social de nossa população cada vez mais diversa de alunos. Realizei conexões com muitos desses novos desenvolvimentos ao longo deste livro.

Ainda assim, o dilema perene do trabalho em grupo persiste. Como podemos ter certeza de que construímos um ambiente em que os estudantes se beneficiam de interações de *status* igual com seus colegas e que têm igual acesso às tarefas de aprendizagem, recursos materiais e ao professor? Como oferecemos oportunidades aos alunos para demonstrarem o que aprenderam e como reconhecemos e valorizamos seu crescimento intelectual e contribuições? Este livro fornece respostas práticas, baseadas em estruturas teóricas bem estabelecidas e sólidas evidências empíricas.

Por quase três décadas trabalhei para ajudar professores que queriam utilizar o trabalho em grupo mais consistentemente em diferentes disciplinas escolares, em diferentes anos e em salas de aula com uma proporção significativa de alunos que estão aprendendo a linguagem em que ocorre o ensino. Juntos, elaboramos as tarefas de aprendizagem que ofereceram oportunidades para que os alunos se engajassem em intensas interações à medida que falavam e trabalhavam juntos, para colaborarem na confecção dos materiais produzidos pelo grupo e para desenvolverem suas habilidades acadêmicas e sociais. Utilizando um desenho de trás para a frente, especificamos os critérios de avaliação para os materiais produzidos pelo grupo ou individualmente e assim aprofundamos o processo de avaliação da aprendizagem. Ao descrever as características de tarefas adequadas para o trabalho em grupo e ao fornecer exemplos no Capítulo 6, fiz um roteiro que apresentou um melhor resultado quando os colegas colaboraram. Desenvolver tarefas adequadas para grupos é, em si mesma, uma tarefa adequada para grupos.

Trabalhar juntos em pequenos grupos proporciona um cenário ideal para o desenvolvimento da linguagem. Dependendo das necessidades da tarefa, os estudantes utilizam diferentes variedades, modos e gêneros de comunicação, desde palavras isoladas a sentenças elaboradas. Eles expressam suas ideias, sentimentos, desejos, triunfos e hesitações. Conversando e trabalhando juntos, desenvolvem sua proficiência nos discursos das várias disciplinas, bem como seu nível de conforto diante das exigências da linguagem dos cenários acadêmicos. No Capítulo 7, novo nesta edição, descrevo com mais detalhe as oportunidades oferecidas pelo trabalho em grupo para o desenvolvimento da linguagem. Todos os alunos, não apenas aqueles que foram formalmente apontados como aprendizes da língua inglesa, se beneficiam da utilização ativa e persistente da linguagem.

Na terceira edição enfatizo os benefícios da avaliação formativa, incluindo *feedback* específico sobre o processo em que os alunos se envolvem durante a realização do trabalho em grupo. Reitero a importância das avaliações somativas dos trabalhos individuais dos alunos que são o produto do trabalho em grupo. A avaliação é encarada como um meio para planejar as tarefas de aprendizagem e para aprofundar a aprendizagem. Além disso, o planejamento para a avaliação sistemática da implantação do trabalho em grupo na sala de aula é proposto como uma ferramenta valiosa para reconhecer os benefícios acadêmicos e sociais do trabalho em grupo, para refletir sobre seus resultados e para aprofundar a qualidade da instrução e, portanto, da aprendizagem dos alunos.

O objetivo primário deste livro permaneceu inalterado. Os princípios básicos para planejar o trabalho em grupo equitativo e intelectualmente rigoroso para salas de aula heterogêneas se mostraram práticos e produtivos para muitos professores que anseiam por fornecer ensino de qualidade para seus alunos. A atual edição inclui lições aprendidas e descrições de experiências de professores e alunos de edições anteriores, bem como novas, coletadas ao longo dos anos com o meu trabalho com professores experientes e iniciantes nos Estados Unidos e em outros países. Espero que este livro seja útil para professores que sentem prazer em ver seus alunos falando e trabalhando juntos de maneira produtiva e igualitária.

Rachel A. Lotan

Sumário

1 Trabalho em grupo como estratégia pedagógica 1
    O que é trabalho em grupo? 1
    O poder dos princípios 3
    Uso da pesquisa 4
    Quão verdadeiros são os princípios? 5

2 Por que trabalhar em grupo? 7
    Objetivos intelectuais 7
    Objetivos sociais 17
    Provocando melhorias na gestão da sala de aula 20
    Promovendo a equidade em salas de aula heterogêneas 21

3 O dilema do trabalho em grupo 23
    Comportamento de grupos orientados por tarefas 27
    Expectativas e a profecia autorrealizável 32
    Desvantagens educacionais da dominância e desigualdade 36

4 Preparando os alunos para a cooperação 39
    Preparando os alunos para o trabalho em grupo 40
    Cooperação e comportamento antissocial 54
    Regras como uma ferramenta prática para a sala de aula 56

5 Etapas do planejamento para o trabalho em grupo 59
    Estruturas para o trabalho em grupo 60
    Elaborar a tarefa 64
    Preparando a atividade 66
    Avaliação *da* aprendizagem e *para* a aprendizagem 74
    Uma observação sobre o tempo 78

6 Elaborando atividades de aprendizagem adequadas ao trabalho em grupo 79
Rachel A. Lotan
Tarefas abertas, não determinadas 80
Múltiplos pontos de partida e demonstrações de competência 82
Conteúdo intelectualmente importante, baseado nas disciplinas 84
Interdependência positiva e responsabilidade individual 85
Critérios de avaliação para produções de grupo e relatórios individuais 86
Instruções para a tarefa em grupo 87
Uma observação sobre o tempo 89

7 Trabalho em grupo e desenvolvimento da linguagem 91
Rachel A. Lotan
Perspectivas sobre a linguagem em salas de aula equitativas 91
Demandas e possibilidades da linguagem no trabalho em grupo 94

8 Papéis e responsabilidades do grupo 105
Grupos eficientes e eficazes 107
Papéis "como" 108
Dividindo o trabalho 112
Atribuindo papéis 114
Desenvolvendo papéis 116
Projetos de longo prazo 119

9 O papel do professor: deixar os alunos livres e construir parcerias 121
Delegando autoridade 122
Trabalhando como uma equipe 130

10 Tratando as expectativas relacionadas à competência 133
De baixo *status* para recurso intelectual 134
Transformando expectativas: evidências de pesquisas (*expectation training*) 135
A estratégia de habilidades múltiplas 137
Atribuir competência aos alunos de baixo *status* 144

11 Avaliando o trabalho em grupo na sua sala de aula 149
Ferramentas para avaliação 152
Refletindo sobre o trabalho em grupo 164

12 Trabalho em grupo na sala de aula bilíngue 165
Elizabeth Cohen
Proficiência oral 166
Currículo baseado no ano escolar em situações heterogêneas 170
Descoberta 170
Conclusão 176
Notas 177

Apêndice A: Exercícios de práticas cooperativas 179
Tornando os alunos sensíveis às necessidades dos outros em um grupo 179
Preparando os alunos para trabalho em grupo com discussões 190
Modelos de atividades para discussão 193

Apêndice B: Ferramentas para avaliação do trabalho em grupo 199
Modelo de questionário para os alunos 199
Guia para analisar o questionário dos alunos 201

Referências 205

Índice 215

1
Trabalho em grupo como estratégia pedagógica

"As crianças aprendem falando e trabalhando juntas? Gostaria que alguém tivesse me mostrado como de fato eu poderia implementar isso na minha sala de aula" foi o comentário de uma professora do 3º ano que tentava trabalhar com as crianças em estações, mas sem conseguir bons resultados. Você já notou que aprende mais sobre conceitos e ideias quando fala com alguém sobre eles, explica ou discute com outras pessoas, mais do que quando ouve uma palestra ou lê um livro? Apesar de muitos de nós, adultos, entendermos isso, é frequente encontrarmos salas de aula que não reservam tempo suficiente para que os alunos conversem e trabalhem juntos. Este é um livro para professores que querem saber como esse princípio da aprendizagem funciona com os alunos de todas as idades. Se um professor quer construir uma aprendizagem ativa, então o trabalho em grupo, planejado intencionalmente, é uma ferramenta poderosa, que oferece oportunidades simultâneas para todos.

Grupos pequenos não são a solução para todos os problemas de ensino-aprendizagem. Eles são apenas uma ferramenta útil para tipos específicos de objetivos de aprendizagem, especialmente relevantes para salas de aula com alunos de diferentes níveis de aprendizagem e proficiência na língua de instrução. A escolha pelo trabalho em grupo como uma estratégia depende do que o professor está tentando alcançar. A maioria dos professores lança mão dos grupos em complementação a uma variedade de outros formatos de aula para diferentes atividades.

O QUE É TRABALHO EM GRUPO?

Este livro define *trabalho em grupo* da seguinte forma: alunos trabalhando juntos em grupos pequenos de modo que todos possam participar de uma atividade com tarefas claramente atribuídas. Além disso, é esperado que os alunos desempenhem suas tarefas sem supervisão direta e imediata do professor. Trabalho em grupo não é a mesma coisa que agrupamento por habilidade, no qual o professor divide a sala por critério acadêmico para que possa ensinar para grupos mais homogêneos. Também deve se fazer a distinção do trabalho em grupo no qual o professor faz agrupamentos para instrução intensiva, tais como os agrupamentos temporários utilizados para ensino individualizado de leitura ou ensino personalizado.

Quando a professora propõe aos alunos uma atividade em grupo e permite que eles se esforcem sozinhos e cometam erros, ela delega autoridade. Essa é a primeira característica-chave do trabalho em grupo. Delegar autoridade em uma atividade é fazer com que os alunos sejam responsáveis por partes específicas de seu trabalho; os alunos estarão livres para cumprir suas tarefas da maneira que decidirem ser a melhor, mas ainda são responsabilizados pela entrega do produto final à professora. Delegar autoridade não significa que o processo de aprendizagem está sem controle; a professora mantém controle por meio de avaliação do produto final do grupo e do processo pelo qual os alunos passaram para chegar àquele produto. A professora também mantém a responsabilização dos membros do grupo por meio de relatórios curtos escritos individualmente depois do trabalho.

A delegação da autoridade é bem diferente de uma prática mais comumente utilizada de supervisão direta. A professora que exerce supervisão direta diz para os alunos qual é a tarefa e como realizá-la. Ela monitora os alunos de perto para prevenir que cometam erros e para corrigi-los imediatamente.

A pergunta sobre quem está no comando do grupo é crucial; se o professor está no comando, independentemente da idade ou maturidade de seus alunos, ele irá falar mais que eles. A avaliação do professor a respeito de cada membro do grupo terá muito mais peso do que a de qualquer outro membro. Se o professor exerce o papel de supervisor direto da atividade do grupo, os participantes falarão não um com o outro, mas com o professor, que é a figura de autoridade supervisora da atividade. Os membros do grupo vão querer saber o que o professor espera que eles digam e o que pensa de seu desempenho. Mesmo quando o docente atribuir uma tarefa para o grupo, mas ficar por perto esperando para intervir ao primeiro passo errado ou sinal de confusão, não estará delegando autoridade, mas sim exercendo supervisão direta.

Uma segunda característica-chave do trabalho em grupo é a de que, em algum nível, os participantes precisam uns dos outros para completar a atividade; eles não conseguem fazer todas as partes sozinhos. Os alunos assumem o papel de professores quando sugerem o que os outros devem fazer, quando ouvem o que os outros estão dizendo e quando decidem como finalizar o trabalho, dado o tempo e os recursos limitados estabelecidos pelo instrutor.

Alunos que trabalham em grupo falam entre si sobre sua atividade. Eles fazem perguntas, explicam, fazem sugestões, criticam, ouvem, concordam, discordam e tomam decisões coletivas. A interação também pode ser não verbal, como apontar, mostrar como fazer, acenar com a cabeça, fazer careta ou sorrir. Esse processo de interação de grupo pode ser muito interessante para os alunos. Alguns, que em geral fariam de tudo menos aquilo que lhes foi pedido, quando são envolvidos no trabalho em grupo, passam a se engajar ativamente em seu trabalho e se mantêm nele por meio da ação do grupo. Existem inúmeras razões para isso. Interações cara a cara demandam respostas ou, pelo menos, um comportamento mais atento. Além disso, os alunos se importam com a avaliação de seus colegas; frequentemente, não se recusam a participar e não querem decepcionar o grupo. Por fim, dão suporte aos companheiros para que não fiquem confusos a respeito dos papéis que devem exercer. Em geral, os alunos não interessados nas atividades de sala de aula são aqueles que não entendem as tarefas.

Uma terceira característica-chave do trabalho em grupo é a natureza da tarefa. Se o professor quer que os alunos se comuniquem de maneira autônoma e produtiva, eles vão precisar ter algo a respeito do que irão conversar. Se o professor quer que os alunos se engajem em conversas substantivas e de alta qualidade, a atividade precisa estabelecer problemas complexos ou dilemas, ter diferentes soluções possíveis e contar com a criatividade.

Apesar do trabalho em grupo ter potencial para apoiar o aprendizado, este mesmo tipo de trabalho, se feito de maneira não estruturada, pode acarretar uma série de problemas. Não necessariamente os estudantes e os próprios adultos sabem como trabalhar em conjunto de forma exitosa, por isso, é necessário aprender como se trabalhar assim. Esses problemas podem ser superados com o planejamento adequado de atividades e por meio da preparação dos próprios alunos. Esta obra apresenta alguns desses problemas e sugere soluções.

O PODER DOS PRINCÍPIOS

Ao contrário do que muitos especialistas acreditam, não há nada mais prático do que uma boa teoria. Sociólogos e psicólogos sociais criaram teorias muito úteis e pesquisas relevantes a respeito do trabalho em grupo em laboratórios e em salas de aula. Dessas teorias e pesquisas surgiram princípios aplicáveis à posição do instrutor-professor. Usando esses princípios, você pode analisar sua sala de aula e seus objetivos para planejar um formato de grupo adequado. Esses mesmos princípios gerais sugerem maneiras diferentes de avaliar o quanto a proposta foi bem-sucedida para que você possa decidir se isso funciona para sua turma e em que medida e no que pode ser aprimorado para a próxima vez.

A vantagem em se fornecer princípios gerais é que eles podem ser utilizados em qualquer sala de aula, desde o ensino fundamental até o ensino superior. As particularidades podem ser adaptadas para as diferenças de idade dos alunos e da natureza da escola. Os princípios gerais continuam guiando o planejamento, mesmo quando o contexto varia. Por exemplo, a simplicidade das instruções irá variar de acordo com a idade dos alunos, assim como a análise de quais habilidades os membros do grupo já dominam em relação às que irão precisar para resolver a atividade proposta. Questões sobre a gestão da sala de aula são diferentes entre grupos mais jovens e grupos mais antigos. Tais diferenças podem significar que o professor precisará gastar mais ou menos tempo preparando os alunos ou que os grupos irão se desenvolver de maneiras diferentes na atividade. Contudo, princípios como o da delegação de autoridade para apoiar os alunos a ensinarem uns aos outros se mantêm.

USO DA PESQUISA

O mais relevante deste livro são as pesquisas que aplicam teorias úteis para a sala de aula. Em alguns casos, teoria e pesquisa são fortes o bastante para se afirmar com alto grau de confiança que existem efeitos desejáveis específicos do trabalho em grupo no comportamento dos alunos. Como professora de educação que também é pesquisadora da área de sociologia, Elizabeth Cohen liderou pesquisas em salas de aula por muitos anos. Sua investigação está focada no ensino por equipes, tratamento de problemas de *status* em classes interfaciais, e gestão de trabalho em grupo em salas de aula linguisticamente heterogêneas. Muitas das técnicas para o trabalho em grupo vêm dessas situações de pesquisa, nas quais se provaram ser altamente eficazes. Elas foram feitas em dois tipos de escolas dos anos iniciais do ensino fundamental: escolas dessegredadas e escolas bilíngues.

A partir da experiência de Rachel Lotan com docência nos anos finais do ensino fundamental e ensino médio, o Programa para o Ensino para a Equidade da Universidade de Stanford* expandiu o trabalho para que as mesmas teorias que se provaram tão úteis no nos anos inicias fossem aplicadas nos anos finais e no ensino médio. A experiência dos professores especialistas que usaram os resultados de pesquisas dos anos iniciais sugere que os princípios gerais, de fato, são aplicáveis aos alunos mais velhos (COHEN; LOTAN, 1997a). Esses professores relataram o mesmo nível de sucesso daqueles que usaram os resultados da primeira edição deste livro.

Durante os anos de pesquisa em sala de aula, Cohen e Lotan trabalharam muito próximas a professores que haviam deixado a sala de aula para realizar seus estudos de pós-graduação. Muitas de suas teses de doutorado foram fontes de evidências para este livro. Foram esses doutorandos que fizeram a investigação relevante e prática para os professores de escolas básicas. Transitando do laboratório para o mundo infinitamente mais complexo e desafiador da sala de aula, trabalhamos juntos para ajudar professores a usar práticas pedagógicas que dão apoio ao aprendizado de todos os seus alunos.

Como instrutora de professores novatos de escolas secundárias, Cohen usou a primeira e segunda versões deste livro para ajudá-los a planejar o trabalho em grupo em suas salas de aula. Alguns exemplos no texto foram tirados de seus projetos. Como instrutora de professores iniciantes e experientes e como diretora do Programa de Formação de Professores de Stanford,** Lotan usou este livro para apre-

---

* N. de T.: Tradução livre de Program for Complex Instruction at Stanford University.
** N. de T.: STEP - Stanford Teacher Education Program.

sentar os benefícios sociais e acadêmicos do trabalho em grupo para audiências de professores experientes e iniciantes de muitos lugares do mundo. Alguns exemplos do texto foram tirados de projetos implementados e avaliados nos anos finais do ensino fundamental e no ensino médio.

QUÃO VERDADEIROS SÃO OS PRINCÍPIOS?

Especialistas com muita prática obviamente gostariam de saber quão verdadeiras são nossas afirmações para suas salas de aula. As ideias irão funcionar em todos os casos? Quais os perigos de as coisas darem errado? Os riscos superam os benefícios e o trabalho extra?

Sejamos francos: não sabemos com certeza absoluta se os princípios estão assegurados sob todas as condições, mas sabemos que, para uma variedade de condições de salas de aula, os dados reforçam as proposições que fazemos. O que o professor tem de fazer é pensar sobre o que é provável que aconteça quando esses princípios são aplicados. Nenhum conjunto de receitas em um livro irá isentar o professor de sua responsabilidade. Se não parecer que algo muito inconveniente possa acontecer, então deve valer bastante a pena tomar o risco e o esforço extra para tentar alcançar alguns objetivos de aprendizagem que não poderão ser alcançados de nenhuma outra maneira.

2

Por que trabalhar em grupo?

O trabalho em grupo é uma técnica eficaz para atingir certos tipos de objetivos de aprendizagem intelectual e social. É excelente para o aprendizado conceitual, para a resolução criativa de problemas e para o desenvolvimento de proficiência em linguagem acadêmica. Socialmente, melhora as relações intergrupais, aumentando a confiança e a cordialidade. Ensina habilidades para atuar em equipe que podem ser transferidas para muitas situações, sejam escolares ou da vida adulta. O trabalho em grupo é também uma estratégia para enfrentar problemas comuns na condução da sala de aula, como manter os alunos envolvidos com sua atividade. Mais importante ainda, o trabalho em grupo torna mais acessíveis as tarefas de aprendizagem para um número maior de alunos em salas de aula com grande diversidade de competências acadêmicas e proficiência linguística. O trabalho de grupo produtivo aumenta e aprofunda a oportunidade de aprender conteúdos e desenvolver a linguagem e, portanto, tem o potencial para formar salas de aula equitativas.

OBJETIVOS INTELECTUAIS

O trabalho em grupo pode ajudar os alunos a crescerem academicamente, como neste exemplo de Geraldo aprendendo sobre lentes de aumento:

> Geraldo observa as outras crianças que terminam sua tarefa de montar uma lente com uma gota de água. "O que você vê?" Geraldo pergunta a outra criança, enquanto tenta espiar pela lente pronta. A outra criança ergue os olhos e deixa Geraldo olhar a lente com mais atenção. Geraldo volta muito ansiosamente para a tarefa de montar sua própria lente. Ele parece ter problemas para grudar a fita adesiva no plástico transparente sobre o cartão branco que tem um buraco no meio: insiste em fazer com que o plástico fique enrugado ao colocar a fita, em vez de grudá-lo no topo do cartão. "Que droga!",

ele diz, e se levanta para ver o que outra criança está fazendo para montar a lente. Retorna à sua tarefa e logo se distrai com a criança ao seu lado, que diz: "Nossa, fica tudo maior!". Geraldo se levanta e olha na lente da colega. Ergue as sobrancelhas, rapidamente retoma a tarefa e acaba de fazer a sua lente. Ele parece ter entendido qual era o problema, pois logo consegue usar a fita adesiva para grudar o plástico sem qualquer problema. Agora estende a mão e pega o conta-gotas em um copo cheio de água. Com muito cuidado enche o conta-gotas, centraliza-o sobre o cartão da sua lente e pinga uma gota sobre o plástico onde está o buraco. Aparentemente satisfeito com o que fez, coloca o excesso da água do conta-gotas de volta no copo. Pega um pedaço de pano para inspecionar debaixo da sua lente. A água escorrega pelo plástico cobrindo o papel e ele grita: "Ah, não!". Ele põe a lente na mesa, estica bem o pano e então desliza cuidadosamente a lente em cima do pano. Bem devagar olha para sua lente e grita: "Que irado!". Uma das meninas pergunta: "O que você viu?". Geraldo diz: "Olhe como ficou grande!". Ela pergunta: "O que você vai escrever?". Geraldo olha para a lente de novo e diz: "Tudo fica maior". Então, pega outros objetos planos e coloca sua lente de água em cima de cada um deles. Ao olhar para cada objeto com a lente, consente com a cabeça e diz: "Sim!" E diz para si mesmo: "Todos eles ficam maiores". Olha para a garota com quem vinha conversando e pergunta a ela: "O seu também ficou maior?" (NAVARRETE, 1980, p. 13-14).

Geraldo "descobriu" o princípio da ampliação. O processo não foi fácil e ele, provavelmente, não teria sucesso sem a assistência da colega que trabalhava na mesma tarefa. Ser capaz de ver os outros fazendo a mesma atividade deu-lhe algumas informações importantes. E ser capaz de conversar sobre o assunto pareceu ajudá-lo ainda mais. Observe que Geraldo entende a ideia de tal forma que consegue aplicá-la em um novo contexto – quando ele é capaz de entender um conceito em um novo contexto, sabemos que adquiriu um entendimento verdadeiro da ideia abstrata.

De que outra maneira Geraldo poderia aprender sobre ampliação? Poderia ter entendido por meio da explicação de um professor? Lendo sobre isso? Completando com lápis e papel alguns exercícios sobre o tema? Para que ele pudesse entender todo o processo, os materiais e a instrução deveriam ser em inglês e espanhol, mas Geraldo tem dificuldades de ler nos dois idiomas. É improvável que entendesse a ideia de modo que pudesse transferi-la para novos contextos. No cenário em que a interação se deu, Geraldo teve acesso a instruções em inglês e espanhol, além de ilustrações; também teve acesso aos colegas de língua espanhola, bem como de língua inglesa, e aos professores que falavam as duas línguas. Uma grande vantagem de combinar uma tarefa manual com um contexto de grupo é que Geraldo dispôs de uma série de recursos úteis, incluindo materiais concretos para representar ideias abstratas e outras pessoas envolvidas na mesma tarefa. Ele pode vê-los; pode fazer perguntas; pode discutir e argumentar com eles; pode tentar explicar as coisas; e pode demonstrar ideias não verbais com os materiais. E o mais importante é que

Geraldo tem permissão para se esforçar por conta própria, cometer seus próprios erros. Nenhum adulto corre para lhe dizer o que fazer e dar-lhe uma explicação verbal – tal assistência poderia muito bem ter abreviado o processo da sua descoberta.

Aprendizagem conceitual

Muitas vezes, depois de um instrutor ter introduzido novos conceitos e ilustrado como eles se aplicam, os alunos se envolvem em alguma atividade prática usando essas novas ideias e aplicam-nas de várias maneiras. O processo é tão válido para alunos em seminários de pós-graduação como foi para Geraldo, do 5º ano. Métodos tradicionais para atingir os mesmos objetivos incluem escrever redações, executar tarefas individuais durante o tempo da aula, fazer exercícios no computador ou ouvir uma aula expositiva. Às vezes, durante atividades de pergunta e resposta, os professores perguntam e um aluno por vez tenta responder, enquanto o restante da turma ouve.

Existem limitações óbvias na utilização dessas técnicas. Evidentemente, quando a chamada oral é usada, apenas um aluno por vez participa da atividade. Não há evidências de que ouvir outras pessoas assimilarem novos conceitos é igual à experiência de fazer por si mesmo. Nem mesmo a linguagem pode ser adquirida e desenvolvida quando há pouca ou nenhuma oportunidade de usá-la. Exercícios e redações são métodos clássicos usados por muitos professores em todos os lugares. No entanto, alunos com baixo aproveitamento, menos motivados e menos envolvidos, muitas vezes relutam em fazer os exercícios recomendados e podem concluí-los apenas parcialmente, se o fizerem. Se o professor passar a tarefa durante a aula, eles, muito provavelmente, vão se eximir das suas tarefas (BERLINER et al., 1978). Se o professor passar como lição de casa, muitos alunos ficarão relutantes ou serão incapazes de fazê-la, especialmente em escolas com um clima não favorável à aprendizagem ou baixo nível de desempenho.

Mesmo entre alunos do ensino médio, altamente motivados, trabalhos de redação ou relatórios escritos apresentam suas limitações. Compreender e assimilar novos conceitos e escrever sobre eles exigem processos cognitivos, habilidades de escrita e proficiência da língua. Problemas de escrita são agravados pelos de raciocínio. Tome, por exemplo, o aluno de biologia do ensino médio que escreve: "No caso da clorofila, a fotossíntese vai ocorrer". Será que o aluno entende que a fotossíntese não pode ocorrer sem a clorofila? O professor pode apenas fazer uma suposição da compreensão do aluno sobre esse processo. Além disso, até que o aluno receba a correção da redação ou do exercício, não há nenhuma chance de descobrir a confusão ou o erro. Como todo professor muito ocupado bem sabe, a demora entre o aluno entregar o exercício e recebê-lo de volta com os comentários adequados pode ser embaraçosamente longa. Embora as novas tecnologias estejam fornecendo aos professores formas inovadoras de avaliar o aprendizado, as conquistas e os desafios de aprendizagem individual ainda não estão prontamente disponíveis. Por exemplo, quando são usados dispositivos para obter dados de quantos alunos escolheram a resposta correta a uma solicitação ou responderam de forma apropriada a uma afirmação verdadeira ou falsa, tais respostas ainda não são suficientes para medir a compreensão individual de problemas complexos ou a aplicação de conceitos teóricos.

O trabalho em grupo pode ser mais eficaz do que os métodos tradicionais (assim como outros métodos mais novos) para se chegar a uma compreensão adequada de conceitos abstratos. Isso não quer dizer que ele será mais eficaz em qualquer circunstância. Duas condições básicas devem ser atendidas para que o trabalho em grupo facilite a aprendizagem conceitual:

- A atividade de aprendizagem requer pensamento conceitual, em vez da mera aplicação de um algoritmo ou memorização de informações factuais.
- O grupo tem os recursos necessários para completar a tarefa com sucesso, que incluem competências cognitivas e habilidades linguísticas adequadas, informação relevante e instruções devidamente preparadas para a tarefa.

Várias tarefas em sala de aula simplesmente exigem que os alunos memorizem informações ou regras. Depois de memorizar as normas, eles devem aprender a reconhecer um problema como o lugar em que se deve aplicá-las. Exemplos de tais tarefas rotineiras nos anos iniciais do ensino fundamental são: memorizar dados numéricos ou utilizar uma convenção ortográfica ou, ainda, como adicionar o sufixo formador de gerúndio a um verbo. Em contraste, tarefas como ler e interpretar textos complexos ou compreender os princípios subjacentes a cálculos com frações requerem uma reflexão mais conceitual. Muitas tarefas do ensino médio exigem também a memorização ou aplicação de regras. Os alunos memorizam uma série de palavras do vocabulário, definições e fatos científicos ou aprendem a resolver um conjunto de problemas de matemática que têm o mesmo formato, usando um algoritmo. Por outro lado, planejar um experimento, extraindo evidências de textos literários ou informativos para sustentar um argumento, uma análise e reflexão, e elaborar um trabalho de pesquisa são tarefas conceituais.

Não há nenhuma vantagem em dar aos grupos um conjunto de exemplos rotineiros de cálculos para serem feitos. Eles vão responder fazendo a coisa mais sensata e conveniente – copiar as respostas do aluno considerado melhor e mais rápido com cálculos. A mesma coisa poderia acontecer se o professor desse ao grupo um questionário sobre fatos de ciência ou história. Compare esses exemplos com a atribuição de uma tarefa em grupo, tal como resolver um problema de matemática difícil, descobrir como se dá o funcionamento de uma lanterna, contextualizar um documento histórico, compreender o comportamento fototrópico das plantas, avaliar como resolver um dilema ético, pensar em como reduzir as emissões de carbono ou aprender como representar dados coletados por meio de observações precisas. Esses são exemplos de tarefas conceituais que podem ser altamente eficazes em um ambiente de grupo.

Em tarefas conceituais, os alunos interagem de maneira a ajudar a solucionar equívocos, a aplicar e a comunicar ideias. Os pesquisadores têm demonstrado que a interação do grupo tem um efeito favorável sobre a comunicação da compreensão em matemática (COSSEY, 1997), a construção de entendimentos científicos (BIANCHINI, 1997) e a adesão a princípios científicos (HOLTHUIS, 1998). Nas salas de aula bilíngues, onde as crianças falavam e trabalhavam juntas em tarefas que exigiam conceitos e habilidades de raciocínio de matemática e ciências, quanto mais os alunos conversavam e trabalhavam juntos, maiores eram os ganhos médios em sala de aula nos testes com problemas matemáticos (COHEN; LOTAN; LEECHOR, 1989).

Como falar e trabalhar junto auxiliam o aprendizado conceitual? Para responder à pergunta, os pesquisadores ouvem o que os alunos dizem uns aos outros nos grupos, codificam as interações e relatam os tipos de interações relacionadas a ganhos no desempenho medido. Por exemplo, Webb (1991) revisou 17 estudos de grupos do segundo e terceiro ano do ensino médio, para os quais foram oferecidos problemas de matemática a fim de serem solucionados em grupo. Um dos achados mais consistentes foi de que o aluno que dedicou tempo para explicar o passo a passo de como resolver um problema foi o que extraiu o máximo da vivência nos pequenos grupos. Explicar um conceito a um colega com as próprias palavras é particularmente útil para obter a compreensão (DURLING; SHICK, 1976).

O aluno que inicialmente não compreende o conceito também tende a ganhar com o processo do trabalho com os pares. Aprender com e por meio de outros mais experientes é crucial para o crescimento cognitivo: "o aprendizado desperta vários processos internos de desenvolvimento que são capazes de operar apenas quando uma criança está interagindo com as pessoas em seu ambiente e em cooperação com seus pares" (VYGOTSKY, 1978, p. 90). Tem sido demonstrado que mesmo crianças da pré-escola aprendem conceitos muito abstratos quando colocadas em grupo com colegas que já entendem a ideia (MURRAY, 1972). Tudge (1990) descobriu que os alunos que obtiveram um nível inferior de desenvolvimento cognitivo em um pré-teste em uma tarefa muito desafiadora da balança de equilíbrio matemático tiveram ganhos significativos em um pós-teste, depois de trabalhar com outro aluno que apresentou níveis mais elevados de desenvolvimento cognitivo. Os grupos ainda podem ajudar de uma maneira diferente o aluno que antes apresentou baixo rendimento. Embora o aluno possa ser perfeitamente capaz de discutir e começar a entender os objetivos conceituais da tarefa, ele pode não ser capaz de ler e entender as instruções. Quando os grupos trabalharam com cartões de atividade contendo tarefas de aprendizagem que incluíam investigação, os que tinham um grau de leitura abaixo do seu nível escolar beneficiaram-se muito com a interação em grupo e mostraram ganhos significativos na compreensão de conceitos matemáticos (LEECHOR, 1988).

A interação, a conversa e o trabalho conjunto fornecem aos alunos oportunidades de participar e agir como membros de uma comunidade de aprendizagem. Esse ponto tem sido demonstrado de forma convincente por educadores e pesquisadores na ciência da educação. Argumentam que, quando os alunos interagem, tornam-se membros de uma comunidade científica para a qual o processo diz menos respeito à aquisição de fatos e procedimentos específicos e mais a um modo de pensar, conhecer e valorizar (ROSEBERRY, 1992). Alunos que trabalham em pequenos grupos em tarefas que permitem investigação, coleta de dados e argumentação têm a chance de aprender a "língua da ciência".

Em um estudo experimental, Schultz (1999) distribuiu os alunos aleatoriamente em grupos ou individualmente e comparou o que aprenderam com as atividades em uma unidade de ciência ambiental. Ela administrou três tipos de avaliações: um teste de múltipla escolha, um exercício de mapeamento conceitual e uma avaliação de desempenho na qual os alunos conceberam e conduziram um experimento. Todas as avaliações foram feitas de forma independente pelos alunos em ambas as condições. Nas três dimensões medidas, Schultz encontrou melhor desempenho dos alunos que trabalharam em grupo em comparação aos que trabalharam de forma independente. Além disso, na condição de grupo, um terço dos alunos que antes apresentou menor pontuação obteve os melhores ganhos, e a capacidade de leitura não foi preditiva das tarefas de desempenho.

Quando as tarefas do trabalho de grupo exigem pensamento e discussão e quando não há uma resposta certa evidente, todos no grupo se beneficiam da interação. Pessoas de qualquer idade lidam melhor com a incerteza de uma tarefa desafiadora consultando seus parceiros de trabalho ou colegas do que se tentarem trabalhar por si mesmas. É por isso que a frequência de interação na tarefa prevê consistentemente a aprendizagem individual e coletiva, quando os grupos estão trabalhando em atividades que envolvem investigação (COHEN, 1991). Scarloss (2001) descobriu que a interação em pequenos grupos contribui para que os estudos sociais façam sentido para os alunos. Discordância e conflito intelectual também podem ser uma fonte de aprendizado conceitual. Como resultado de extensa discussão em pequenos grupos, alunos do 7º ano mostraram resultados muito melhores em um teste de desempenho, além de uma compreensão mais profunda de perspectivas opostas, do que alunos que foram instruídos a não discutir, mas a chegar a um acordo sobre um tema controverso (SMITH; JOHNSON; JOHNSON, 1981). Aqueles que se envolveram em conflito conceitual no estudo, no entanto, foram cuidadosamente instruídos sobre a forma de conduzir uma discussão produtiva. Além disso, os alunos prepararam argumentos pró e contra com os materiais disponíveis e, em seguida, mudaram de lado para discutir o ponto de vista oposto, antes de chegarem a uma síntese. Johnson e Johnson (1992), que têm trabalhado extensivamente com grupos de aprendizagem cooperativa em sala de aula, veem o conflito conceitual resultante da controvérsia como meio de forçar os indivíduos a considerarem novas informações e desenvolverem a compreensão cognitiva de forma que possam fazer a transferência para novos contextos. A exposição e a interação de diferentes pontos de vista ajudam as crianças a examinar seu ambiente de forma mais objetiva e ousar outras perspectivas além de suas próprias. Johnson e Johnson (2009a) analisaram a teoria subjacente à controvérsia construtiva como uma importante ferramenta de ensino e sintetizaram os resultados positivos que essa metodologia pode ter sobre o aprendizado dos alunos e seu bem-estar.

Em resumo, se o objetivo do professor é a aprendizagem conceitual, o trabalho em grupo devidamente estruturado pode ser bastante útil quando a atividade é cuidadosa e deliberadamente concebida para esse propósito e os alunos têm acesso aos recursos linguísticos e acadêmicos necessários para alcançar o nível esperado de proposição intelectual. Não há por que estabelecer uma discussão que reflita a ignorância coletiva e leve à confusão e à frustração tanto para o aluno quanto para o professor. Além disso, os professores precisam garantir que os alunos ouçam com atenção e expliquem cuidadosamente uns para os outros, façam perguntas e deem alguns retornos construtivos (e, quando necessário, corretivos). Os alunos também precisam participar das conversas de forma igualitária e ter acesso equitativo aos materiais necessários para trabalhar na atividade. Em sua análise de grupos que funcionam bem, Barron (2003, p. 349) constatou que "os grupos que trabalharam bem ocuparam-se com as ideias dos participantes, tiveram baixos índices de desconsideração ou rejeição, prestaram atenção e ecoaram as ideias uns dos outros".

É pouco provável que tudo isso aconteça em um passe de mágica: o professor tem de preparar o terreno por meio de um planejamento meticuloso, como será discutido nos capítulos seguintes.

Resolução criativa de problemas

Ed e Carl (8 e 7 anos, respectivamente) estão tentando descobrir como uma balança de equilíbrio funciona:

> Ed: Agora. [vamos começar]
> Carl: Por que você não coloca 4 desse lado e daí eu posso colocar 4 desse lado? (e aponta para o primeiro bloco de Ed)
> Ed: Vou colocar 5 naquele lado.
> Carl: Não.
> Ed: Tá, mas tudo devia ficar equilibrado, a gente sabe disso porque está vendo... Agora tire [tire os blocos]. Está vendo, equilibra. Agora, coloque de volta.
>   Agora você deixa aí. [Ele quer que Carl deixe seus pesos enquanto ele muda os dele.]
> Carl: Vou colocar um.
> Ed: Uh-uh. Uau! [está desequilibrado] Eu tenho cinco -1, 2, 3, 4, 5.
> Carl: 1, 2, 3, 4, 5. [Ambos contam seus pesos nos pratinhos ao mesmo tempo.]
>   E vamos colocar o resto [dos pesos] no final.
> [Ed concorda não verbalmente]
> Ed: Consegui. [Ele retira o bloco para ver se vai equilibrar-se – ele está prevendo que vai equilibrar.]
> Carl: Ei [equilibrou]. (Marquis; Cooper, 1982, Tabela 2)

Essa é uma atividade de resolução criativa de problemas. No início, nenhuma das crianças tem a informação ou os princípios básicos requisitados para a atividade. Por meio da experimentação, elas coletam informação e estimulam-se a pensar soluções para o problema. As ideias e sugestões de ambas são parte do sucesso da dupla. Em outras palavras, o grupo é melhor do que a soma de suas partes.

Quando trabalhamos em um problema que não tem uma resposta clara ou uma maneira padrão de se chegar a uma resposta, o grupo é "mais inteligente" que qualquer membro individualmente. Quando membros contribuem com ideias que estimulam o raciocínio de outros membros, o grupo é capaz de criar novas interpretações e representações do problema, o que leva a soluções excelentes e ao aprendizado de todos (SCHWARTZ; BLACK; STRANGE, 1991).

Uma das maiores críticas do ensino tradicional é a falta de capacidade de promover experiências de resolução criativa de problemas – experiências do tipo que Carl e Ed tiveram. As atividades que adultos enfrentam em contexto sociais e de trabalho claramente requerem soluções criativas, porém pouquíssimos adultos têm as habilidades necessárias na área. Atualmente, cada vez mais se acredita que a resolução criativa de problemas, a engenharia multidisciplinar e o *design thinking* são, com frequência, melhor desempenhados por grupos do que por indivíduos que trabalham sozinhos. Por muitos anos, consultores de empresas e educadores usaram a demonstração desenvolvida por Hall (1971) para ensinar a simples lição de que grupos são melhores que indivíduos na solução criativa de problemas. Hall usa atividades que envolvem questões de sobrevivência para um grupo hipotético. Uma atividade, por exemplo, é chamada de Perdidos na Lua. O grupo deve juntar as ideias criativas e o conhecimento individual para colocar objetos em ordem de importância para sua sobrevivência. Nessas demonstrações, o número de pontos adquiridos pelo grupo é, na maioria das vezes, maior do que os adquiridos por cada membro individualmente. Os alunos têm muito a ganhar a partir da participação na resolução criativa de problemas em grupo. Eles aprendem uns com os outros, são estimulados a raciocinar em altos níveis cognitivos e experimentam o orgulho intelectual autêntico por produzirem algo que é muito maior do que qualquer membro do grupo produziria sozinho.

Desenvolvendo habilidades e práticas nas áreas do conhecimento

Diretamente conectado ao entendimento de conceitos abstratos e à solução criativa de problemas está o desenvolvimento de práticas e habilidades associadas às disciplinas escolares. As recentes reformas curriculares nos Estados Unidos lideradas por educadores, especialistas e legisladores, com o apoio de lideranças estaduais e federais, assim como da comunidade empresarial, buscam aumentar os parâmetros acadêmicos, ampliar os índices de graduação de alunos e melhorar os resultados nos testes. Em documentos amplamente divulgados, eles fornecem quadros consistentes e claros que definem o conhecimento e as habilidades que os alunos devem dominar para estarem preparados para a faculdade ou para o mundo do trabalho. Os Parâmetros Comuns Curriculares norte-americanos (Common Core State Standards – CCSS) para matemática e linguagens (NATIONAL GOVERNORS ASSOCIATION CENTER FOR BEST PRACTICES; COUNCIL OF CHIEF STATE SCHOOL OFFICERS, 2010a, 2010b, 2010c), adotados em 2010 por 45 estados, e os parâmetros curriculares de ciências (NGSS LEAD STATES, 2013), colocam uma grande ênfase no desenvolvimento das habilidades dos estudantes de pensar analítica, crítica e criativamente em cada uma das disciplinas escolares. Seguindo as "Práticas Matemáticas" propostas pelo Conselho Nacional de Professores de Matemática, os parâmetros curriculares descrevem que alunos proficientes em matemática são capazes de construir argumentos viáveis, que justificam e comunicam suas conclusões, além de ouvir e fazer perguntas que ajudam a esclarecer ou intensificar o raciocínio dos outros. Da mesma forma, como afirmado pelos parâmetros de ciências do National Research Council Science Framework e do Next Generation Science Standards, alunos de ciências precisam ser capazes de examinar, revisar e avaliar seus próprios conhecimentos e ideias e fazer críticas aos dos outros. Entre as práticas essenciais do currículo de ciências do ensino básico estão fazer perguntas e definir problemas, planejar e realizar investigações, construir modelos, construir explicações e desenhar soluções, construir argumentos a partir de evidências, avaliar e comunicar informação. Os parâmetros nacionais de linguagem colocam uma visão do que significa ser uma pessoa letrada. Junto com o desenvolvimento de proficiência em leitura e escrita, esses parâmetros enfatizam o desenvolvimento de habilidades de escuta e fala – as bases para uma comunicação com propósito. Os parâmetros curriculares para estudos sociais, lançados em 2010, também ecoam a mensagem embutida nos documentos anteriores. Além disso, pedem que os alunos sejam capazes de buscar compreender ativamente outras perspectivas e culturas por meio de uma comunicação efetiva com pessoas de diferentes trajetórias.

Essas novas reformas são uma resposta ao veredito de que conhecimento adquirido por memorização é insuficiente para os desafios sociais contemporâneos e para a tecnologia moderna. Futuros cidadãos não devem somente saber como lidar com problemas incertos, mas também devem saber comunicar e compartilhar seu raciocínio com os outros.

A situação de grupos é ideal para o desenvolvimento de habilidades de raciocínio e práticas associadas com cada disciplina. Grupos cooperativos dão aos alunos a oportunidade de praticar situações de causa-efeito, elaborar hipóteses, categorizar, decidir, deduzir e resolver problemas (SOLOMON; DAVIDSON; SOLOMON, 1992). Quando compararam a aprendizagem cooperativa com a aprendizagem competitiva e individual, Johnson e Johnson (1992) descobriram que havia maior frequência de descobertas e uso de raciocínio elaborado em contextos de grupos. Esses dois pesquisadores do trabalho cooperativo sintetizaram seus achados de ampla e extensa pesquisa sobre por que a cooperação ajuda no desenvolvimento de habilidades cognitivas de alto nível e de comunicação de raciocínio da seguinte forma: a discussão em grupo promove síntese oral, explicação e elaboração a partir do conhecimento do outro com mais frequência; o processo de aprendizagem cooperativa promove uma habilidade maior de enxergar a perspectiva do outro (uma habilidade de raciocínio importante para a área das ciências humanas); no contexto de grupos, o raciocínio de um membro é monitorado pelos demais e tem o benefício de poder receber as ideias dos outros e também suas críticas.

A interação de grupo não é somente efetiva, mas também a maneira mais prática de atingir objetivos. Parâmetros como os de Bassarear e Davidson (1992), renomados educadores matemáticos, não podem ser alcançados com os alunos trabalhando sozinhos – há simplesmente muita coisa para os professores ensinarem. Esses dois educadores percebem que os alunos conseguem lidar com as dúvidas de outros alunos mais efetivamente que os professores. Além disso, as discussões costumam capturar confusões dos alunos que os professores provavelmente nunca irão descobrir. Pesquisas na área de educação matemática enfatizam de modo consistente o poder da interação em pequenos grupos para o ensino da disciplina (BOALER; STAPLES, 2008; YACKEL; COBB; WOOD, 1991).

A aprendizagem cooperativa também é uma estratégia efetiva para ajudar alunos a entenderem e reterem informação e a melhorarem suas habilidades básicas. Muitos pesquisadores compararam a efetividade do trabalho em grupo com métodos tradicionais de ensino para habilidades medidas em testes de múltipla escolha. No geral, houve efeitos positivos muito significativos no aprendizado como resultado do trabalho em grupo (JOHNSON; JOHNSON; MARUYAMA, 1983; JOHNSON et al., 1981). Em alguns estudos, contudo, a aprendizagem cooperativa foi associada a resultados que eram tão bons quanto os de métodos tradicionais de ensino e não, necessariamente, superiores (DAVIDSON, 1985; NEWMANN; THOMPSON, 1987). Resumos atualizados da pesquisa sobre aprendizagem cooperativa podem ser encontrados no *website* da Associação Internacional para Estudos de Cooperação [International Association for the Study of Cooperation] (www.iasce.net/home/newsletters).

A mensagem importante que a literatura a respeito da efetividade da aprendizagem cooperativa tem para o professor é a de que existem claramente algumas condições sob as quais o trabalho em grupo é mais efetivo que métodos tradicionais de ensino. Se grupos são ou não mais efetivos que outros métodos de ensino depende de fatores como a escolha da atividade, se os alunos estão ou não dispostos a ajudar uns aos outros e quais motivações os membros têm para ficarem engajados na atividade. Simplesmente dizer aos alunos que fiquem em um grupo e façam atividades que já são familiares para desenvolver habilidades básicas não é o suficiente para garantir ganhos de aprendizado.

Desenvolvimento da linguagem

Atividades cooperativas são excelentes ferramentas para mais um objetivo de aprendizagem: o aprendizado da linguagem e o aperfeiçoamento de habilidades de comunicação oral. Em qualquer contexto de aprendizagem de linguagem, em salas bilíngues e para alunos de quaisquer idades que precisam melhorar suas habilidades de comunicação oral e escrita, praticar ativamente é essencial. Recitais e treinamentos orais têm efetividade limitada e não produzem tanta oportunidade para que os alunos pratiquem ativamente quanto as atividades em grupo, nas quais os alunos conversam uns com os outros para trocar informações e ideias e, em seguida, documentar e registrar seu aprendizado.

Especialistas em aquisição da linguagem argumentam, por exemplo, que há muita dependência de treinamentos padronizados para a abordagem do ensino do inglês como segunda língua. As crianças adquirem a linguagem utilizando-a de modo mais natural, em contextos significativos. Se o professor das crianças que precisam melhorar a proficiência em língua inglesa organiza uma sequência didática que as estimula a conversarem umas com as outras, usando a linguagem associada a atividades interessantes, as possibilidades para a aquisição ativa da língua podem ser, em grande medida, aumentadas.

Na revisão de uma pesquisa sobre a aquisição de uma segunda língua por meio da aprendizagem cooperativa, McGroarty (1989) encontrou evidências de que os alunos ganham tanto na compreensão quanto na produção em segunda língua. Ela concluiu que as tarefas usadas na aprendizagem cooperativa promovem diferentes tipos de trocas verbais. Há mais possibilidades para falantes fluentes de adequar a fala e as interações para que sejam entendidos pelos que não têm fluência na língua. Até mesmo quando nenhum aluno do grupo é fluente, eles se corrigem e tentam preencher as lacunas de aprendizado retificando e parafraseando o que seus colegas dizem até chegarem a um acordo. O desafio que muitos estudantes enfrentam de, simultaneamente, aprender a língua de instrução e dominar o conteúdo disciplinar será tratado em mais detalhes no Capítulo 7.

A mesma proposição se aplica ao ensino de outras línguas que não o inglês nos anos finais do ensino fundamental e no ensino médio, quando o professor está tentando aperfeiçoar as habilidades de comunicação escrita. Compare a abordagem tradicional na qual o aluno fica de pé e faz uma apresentação para a classe com a abordagem de grupos de trabalho pequenos nos quais cada aluno é responsável por comunicar uma parte essencial da tarefa. Se o grupo precisa entender o que cada membro diz para alcançar o objetivo, eles vão fazer perguntas e encorajar fortemente que o apresentador se comunique com clareza. O trabalho em grupo dará muito mais oportunidade para que os alunos pratiquem de forma relevante e ativa do que se fizessem um revezamento de apresentações orais para a classe toda.

OBJETIVOS SOCIAIS

A pesquisa social tem reunido provas impressionantes mostrando que pessoas trabalhando juntas e almejando metas/objetivos para o grupo geram impacto sobre os sentimentos de uma pessoa em relação à outra. Quando grupos se engajam em tarefas de cooperação, é mais provável que se criem laços de amizade, confiança e influência do que quando a atividade simula uma competição (DEUTSCH, 1968, 1992). Johnson e Johnson (2009b) desenvolveram teorias, recentemente, sobre os resultados positivos da interdependência social não só no rendimento/aprendizado e na produtividade, como também na qualidade positiva das interações sociais duradouras e na saúde psicológica dos indivíduos. Sharan et al. (1984) descobriram que quando os alunos são retirados da sala de aula e lhes é oferecida uma atividade para ser trabalhada em grupo, aqueles que vieram de salas onde existe o aprendizado de cooperação demonstraram comportamentos mais prestativos e cooperativos, bem como uma grande diminuição de comportamento negativo ou de competição, do que aqueles que vieram de salas onde somente o ensino tradicional foi usado. Desenvolver nos alunos comportamento interpessoal produtivo tem efeitos duradouros. Gillies (2002) comparou as interações entre alunos do 6º ano, sendo que a metade deles havia feito o treinamento sobre aprendizagem de cooperação/cooperativa nos dois anos anteriores ao estudo, e a outra metade não. Mesmo depois de dois anos, os alunos que fizeram o treinamento exibiram comportamentos mais prestativos e cooperativos do que os que não o fizeram.

Relações intergrupais positivas

Grupos e equipes de cooperação/cooperativas são especialmente benéficos para o desenvolvimento de relações inter-raciais harmoniosas em salas de aula dessegregadas. Slavin (1983) avaliou 14 experimentos em salas de aula cooperativas cujos grupos eram compostos por membros de diferentes etnias. Em 11 desses estudos, havia escolhas expressivamente mais amigáveis entre as raças e etnias de alunos que haviam trabalhado em grupos cooperativos e inter-raciais do que entre alunos que não tiveram essa oportunidade. Os resultados do método da equipe de Slavin (1983) foram especialmente marcantes no tocante aos grupos inter-raciais que receberam uma pontuação geral determinada pela combinação dos resultados dos testes dos membros individuais da equipe. Em seu livro sobre aprendizagem cooperativa, Slavin conclui que as interações interpessoais positivas de alta qualidade levam à atração interpessoal, pois, por meio da interação, indivíduos notam similaridades subjacentes entre as raças (SLAVIN, 1983). Metas de cooperação e a premiação do grupo ajudam a criar interações mais profundas, fato que geralmente não se consegue obter em salas de aula dessegregadas.

Sharan e seus colegas examinaram como membros de grupos étnicos diferentes se comportavam uns com os outros ao trabalharem juntos em uma meta de cooperação. A comparação das técnicas de aprendizagem para cooperação, tal como a investigação em grupo, com o ensino tradicional mostra que a aprendizagem cooperativa gera mais cooperação entre indivíduos de diferentes origens e também comportamentos menos negativos ou competitivos entre eles (SHARAN et al., 1984; SHARAN; SHACHAR, 1988).

É mais provável que um instrutor consiga estabelecer e manter relações positivas dentro do grupo com equipes cooperativas do que em um sistema de premiação competitiva ou individual. Mesmo em condições de cooperação, alguns grupos podem não ter êxito em "mesclar" ou adquirir a sensação de um "nós" unificado. Relações interpessoais podem ser, às vezes, o oposto do harmonioso; alguns indivíduos podem dominar a interação do grupo por completo. Para obter os benefícios da cooperação, é necessário preparar os alunos para a vivência de cooperação.

No capítulo 4, discutiremos mais plenamente como pesquisadores e educadores que atuam com grupos de sala de aula cooperativa desenvolveram maneiras de preparar os alunos para o trabalho produtivo em pequenos grupos.

Socialização de alunos para funções adultas

Sharan e Sharan (1976) apontaram que existe um impacto especial na socialização quando o professor dá autoridade a um grupo estudantil e permite que ele tome decisões de como conduzir sua atividade. Os autores argumentam que permitir aos alunos que tomem decisões por si mesmos, em vez de dizer a eles exatamente o que fazer, terá um efeito social e político desejável. Os alunos terão uma sensação de maior controle sobre seu ambiente e aprenderão a ser cidadãos ativos (na coletividade em vez de uma maneira individualista). Trata-se de um antídoto para os métodos de gestão de sala de aula em que o professor faz toda a condução e diz o que os alunos devem fazer, limitando-os a um papel passivo.

Outra maneira em que grupos ajudam a socializar os alunos para funções adultas é ensinando-os como ter uma discussão racional e organizada, além de como planejar e realizar uma atividade resultante daquela discussão. Eles formam um conjunto de habilidades das quais muitos adultos frequentemente carecem. Muitas vezes o que os estudantes não sabem é como ouvir os outros e como trabalhar as ideias de outras pessoas. Eles estão mais preocupados em dominar a conversa do que ouvir. Em muitos aspectos do mundo do trabalho e da vida adulta, saber atuar em grupo é fundamental. Portanto, cabe-nos ensinar às crianças como fazê-lo com êxito.

Os Sharans atribuem a Dewey tanto a ideia de os alunos terem um papel ativo na tomada de decisões quanto a importância de pensar por si próprios e saber trocar ideias e opiniões livremente uns com os outros (SHARAN; SHARAN, 1992). Dewey pensava que a educação escolar "deveria encarnar os processos e as metas de uma sociedade democrática em seus procedimentos" (SHARAN; SHARAN, 1992). Dessa maneira, os alunos preparam-se para seus papéis como cidadãos adultos dentro de uma democracia através de deliberação pública e da análise crítica de políticas e prioridades sociais (veja também WESTHEIMER; KAHNE, 2004).

PROVOCANDO MELHORIAS NA GESTÃO DA SALA DE AULA

Do ponto de vista do professor, o trabalho em grupo enfrenta dois problemas de gestão de sala de aula muito comuns. Ajuda no desafio de lidar com alunos que têm maior dificuldade e que, na maioria das vezes, fazem qualquer coisa menos o que deveriam fazer. Além disso, ajuda a resolver o dilema do que o resto da turma deveria estar fazendo enquanto o professor trabalha intensamente com um grupo. A estratégia típica é a de colocar os outros alunos para trabalharem individualmente em seus lugares. Contudo, essa estratégia dá margem à indisciplina. Se o resto da turma foi treinado a trabalhar em grupos de forma independente, os professores estão liberados para dar maior atenção para ajudar um grupo específico.

Pesquisas têm trazido a preocupação com o tempo que as crianças passam, de fato, engajadas com atividades. Essa questão é importante por causa da relação que existe entre o tempo gasto em atividades de aprendizagem e seus resultados em avaliações externas. Slavin (2003) define o *tempo de atividade* ou tempo de engajamento como o tempo em que os alunos estão, de fato, envolvidos com o aprendizado.

A maneira mais comum de as crianças perderem seu tempo de aprendizagem é quando estão trabalhando sozinhas sem orientação pedagógica específica. O Estudo de Avaliação do Professor Iniciante (The Beginning Teacher Evaluation Study) – um trabalho de grande abrangência de observação de sala de aula e avaliação externa – revelou que, na média, alunos do 3º ao 6º anos gastam pelo menos 60% de seu tempo em atividades individuais, sem supervisão (BERLINER et al., 1978). Em mais da metade do tempo durante atividades de matemática e leitura, os alunos observados trabalhavam sozinhos e sem orientação. A quantidade de tempo que as crianças estavam engajadas na tarefa quando esta era "autorregulada" era significativamente menor do que em outros tipos de atividades.

Isso significa que, na maioria das vezes, quando estão trabalhando sozinhos, os alunos estão fazendo coisas não relacionadas ao trabalho que lhes foi designado – e aqueles observados nessa pesquisa foram os que precisariam se esforçar muito, pois estavam entre os 30 e 60% com resultados mais baixos nas avaliações externas. Além disso, o estudo encontrou relação significativa entre o tempo de engajamento nas tarefas e seus resultados nas avaliações externas ao final do ano letivo, independentemente de seus resultados no início do ano. A pesquisa de Martella, Nelson e Marchand-Martella (2003) aponta que os alunos passam 42% do seu dia escolar engajados em seu próprio aprendizado. Os pesquisadores continuam apontando que o tempo de engajamento em tarefas é o fator mais relevante para o sucesso acadêmico (GREENWOOD; HORTON; UTLEY, 2002; MARKS, 2000; SLAVIN, 2003).

Pesquisas têm mostrado consistentemente que o trabalho individual sem instrução específica tem maiores índices de desengajamento do que a exposição para a turma toda. Apesar de o trabalho individual poder ser supervisionado de forma efetiva, não é isso que ocorre na maioria das vezes. Os alunos normalmente consideram os trabalhos individuais insignificantes e confusos; pode ser que não tenham os recursos necessários para conseguir realizar a atividade de forma adequada. Em um estudo sobre escolas com alunos de baixo rendimento* (ANDERSON, 1982), as crianças foram entrevistadas sobre o que elas achavam que estavam fazendo durante seu trabalho individual. Muitas não entendiam o propósito da tarefa; "fazendo a tarefa" parece ter sido a razão que muitos alunos, tanto os de maior rendimento quanto os que tinham dificuldade de aprendizado, encontraram. Dentre eles, 30% (dos quais todos tinham dificuldade de aprendizado) não pareciam acreditar que seus trabalhos faziam sentido.

A causa da falta de engajamento de alunos com dificuldade de aprendizado deve estar, de fato, na escolha do método de organização da sala de aula que deixa sozinho o aluno com menor sucesso escolar. Esses alunos recebem muito pouca informação a respeito do objetivo da atividade, a respeito de como ela pode ser realizada com êxito, a respeito de como eles a estão desempenhando ou como poderiam desempenhá-la de uma maneira melhor. As próprias atividades, muitas vezes, não são interessantes o suficiente para manter a atenção dos alunos. Os alunos se desinteressam pela tarefa simplesmente porque não há nada que os estimule a continuar trabalhando nela, a não ser o comando do professor.

O trabalho em grupo normalmente estimula comportamentos mais ativos e direcionados à atividade do que o trabalho individual. Uma situação de interatividade provê mais *feedback* aos alunos com maior dificuldade. A interação proporciona mais oportunidades para a reelaboração de novos conceitos a alunos de quaisquer níveis acadêmicos. Alunos com dificuldade de leitura ou que não entendem as instruções são ajudados por seus colegas (como no caso de Geraldo). Se o grupo é responsabilizado por seu trabalho, haverá forças no grupo que não permitirão que os membros se desengajem da atividade. Finalmente, a interação entre pares por si própria é bastante engajadora e interessante para os alunos. Todos esses fatores ajudam a endossar pesquisas como as de Ahmadjian (1980), que estudou alunos com dificuldade de aprendizagem nos 6º e 7º anos. Ela observou aumentos importantes no nível de engajamento dos alunos que estavam trabalhando em grupo em comparação com alunos trabalhando individualmente.

PROMOVENDO A EQUIDADE EM SALAS DE AULA HETEROGÊNEAS

Muitos professores lecionam em escolas que servem a alunos com uma vasta gama de habilidades acadêmicas e de variados níveis de proficiência oral e escrita na língua de instrução. Isso é particularmente verdade para escolas que atuam com alunos de baixo nível socioeconômico. Como todo professor bem sabe, esse cenário

---

* Title I schools

cria enormes desafios pedagógicos. Que nível de instrução é apropriado? Alunos que não dominam todos os pré-requisitos acadêmicos e não têm domínio da língua devem receber as mesmas tarefas que os outros, mesmo que precisem de mais recursos e apoio que eles? O que o professor deve fazer com os alunos que estão no nível apropriado de aprendizado enquanto dá mais atenção àqueles que estão com dificuldades?

Os métodos mais comuns de lidar com esses dilemas são os agrupamentos por habilidade e o trabalho individual. Contudo, não há evidências que mostrem maior aprendizagem de alunos com dificuldade trabalhando juntos (SLAVIN, 1987). Muito pelo contrário, alunos com dificuldade claramente se beneficiam de grupos heterogêneos e de classes onde há mais recursos acadêmicos a sua disposição (DAR; RESH, 1986; HALLINAN; KUBITSCHEK, 1999; KERCKHOFF, 1986; OAKES, 2005). Os problemas em se destinar trabalhos individuais a alunos abaixo do nível de aprendizado do seu grupo já foram enfatizados.

Uma alternativa é o uso de grupos heterogêneos e alunos capacitados a servirem como recurso acadêmico e linguístico uns aos outros. Se dois alunos do grupo podem ler com fluência, eles podem ler as instruções para os outros. Se a atividade em grupo requer o uso da subtração e somente um dos alunos sabe subtrair, então esse aluno pode mostrar aos demais como fazê-lo. Se a maior parte dos alunos fala somente espanhol e um aluno é completamente bilíngue, então ele pode servir de intérprete entre falantes do inglês e do espanhol.

Esse formato permite que o professor desafie todos intelectualmente, em vez de "ensinar para a média" ou para o que é normalmente chamado de "menor denominador comum". Se a cada membro do grupo for requisitado que demonstre sua compreensão e, para isso, possa usar os recursos do próprio grupo, o aluno que ainda não domina todas as habilidades acadêmicas requisitadas não será excluído, ele irá avançar com o grupo. Se a atividade é interessante e desafiadora, ele estará ativamente envolvido e solicitará ajuda e explicação. Para alunos que dominam habilidades acadêmicas mais avançadas, o ato de explicar aos outros representa uma das maneiras mais efetivas de solidificar seu próprio conhecimento (WEBB, 1983).

Resumindo, se os alunos estão preparados, grupos heterogêneos podem representar a solução para um dos problemas mais persistentes nas salas de aula. Se os alunos podem usar uns aos outros como recurso, todos podem ser expostos ao currículo apropriado para sua idade e mesmo aos materiais mais exigentes. A temporária falta de domínio em habilidades de escrita, leitura e cálculos não deve limitar a exposição dos estudantes a tarefas que não requerem elaboração conceitual. Ao mesmo tempo, esses alunos podem desenvolver habilidades básicas com ajuda e apoio de seus colegas de turma.

3

O dilema do trabalho em grupo

Professores e pesquisadores já descreveram alguns dos desafios mais comuns do trabalho em grupo nas salas de aula. Narrativas autênticas selecionadas, escritas por professores, foram reunidas em um livro intitulado *Trabalho em grupo para salas de aulas heterogêneas: estudos de caso para educadores* (SHULMAN; LOTAN; WHITCOMB, 1998). Nele, os autores professores refletiram sobre episódios em sala de aula e decisões que tomaram quando pediram a seus alunos que trabalhassem em pequenos grupos.

"Alguns grupos funcionam e outros não; me intriga o fato de eu ainda me importar em 'formar' o grupo perfeito", escreve o Sr. M, um professor de língua inglesa do ensino médio. Ele pediu a seus alunos que "[...] citassem um poema que seria bom para o grupo comentar, analisar e apresentar à turma" (SHULMAN; LOTAN; WHITCOMB, 1998, p. 46). Seu caso centra-se em um grupo específico e nos quatro alunos que faziam parte dele: Daryl, Kara, Josh e Elizabeth.

> Daryl foi transferido para nossa escola vindo de outra instituição de ensino médio considerada "fraca", voltada para trabalhadores do distrito. Ele chegou no terceiro dia de aula com uma recomendação e um "A" do professor novato que o preparava para o ensino superior. Também chegou falando gírias, escrevendo frases sem pontuação e desejando ser brutalmente honesto em seus trabalhos orais e escritos [...] De muitas maneiras, Daryl estacionou. Ele usava um boné ao, dissimulada e ruidosamente, mastigar sanduíches e tomar goles de refrigerante no fundo da sala, e devo notar que nunca permiti aos alunos comerem em aula por uma questão de higiene. Ao ser indagado a respeito de um texto, especificamente sobre como um determinado personagem agia, ele respondeu: "de saco cheio". Seus colegas de turma não sabiam como reagir. Eles deviam olhar para mim? Para Daryl? Ou compartilhar um olhar zombeteiro com um amigo? Eles jamais falaram gírias como aquela em uma aula. Mas havia algo a mais a se notar: Daryl leu na primeira semana dois livros da lista de leitura de verão [...]

Coloquei-o junto com Kara, uma de minhas melhores alunas, cuja escrita maravilhosa do início do ano parecia se encaixar bem no trabalho em grupo. Procurei na chamada por alunos legais e que considerava tolerantes. Escolhi Josh, que parecia ser especialmente maduro e legal. Gostei de como ele havia complementado minha lista de leitura independente e pedido por mais recomendações. Também adicionei Elizabeth, uma jovem peculiar, que usava calças rasgadas e que provavelmente também seria feliz usando saias longas na virada do século [...]
No dia do trabalho, Kara, Elizabeth e Josh tentaram chegar a um consenso sobre qual poema deveria ser utilizado. Observei que ficavam cada vez mais desapontados. Eles estavam tentando chegar a um consenso? Eles sabiam como? Daryl e Elizabeth sentaram olhando para Kara e Josh. Enterrado em sua cadeira, Daryl olhava para longe, apontando suas pernas esticadas para outro grupo. Elizabeth, aborrecida, olhava para baixo folheando as páginas da antologia. Em frente deles, Josh e Kara conversavam animadamente. Quando parei no seu grupo, Kara me disse que o grupo havia escolhido o poema "Gravy", de Raymond Carver. Elizabeth reclamou que ninguém a ouvia e que ela detestava "o poema idiota que ambos haviam escolhido". Imediatamente me preocupei com o fato de que a palavra "ambos" que Elizabeth usava indicava que Kara e Josh eram os tomadores de decisões. E Daryl declarou: "Não me importo nem um pouco com qual poema eles desejam escolher". Finalmente chegou o dia da apresentação de "Gravy" (Molho). Odiei assistir a ela. Kara e Josh leram estrofes alternadas do poema de uma maneira importante para si mesmos, enquanto Elizabeth, vestindo um avental quadriculado sobre sua longa saia, misturava um pouco de molho de verdade. Daryl ficou de lado sem ter nada o que fazer. Então, em um momento não ensaiado que se afastou da apresentação originalmente pensada, ele foi até o molho e o lambeu algumas vezes. Fora isso, aqueles que a princípio haviam escolhido o poema, Kara e Josh, assumiram o controle da apresentação. Os outros dois nunca encontraram de fato o seu lugar no projeto. (SHULMAN; LOTAN; WHITCOMB, 1998, p. 45-47).

Por que essa descrição é assustadoramente familiar e incômoda para tantos professores? Um ou talvez dois alunos fazem todo o trabalho e tomam todas as decisões pelo grupo. Eles dominam as conversas enquanto os outros se sentem frustrados e passam a não participar. Por que as melhores intenções dos professores apresentam tais consequências, terríveis para tantos alunos?

Em outro caso, a Srta. W. escreve sobre Sam, em sua sala de aula de 3º ano:

Sam e sua família emigraram de Hong Kong para os Estados Unidos quando ele tinha 5 anos. As lembranças do seu professor de 1º ano sobre o primeiro ano de Sam em sua turma descreviam um quadro sombrio das dificuldades que ele enfrentava: falava pouco inglês, suas notas na avaliação de linguagem do distrito indicavam que sua compreensão do idioma falado era restrita, não era um leitor, tinha dificuldades na maioria das atividades em sala de aula, chorava frequentemente e quase todos os dias se machucava na pracinha [...] Eu esperava que Sam recebesse a ajuda e o apoio iniciais

de que ele precisava tão desesperadamente de seu grupo. Logo ficou claro que o grupo não tinha qualquer "mágica". Os problemas ficaram aparentes durante a sua primeira tarefa cooperativa, voltada para a criação de uma invenção. Eu disse à turma que cada grupo poderia criar qualquer invenção desde que ela fosse útil. Eles tinham que fazer uma descrição da sua aparência, de como ela seria utilizada, e fazer um desenho dela. Na primeira etapa, cada grupo decidiu o que inventar. À medida que o grupo de Sam discutia possibilidades, Sam sugeriu que seria interessante ter um guarda-chuva que abrisse por comando de voz. Inicialmente os outros membros pareciam interessados na ideia, mas depois trocaram o guarda-chuva por comando de voz por um guarda-chuva voador. A sugestão de Sam foi deixada de lado, e ele passou a ter pouco ou nenhum envolvimento na decisão do grupo [...] Posteriormente, quando perguntei a Sam sobre isso ele disse: "eles mudaram tudo o que eu havia dito... No início eles disseram 'sim, sim' e em seguida mudaram e falaram 'não, não'. Eles não gosta (sic) de mim".
Depois dessa conversa, decidi prestar mais atenção à interação entre os grupos. Comecei percebendo que, com muita frequência, quando Sam tentava explicar algo, os outros tinham dificuldade em entendê-lo. Várias vezes Sam repetia "não, não, o que eu quero dizer é [...]", mas os outros perdiam a paciência e simplesmente o deixavam fora da conversa. Parecia que a incapacidade de Sam em se fazer entender diminuiu seu *status* no grupo. Ao longo do tempo, surgia uma "ordem hierárquica", e Sam estava na parte de baixo da hierarquia. (SHULMAN; LOTAN; WHITCOMB, 1998, p. 39-40).

Muitos professores leem as experiências de Sam com consternação e se lembram de outros alunos como ele com um sentimento de desamparo e tristeza. A Srta. A. foi um desses professores. Ecoando a preocupação da Srta. W. com seu aluno, a Srta. A. escreveu sobre Dennis, cujas experiências com o trabalho em grupo a deixaram com um sentimento de perda.

Um pouco magro demais e com os ombros ligeiramente caídos, Dennis era um especialista em se sentir pouco integrado na turma e um grande mágico cujo maior truque era tornar-se invisível. Seu livro estava aberto, seu papel e lápis prontos, mas um olhar mais atento revelaria, em vez de anotações de história, páginas e páginas de desenhos – revólveres, pichações de gangues e heróis de história em quadrinhos [...] Quando os outros alunos descobriam que ele faria parte do seu grupo, eles davam de ombros e reviraram seus olhos. Eles reclamavam comigo e avaliavam mal Dennis em suas planilhas de *feedback*. (SHULMAN; LOTAN; WHITCOMB, 1998, p. 60).

Esses depoimentos levantaram muitas questões sobre o que ocorre no interior de pequenos grupos. Por que os alunos permitem que um único membro faça todo o trabalho e tome todas as decisões? Pode fazer algum sentido como no caso de Kara, porque ela é realmente uma aluna de excelência, "[...] a aluna de melhor desempenho acadêmico do grupo, que assumiu o controle a fim de não perder o controle", como o Sr. M., seu professor, procurou descrever (SHULMAN; LOTAN; WHITCOMB, 1998, p. 47). Nos casos de Daryl e Elizabeth, os dois alunos que discutiam sem sucesso, e do jovem impopular Sam, é quase como se a hierarquia dos grupos de brincadeiras e amizades dos jovens tivesse invadido as salas de aula. Por que os alunos não são mais agradáveis e mais atenciosos uns com os outros? Por que eles não têm consciência de como aqueles semelhantes a Sam devem se sentir ao não terem chance de participar? Por que eles não veem que Elizabeth está frustrada e desencorajada? Por que Dennis pode permanecer em silêncio e invisível?

Uma coisa é clara: o professor que não apresenta mais ferramentas para o planejamento do trabalho em grupo, além de uma atração inicial por uma atividade dentro de um cenário democrático e criativo para a aprendizagem, provavelmente enfrentará dificuldades em tentar novas ferramentas pedagógicas. Embora seja pouco provável que os resultados sejam tão consistentemente desapontadores como os que acabamos de descrever, a observação cuidadosa de qualquer turma trabalhando em grupo e seguindo o ensino de tarefas não estruturadas revelará padrões de dominação indesejada por parte de alguns alunos e não participação e desistência por parte de outros. Além disso, parecem existir problemas disciplinares e motivacionais que podem não ser aparentes nas salas de aula quando os professores utilizam os métodos mais tradicionais de apresentação para toda a turma ou supervisão de trabalhos individuais em sala de aula. Embora alguns alunos consigam se "esconder" bem em situações que envolvem toda a turma, agir dessa maneira durante o trabalho em grupo torna-se algo conspícuo, de grande destaque.

Alguns desses problemas disciplinares e motivacionais são estreitamente relacionados às nossas observações iniciais sobre dominação e falta de participação. Algumas delas estão associadas ao insucesso do professor em escolher e definir a tarefa mais adequada para a situação do trabalho em grupo, ou mesmo à incapacidade de preparar os alunos nas habilidades das quais precisarão para o trabalho. Este capítulo se concentra nos problemas de participação desigual e dominação indesejada dos grupos por alguns estudantes.

Vamos imaginar que uma professora tenta compor grupos de modo que os alunos com desempenho acadêmico ou notas mais semelhantes sejam colocados juntos. Ela argumenta que um aluno que tira as melhores notas não vai assumir e fazer todas as tarefas. Além disso, esse arranjo apresenta as vantagens adicionais de separar amigos que brincam em vez trabalhar, reduzir o problema do isolamento social como o de Sam ou Dennis e de não isolar os sexos. Ainda assim, à medida que a professora caminha pela sala e escuta com atenção o que está acontecendo em cada grupo, ela descobre que os problemas disciplinares podem ter melhorado consideravelmente, mas na maioria dos grupos um aluno está falando e decidindo bem mais do que qualquer outro e pelo menos um aluno não está falando praticamente nada. A maioria dos alunos negros em salas de aula predominantemente brancas é formada por membros silenciosos de seus respectivos grupos. Em pelo menos um deles, a professora pode observar que existe uma verdadeira disputa em curso sobre qual opinião será adotada pelos demais. Sua conversa não é uma discussão intelectual sobre a tarefa, mas sim um conflito interpessoal sobre liderança.

Qual é o problema? Os alunos são imaturos demais para trabalharem em grupo? O problema não é de imaturidade: adultos trabalhando em pequenos grupos também exibirão problemas de dominância – eles disputarão a liderança e participarão de maneira desigual.

COMPORTAMENTO DE GRUPOS ORIENTADOS POR TAREFAS

Grupos que realizam pequenas tarefas tendem a desenvolver hierarquias nas quais alguns membros são mais ativos e influentes que outros. Trata-se da *ordenação por status* – uma classificação social de consenso em que todos sentem que é melhor ter uma posição elevada na hierarquia de *status* do que uma posição inferior. Os membros dos grupos que apresentam uma posição mais elevada são encarados como mais competentes e como se tivessem feito mais para orientar e liderar.

Nos mais de 100 grupos de quatro membros formados por crianças em idade escolar que Elizabeth Cohen e seus alunos de graduação estudaram, raramente foi encontrada uma situação em que cada um dos membros contribuía com um quarto dos discursos sobre a tarefa. Mesmo em um grupo de adultos que não conhecem uns aos outros e que foram selecionados para um experimento com base no fato de todos serem homens com 19 ou 20 anos e brancos, as desigualdades na interação e na hierarquia de *status* irão emergir. Depois que a tarefa é concluída, os membros do grupo tendem a concordar que a pessoa que conduziu a maior parte das discussões teve a contribuição mais importante para a tarefa e as melhores ideias, enquanto a pessoa que era relativamente silenciosa é encarada como tendo feito a contribuição menos importante, sendo percebida como a que contribuiu com poucas ideias boas (BERGER; CONNER; MCKEOWN, 1974).

O mesmo problema ocorre em grupos de alunos que foram preparados para aprendizagem cooperativa. Eles podem tratar uns aos outros com civilidade, mas ainda assim exibem uma participação desigual e todos os demais sinais de uma hierarquia de *status*. Entre os elaboradores de métodos de aprendizagem cooperativa, existe frequentemente uma confusão entre o que chamamos de um problema de *status*, que se baseia em diferentes expectativas de competência, e um problema de hostilidade, indiferença ou falta de confiança. Um grupo pode ser amigável e confiável e ainda assim apresentar uma hierarquia de *status* acentuada, com alguns membros sendo percebidos como muito mais competentes do que outros.

Status de especialista

Se a dominância e desigualdade emergem em grupos com membros que apresentam um mesmo *status*, então não devemos nos surpreender em encontrar esses padrões na sala de aula em grupos de alunos que conheçam uns aos outros de modo intenso no que é frequentemente um ambiente competitivo. Na sala de aula, é impossível construir grupos em que todos os membros tenham o mesmo *status*. Os alunos em geral têm uma ideia da competência relativa de cada um de seus colegas de turma em matérias importantes como leitura e matemática, adquiridos pelo acompanhamento do desempenho de seus colegas, a partir da escuta da avaliação dos professores sobre esse desempenho, e pela descoberta das observações e notas uns dos outros. Eles geralmente podem, se solicitados, posicionar cada um dos colegas em níveis de competência em leitura, matemática ou outra especialidade. Essa distribuição forma uma *hierarquia de status acadêmico* na sala de aula.

Alunos que apresentam um alto desempenho em uma matéria tendem a dominar uma tarefa naquela área de conhecimento atribuída ao grupo – lembre-se do grupo de Kara na turma do Sr. M. Kara é considerada uma aluna muito bem-sucedida em artes, linguagem e língua inglesa. As pessoas que são encaradas como as que dominam melhor o tópico específico da tarefa solicitada ao grupo tendem a ser muito influentes nele. Em outras palavras, são indivíduos que desfrutam de um *status* elevado. O *status* de especialista é uma ideia importante para o planejador do trabalho em grupo. Se você atribuir a um grupo uma tarefa acadêmica regular, o aluno que é considerado como o que tira as melhores notas naquela matéria tende a dominar o grupo. Mesmo se você pensar que escolheu os membros do grupo com um desempenho acadêmico semelhante, os alunos tendem a fazer distinções tênues sobre quem é o melhor aluno do grupo.

Como professor, você pode decidir que não existe nada indesejável no fato de especialistas dominarem grupos de estudantes, desde que os especialistas estejam no caminho correto da realização de uma determinada atribuição. Caso não estejam, o grupo pode se desviar do objetivo do trabalho porque os membros não desejam discutir com os especialistas. Além disso, os alunos que sentem ser claramente menos especialistas no grupo podem relaxar e desempenhar um papel muito passivo, aprendendo pouco da experiência.

Status acadêmico

Agora suponha que a professora não escolha uma tarefa acadêmica tradicional do livro ou da tarefa *on-line*. Suponha que ela peça aos seus alunos que joguem um simples jogo de tabuleiro chamado Atingir a Lua. Esse jogo foi utilizado em muitos estudos de laboratório para compreender a interação entre crianças em idade escolar em condições controladas (para uma revisão desses estudos, ver COHEN, 1982, 1993). No tabuleiro, são encontrados vários caminhos para a lua; dependendo da posição em que a peça se encontra, o grupo ganha ou perde o número de pontos impresso em cada quadrado do tabuleiro. Um dado determina quantos espaços a peça deve avançar. O grupo tem apenas 14 rodadas para alcançar o objetivo com sua espaçonave. A cada rodada ele deve chegar a um consenso sobre o caminho a seguir no tabuleiro.

Atingir a Lua é um jogo de sorte que não exige qualquer habilidade acadêmica. Não existe qualquer conexão racional entre as habilidades de leitura e o jogo. Ainda assim, o aluno que é encarado como o melhor em leitura tende a dominar a discussão. E aquele que é visto como ruim em leitura tende a ser relativamente inativo nesse jogo. A habilidade de leitura, na forma como é percebida pelos outros, é um tipo importante de *status* acadêmico. E esse *status* tem o poder de se espalhar por novas tarefas em que não exista uma conexão racional entre as habilidades intelectuais necessárias e a habilidade acadêmica que institui a hierarquia de *status*.

Rosenholtz (1985) demonstrou o poder da habilidade de leitura em afetar a hierarquia de *status* em grupos que jogavam Atingir a Lua na sala de aula. Depois que pediu às crianças dos 6º e 7º anos que classificassem uns aos outros em relação à habilidade de leitura, ela formou dois grupos com aqueles colegas vistos como mais capazes e dois com aqueles considerados menos capazes. Os considerados melhores leitores eram mais ativos e influentes em comparação com aqueles vistos como menos capazes. Desse modo, a habilidade de leitura, como um indicador do *status* acadêmico, tinha o poder de se disseminar para uma tarefa em que a leitura era irrelevante.

Muitos alunos (e alguns professores) encaram a habilidade de leitura como um índice geral e não como uma habilidade específica. A habilidade de leitura é utilizada como um índice de inteligência de um aluno. Desse modo, espera-se que bons leitores apresentem um bom desempenho em uma ampla variedade de tarefas escolares e que leitores ruins apresentem um desempenho ruim em uma variedade equivalente de trabalhos escolares.

A hierarquia na capacidade de leitura é evidentemente de conhecimento público em muitas salas de aula dos anos iniciais do ensino fundamental. Na maioria das salas estudadas por Rosenholtz e Wilson (1980), os alunos eram capazes de classificar uns aos outros com base na capacidade de leitura com um elevado nível de concordância. Além disso, a hierarquia do professor estava de acordo com as hierarquias dos alunos. Isso significa que, se você for um leitor ruim, não é apenas você que espera um baixo desempenho de si mesmo – todos os seus colegas de turma também esperam que você tenha um desempenho negativo! Trata-se de um *status* não invejável, particularmente quando se pensa em quantas horas por dia você está preso a uma situação em que ninguém espera que você seja bem-sucedido. Steele (2010) descreve vívida e apaixonadamente as experiências e os sentimentos de indivíduos que se encontram em circunstâncias nas quais sabem que estão sendo julgados ou tratados em termos de um estereótipo negativo – um fenômeno que ele e seus colaboradores chamaram de "ameaça do estereótipo". Mesmo nos anos mais avançados, em que a leitura não é mais uma matéria estudada, os alunos ainda concordarão consideravelmente sobre quem na turma é o melhor nos trabalhos escolares e quem tem maior dificuldade neles (HOFFMAN; COHEN, 1972).

Assim como no estudo de Rosenholtz descrito anteriormente, Hoffman e Cohen descobriram que aqueles alunos vistos como melhores nos trabalhos escolares tendiam a ser dominantes em um jogo que não exigia qualquer habilidade acadêmica em comparação com aqueles que pareciam menos capazes.

O que acontece quando pequenos grupos de alunos trabalham em tarefas que exigem habilidades acadêmicas *bem como* várias outras habilidades intelectuais, tais como ser capaz de visualizar modelos tridimensionais (habilidade espacial) ou atuar em uma cena com um estilo cativante (dramaticidade)? Nesse caso, o bom leitor ou o estudante que obtém as melhores notas em matemática ou estudos sociais é especialista em uma parte da tarefa, mas é menos especializado em outras. Se esse fosse um mundo racional, esperaríamos encontrar diferentes alunos atuando como especialistas em diferentes partes da tarefa.

Entretanto, *não* é o que ocorre. Estudos de grupos em sala de aula envolvidos na realização de tarefas que exigem diferentes habilidades intelectuais revelam que aqueles alunos percebidos como bons em matemática ou ciências (COHEN, 1984, 1997) ou bons em estudos sociais (BOWER, 1990) dominam a maior parte das discussões em todas as fases da tarefa em comparação com os outros alunos. Aqueles percebidos como fracos na matéria relevante falam muito pouco e, quando participam, tendem a ser ignorados.

Talvez, você pode argumentar, esses alunos sejam ouvidos por serem indivíduos de grande habilidade, que apresentam um bom desempenho em uma variedade ampla de atividades intelectuais. Dembo e McAuliffe (1987) demonstraram claramente que o que ocorre se deve às percepções de "grande habilidade", em vez de alguma diferença real nelas. Eles utilizaram um teste falso de resolução de problemas para classificar publicamente alguns estudantes como de "grande habilidade". Os alunos classificados dessa forma também se revelaram como mais ativos e influentes em pequenos grupos que trabalham cooperativamente do que alunos classificados como "na média" no falso teste. Desse modo, fica claro que a habilidade acadêmica ou intelectual percebida, seja ela relevante ou não para a realização da tarefa, tem o poder de afetar tanto a participação quanto a influência em pequenos grupos de alunos.

Em uma série de quatro experimentos testando a vulnerabilidade de estereótipos em alunos negros do ensino superior, Steele e Aronson (1995) descobriram que eles apresentam um desempenho pior do que os brancos quando um teste verbal foi apresentado como um teste de habilidade-diagnóstico – isto é, que o sucesso do teste era reconhecidamente maior para alunos brancos do que para alunos negros. Steele (2010) explicou melhor como os estereótipos negativos prevalentes em uma cultura específica dificultam o desempenho e as realizações de determinados grupos. Por exemplo, mulheres com desempenho ruim em testes de matemática, ou alunos brancos do ensino superior que apresentam um desempenho inferior em comparação com ásio-americanos, considerados como prodígios em cálculo.

Status perante os colegas

Por que alguns alunos que apresentam uma elevada posição social entre seus pares dominam os grupos, mesmo quando não são bem-sucedidos academicamente? A Srta. K. conta a história de Eddy em sua sala de aula de 8º ano:

> Um dos garotos mais populares na escola, (Eddy) era bonito, atlético e fisicamente maduro. Academicamente, porém, era inseguro e ansioso, costumava fazer apenas o suficiente para passar e sempre declarava que poderia ter conseguido notas melhores se quisesse [...] Quando foram estudar o Japão Medieval, Christi, Eddy e Roberto foram novamente colocados em grupo. As atividades exigiam que cada equipe investigasse algum aspecto da estratificação da sociedade medieval japonesa. Esse grupo deveria planejar e construir uma cidade com castelo, mostrando que mesmo o desenho do castelo e o traçado da cidade refletiam considerações de hierarquia e poder. Eddy imediatamente assumiu o comando e Christi avidamente se tornou o seu lugar-tenente, excluindo por completo o Roberto. Não permitiram que ele nem mesmo pegasse os materiais. Eddy se encarregou da construção e grunhia ordens: "Onde está a fita adesiva? Dê-me alguma coisa para colocar aqui. Encontre as tesouras". Christi buscava tudo o que ele pedia e então ficava em silêncio ao seu lado, entregando-lhe o que precisasse. Não havia qualquer discussão, nenhuma investigação – apenas concentração unidirecional em concluir o produto da maneira mais rápida e indolor possível. Roberto tentou fazer algumas sugestões valiosas sobre alguns detalhes do castelo, mas foi ignorado. (SHULMAN; LOTAN; WHITCOMB, 1998, p. 88).

Os alunos criam suas próprias hierarquias de *status* à medida que brincam e interagem uns com os outros, inclusive fora da escola. Aqueles que possuem posição social elevada apresentam um *status perante seus colegas* e tendem a dominar os grupos em sala de aula. Entre os alunos, o *status* pode se basear na competência atlética ou na atratividade e popularidade, como era o caso de Eddy. Recém-chegados na sala de aula como Roberto, especialmente se não são proficientes na língua em que ocorre o ensino, tendem a apresentar um *status* social baixo. Aqueles com uma posição social mais baixa tendem a ser participantes menos ativos. Desse modo, um grupo no interior de uma sala de aula pode refletir o mundo do pátio da escola, embora a tarefa seja acadêmica e não tenha nada a ver com brincadeiras ou com a vida social.

Status social

As salas de aula apresentam outro tipo de *status* que irá afetar a participação dos alunos em grupos pequenos. Na sociedade em geral existem distinções de *status* baseadas em classe social, raça, grupo étnico e sexo. São hierarquias sociais gerais e a maioria das pessoas concorda que é melhor fazer parte da classe social superior, ser branco e homem do que ser membro de classes sociais menos favorecidas, ser negro ou pardo ou mulher (pelo menos é nisso que as pessoas acreditam em muitas sociedades ocidentais).

Da mesma maneira que o *status* acadêmico e o *status* perante os colegas, o *status* social tem o poder de afetar o que ocorre em um pequeno grupo voltado para a realização de pequenas tarefas (para uma revisão completa dos fundamentos teóricos e empíricos desse fenômeno, ver CORRELL; RIDGEWAY, 2003). Em grupos inter-raciais de meninos dos anos finais do ensino fundamental que jogavam Atingir a Lua, os alunos brancos tendiam a ser mais ativos e influentes do que os alunos negros (COHEN, 1972). Isso ocorreu mesmo quando os garotos não conheciam uns aos outros e encaravam a si mesmos como alunos com um desempenho igualmente bom na escola.

Do mesmo modo, outros estudos descobriram que os homens eram mais dominantes do que as mulheres em grupos mistos, e americanos anglo-saxônicos eram mais dominantes do que americanos de origem mexicana que apresentam uma aparência etnicamente distintiva (ROSENHOLTZ; COHEN, 1985).

Por que essas diferenças de *status* afetam a participação? Por que alguns alunos devem ter tanta influência em tarefas para as quais eles não possuem nenhuma competência especial? Por que novos grupos trabalhando em novas tarefas refletem hierarquias de *status* preexistentes entre os estudantes? A fim de intervir nesse processo e modificá-lo, o professor precisa conhecer mais sobre como e por que ele opera.

EXPECTATIVAS E A PROFECIA AUTORREALIZÁVEL

Uma ideia básica para nossa compreensão do modo como o processo funciona é a ideia de uma *característica de status*. Uma característica de *status* é um atributo (p. ex., sexo, especialista em computador) pelo qual a pessoa se destaca e sobre o qual existem opiniões e consensos amplamente defendidos que o associam a um maior valor social e competência geral (homem, gênio do computador) em oposição a outros (mulher, aprendiz de computação) (CORRELL; RIDGEWAY, 2003). Desse modo, uma característica de *status* é uma hierarquia social de consenso em que cada um sente ser melhor ocupar posições superiores. Outros exemplos de características de *status* são raça, classe social, habilidade de leitura, atratividade física e desempenho educacional.

Associadas a essas características de *status* se encontram as expectativas gerais de competência e desempenho. Espera-se que indivíduos com *status* elevado sejam mais competentes que indivíduos com baixo *status* em uma ampla variedade de tarefas encaradas como importantes. Quando um professor passa uma tarefa para um grupo de alunos, em que alguns apresentam um *status* maior e outros um *status* menor em qualquer uma das características que acabamos de descrever, essas expectativas gerais aparecem. Elas abrem o caminho para a ocorrência de um tipo de profecia autorrealizável na qual aqueles que têm um *status* elevado ocupam posição mais alta na hierarquia da interação do grupo. Aqueles que apresentam um *status* inferior ocupam uma posição baixa na mesma hierarquia. Steele e Aronson (1995, p. 809) defendem que baixas expectativas internalizadas baseadas nas percepções estereotipadas sobre um grupo "[...] podem desempenhar um papel de efeitos ameaçadores na mediação" – ou seja, confirmam os estereótipos negativos sobre o grupo.

No início da interação, espera-se que os alunos com um *status* social mais elevado sejam mais competentes na realização da nova tarefa. Além disso, esses alunos também esperam ser mais competentes. Isso se deve à operação das expectativas gerais de competência já descritas. Assim, é pouco provável que comecem participando prontamente.

É provável que os alunos com baixo *status* dos quais não se espera uma contribuição importante e que compartilham a avaliação do grupo sobre si mesmos falem muito pouco sobre qualquer coisa. À medida que os alunos com *status* elevado continuam falando, os outros tendem a endereçar suas observações a eles e um deles rapidamente se torna a pessoa mais influente do grupo. Ao final da interação, essa pessoa provavelmente será encarada pelos membros do grupo como a que fez as contribuições mais importantes. Desse modo, a hierarquia de *status* que emerge da tarefa é muito semelhante às diferenças iniciais de *status* com as quais o grupo começou.

Voltando ao jogo de tabuleiro Atingir a Lua, descrito anteriormente, quando os membros de grupos inter-raciais não sabiam nada sobre os outros além do fato de serem de raças diferentes, os alunos brancos tendiam a ser mais ativos e influentes do que os afro-americanos (COHEN, 1972). Nesse caso, o grupo utilizou a raça como base para formar expectativas de competência. Como em nossa cultura espera-se que as pessoas negras sejam menos competentes em tarefas intelectuais do que as brancas, essas expectativas racistas aparecem nesse jogo inocente. Uma vez que isso tivesse ocorrido, era muito provável que os alunos brancos falassem mais e se tornassem mais influentes na tomada de decisão do que os alunos afro-americanos.

De acordo com a Teoria dos Estados de Expectativas (BERGER; ROSENHOLTZ; ZELDITCH, 1980), que explica o fenômeno de poder e participação desigual em pequenos grupos, o mesmo aconteceu nos grupos de Rosenholtz que jogaram Atingir a Lua. Nesse caso, os alunos utilizaram as informações que tinham uns sobre os outros a respeito da sua posição no *status* acadêmico característico da habilidade de leitura para organizar suas expectativas de competência em uma nova partida. As interações do grupo tenderam a copiar as diferenças iniciais na habilidade de leitura.

Nas turmas que Rosenholtz investigou, o *status* dos colegas estava estreitamente relacionado ao *status* acadêmico, de modo que aqueles alunos vistos como influentes nas relações sociais informais entre colegas tenderam a ser os mesmos estudantes tidos como os melhores nos trabalhos escolares. Em outras salas de aula, alunos como Eddy na turma da Srta. K. apresentarão um *status* elevado diante dos colegas, mas um baixo *status* acadêmico. Alunos com um elevado *status* diante dos colegas apresentam o mesmo efeito em um grupo que os alunos com um elevado *status* acadêmico. Em qualquer dos dois casos, tendem a ser mais ativos e influentes que os alunos com baixo *status* diante dos colegas ou com baixo *status* acadêmico.

Um aviso é necessário. A operação das expectativas baseada no *status* não resulta no domínio de crianças com *status* elevado em todos os grupos na sala de aula. Embora as pesquisas mostrem que, no geral, pessoas com *status* elevado são mais ativas e influentes do que pessoas com baixo *status*, no caso de grupos específicos, alguns membros de baixo *status* são mais influentes que membros de *status* elevado. Existem dois outros fatores que ajudam a explicar o que ocorre em um grupo específico. Eles são a natureza da tarefa realizada pelo grupo e quem participa com mais frequência no início dela.

Estudos sobre as interações em pequenos grupos quase sempre concluem que alguns dos padrões de comportamento observados são uma função das peculiaridades da tarefa selecionada (ALEXANDER, et al., 2009). O mesmo vale para as salas de aula. Suponha que você introduza uma atividade de ciências em que se solicita ao grupo observações sobre uma larva viva de besouro da farinha. Alguns alunos ficarão fascinados em tocar e segurar a larva, enquanto outros ficarão com nojo. Aqueles que estão fascinados tendem a ser mais ativos e influentes que os demais. Essa classificação de comportamentos está ligada à natureza peculiar da tarefa e pode afetar também o volume total de interações do grupo. Algumas são intrinsecamente interessantes e provocam um nível elevado de interações, enquanto outras são entediantes e produzem apenas conversas desconexas. Outras tarefas ainda podem ser levadas a cabo não verbalmente por meio da manipulação de materiais ou pela comunicação escrita. Tais tarefas apresentarão um baixo nível de interação verbal, mas um alto nível de outros tipos de comunicação.

Além das diferenças que emergem da natureza da tarefa, as pesquisas com grupos mostram que membros que começam a falar de imediato, independentemente do seu *status*, tendem a ser mais influentes. Suponha que uma aluna considerada de baixo *status* tenha recebido a tarefa de entregar os materiais ao grupo. Ela pode ter previsto o uso desses materiais e assim ter sido capaz de explicar o que deve ser feito com eles. Apenas um evento como esse é capaz de mudar radicalmente o que ocorre. Como o grupo precisaria dela desde o início para descobrir mais sobre os materiais, essa aluna pode se tornar muito ativa naquele grupo específico.

Reconhecendo um problema de *status*

Quais são os sinais de um comportamento de baixo *status*? Como ilustrado anteriormente nos registros dos professores, os alunos com baixo *status* frequentemente não têm acesso à tarefa. Às vezes eles não conseguem colocar as mãos nos materiais. A linguagem corporal é um bom indicador de *status*. Um aluno sem acesso estará com mais frequência separado fisicamente do resto do grupo. Alunos com baixo *status* não falam tanto quanto os outros. Em geral, quando eles de fato falam, suas ideias são ignoradas pelos outros. Ser tratado dessa forma pode levar a mau comportamento e é assim que o professor descobre que algo está errado. Porém, repreender ou punir o aluno com baixo *status* contribuirá pouco para remediar a dificuldade.

Às vezes os professores erroneamente consideram alunos com baixo *status* como descomprometidos ou desmotivados. Na verdade, tais estudantes são simplesmente incapazes de ter acesso aos materiais ou à atenção do grupo. Alguns professores atribuem a falta de participação à timidez, à introversão ou a características de personalidade similares. A observação cuidadosa e atenta dos grupos permitirá encontrar explicações alternativas, sociológicas, em vez de puramente psicológicas, para o comportamento dos estudantes. Levar em conta a qualidade geral das interações entre todos os membros ajudará a intervir e chamar a atenção dos efeitos deletérios da participação desigual.

Influências contextuais em problemas de *status*

O *status* acadêmico e o *status* diante dos pares são características fortes e relevantes de *status* nas salas de aula (COHEN; LOTAN, 1997b). No entanto, a relação entre ambos varia entre escolas, anos escolares e turmas específicas. As duas dimensões podem ser positivamente relacionadas (p. ex., os alunos que têm um elevado *status* acadêmico também apresentam um elevado *status* diante dos colegas) ou negativamente relacionadas (p. ex., os alunos que apresentam um *status* elevado diante dos colegas apresentam um baixo *status* acadêmico). As duas dimensões também podem ser independentes uma da outra. Descobrimos que os dois tipos de *status* eram em geral positivamente correlacionados nas salas de aula dos primeiros anos do ensino fundamental: aqueles que eram considerados como portadores de um elevado *status* acadêmico eram também os mais escolhidos como melhores amigos (COHEN; LOTAN; CATANZARITE, 1988). Nos anos finais do ensino fundamental, o *status* diante dos colegas se torna cada vez mais poderoso como uma fonte independente de poder e prestígio. Em algumas salas de aula do ensino médio, os dois tipos de *status* estão negativamente correlacionados. Nelas, ser percebido como academicamente competente não é considerado "maneiro".

Quando as duas dimensões são independentes, o impacto geral do *status* na participação de um indivíduo no grupo pode ser minimizado, pois existem mais alunos com pelo menos um tipo no *status* elevado. As chances de alunos que apresentam os dois tipos de *status* elevados interagirem consistentemente com alunos com os dois tipos de *status* baixos são menores. Desse modo, o poder preditivo geral do *status* na participação é tanto quanto reduzido (COHEN; LOTAN, 1997b). Tais fatores contextuais se tornaram particularmente relevantes quando abordamos as maneiras com que propomos tratar problemas de acesso desigual a materiais de aprendizagem e participação em grupo no Capítulo 10. A interação complexa entre o *status* acadêmico e o *status* diante dos colegas entre raças e classes sociais é sugestivamente aparente no estudo de Rubin (2003, p. 151), sobre um programa não monitorado de 1º série em uma escola urbana diversa de ensino médio: "Para os alunos, os grupos pequenos frequentemente se mostraram locais de desconforto e tensão, em que fatores como raça e classe vieram à tona". As vozes dos alunos nesse estudo são particularmente comoventes, como se observa na seguinte frase:

> Quanto mais escura for a sua pele, menos você será respeitado... a expectativa é diferente. Eles esperariam que eu não fosse tão bem em sala de aula e coisas parecidas. E quando as pessoas esperam isso de você, você em certo sentido faz o que eles esperam, porque isso realmente abaixa sua autoestima a ponto de pensar "acho que é só isso que eu consigo fazer" (RUBIN, 2003, p. 554).

DESVANTAGENS EDUCACIONAIS DA DOMINÂNCIA E DESIGUALDADE

Por que um professor deveria se preocupar sobre padrões de interação desiguais na sala de aula? Afinal de contas, nem todas as crianças têm as mesmas habilidades e assim é de se esperar que aqueles que obtêm melhores notas sejam os mais ativos nos grupos. Também é provável que líderes sociais entre os jovens sejam admirados, mesmo na sala de aula.

Existem várias boas respostas para isso. A primeira tem a ver com a aprendizagem. Se você planejar uma boa tarefa para trabalho em grupo, a aprendizagem emerge da chance de falar, interagir e contribuir para a discussão. Aqueles que não participam por apresentarem um baixo *status* aprenderão menos do que poderiam se tivessem interagido mais. Além disso, aqueles que apresentam um *status* elevado terão mais acesso à interação e, portanto, aprenderão mais. É um caso de "rico ficando ainda mais rico". Em pesquisas com currículos que utilizam centros de aprendizagem, as crianças que mais falavam umas com as outras e mais trabalhavam juntas apresentaram aumentos maiores nas notas em relação àquelas que falavam e trabalhavam menos juntas. Além disso, as crianças que apresentaram elevados *status* acadêmico e *status* diante dos colegas falaram e trabalharam juntas bem mais do que as com baixo *status* acadêmico (COHEN, 1984). Desse modo, a operação do *status* desigual pode dificultar a aprendizagem dos alunos com baixo *status* durante o trabalho em grupo.

A segunda resposta a essa questão tem a ver com o tema da equidade. A maioria dos professores quer oferecer às crianças chances iguais de serem bem-sucedidas na escola, independentemente de raça, sexo ou origem socioeconômica. Também esperam que a sala de aula seja um local em que as crianças portadoras de diferentes *status* sociais entrem em contato e aprendam que as crenças estereotipadas e preconceituosas sustentadas pela sociedade não são verdadeiras. Os professores querem que crianças de diferentes níveis de *status* aprendam a tratar umas às outras como indivíduos, em vez de membros de grupos sociais específicos.

Se for permitido que as características de *status* operem sem questionamento, as interações das crianças irão apenas reforçar os preconceitos com os quais elas entraram na escola. Por exemplo, se crianças afro-americanas que vêm de lares mais pobres forem consistentemente encaradas como menos competentes no trabalho em grupo, então as opiniões racistas sobre a relativa incompetência dos afro-americanos serão reforçadas, como ouvimos nas palavras do aluno anteriormente. Se a posição de liderança nos grupos sempre é ocupada por meninos, isso reforçará a crença cultural de que "as meninas não podem ser líderes".

Esse reforço de estereótipos não é evitado utilizando apenas aulas expositivas ou grupos de habilidade supervisionados de perto. Se os alunos tiverem muito pouca chance de interagirem uns com os outros, não haverá oportunidade de desafiar os preconceitos sociais ou culturais. A interação do grupo oferece uma chance de atacar e desfazer esses preconceitos, mas o professor deve fazer mais do que simplesmente passar tarefas em grupo. Compreender que o *status* percebido de um indivíduo reflete sua hierarquia relativa em um grupo específico, que ele é situacional e não uma característica inata, representa um grande avanço para ajudar os professores a abordar os efeitos deletérios das desigualdades.

A terceira resposta à questão de por que a interação desigual deve ser um tema de preocupação relaciona-se à qualidade intelectual do desempenho do grupo. A fim de obter o melhor resultado possível, é fundamental que cada membro tenha uma oportunidade igual de contribuir. Ao observar vídeos de grupos trabalhando, vimos e ouvimos alguns alunos discordando suave e hesitantemente da opinião dominante. Eles estavam na direção correta, e o grupo na direção errada, mas ninguém estava ouvindo as ideias de um membro com baixo *status*. Se alguns hesitarem em falar ou forem imediatamente desautorizados ou ignorados quando o fazem, embora tenham ideias melhores, a qualidade intelectual do desempenho do grupo é comprometida. Uma segunda maneira pela qual o *status* interfere na produtividade do grupo é por meio da subserviência à pessoa que mais fala. Estudamos vídeos em que o grupo consistentemente procurava aconselhamento e orientação com uma aluna, que estava muito confusa. O grupo, porém, persistia em acreditar que ela era a única portadora da competência necessária. A operação do *status* interfere na qualidade do desempenho do grupo ainda de outra forma. Quando dois membros se envolvem em uma disputa sobre quem será o dominante, a qualidade do desempenho quase sempre é comprometida.

Do ponto de vista educacional, qual é o padrão ideal de interação? Ao longo de uma série de tarefas para trabalho em grupo, espera-se que diferentes alunos desempenhem papéis influentes, dependendo de suas capacidades, interesses e especialidades, da natureza da tarefa e de vários fatores aleatórios. Isso não significa dizer que não existam diferenças na possibilidade de contribuir para as tarefas. Quando forem interessantes, desafiadoras e variadas, cada uma delas exigirá diferentes habilidades, e seria desejável que os mais fortes nessas habilidades ou os especialistas em um tópico específico falassem e explicassem mais e fossem vistos como mais competentes. Entretanto, essas desigualdades se tornam um problema quando o *status* de um aluno em uma hierarquia que não tem nada a ver com a tarefa torna-se a base para a dominância no grupo. Por exemplo, todos podemos reconhecer que a habilidade de leitura é valiosa e que os leitores proficientes podem fazer contribuições mais relevantes para uma tarefa em comparação a alguns alunos com dificuldade de ler. Isso se torna um problema quando assumimos que o bom leitor seja melhor em tudo e assim domine todos os aspectos do trabalho. Quando a habilidade em uma área é utilizada como um índice de inteligência geral e de competência na sala de aula, você está lidando com um problema de *status*.

Este capítulo colocou um dilema: embora o trabalho em grupo seja atraente por razões educacionais convincentes, ele pode ativar problemas de *status* em grupos pequenos. Os capítulos a seguir, especialmente o Capítulo 10, contêm sugestões específicas sobre como obter as vantagens do trabalho em grupo sem suas desvantagens.

4

Preparando os alunos para a cooperação

A primeira etapa ao introduzir o trabalho em grupo na sala de aula é a de preparar os alunos para situações de trabalho cooperativo. É um erro assumir que crianças, adolescentes ou adultos saibam como trabalhar uns com os outros de uma maneira construtiva. Existe uma grande chance de que eles não tenham vivenciado um número suficiente de experiências prévias bem-sucedidas em tarefas cooperativas, trabalhando com pessoas que não eram amigos pessoais ou membros da família. Embora muitos estudantes tenham passado por níveis variados de contato com a aprendizagem cooperativa, frequentemente não receberam uma preparação adequada.

Alunos que estão preparados para a cooperação saberão comportar-se em situações de trabalho em grupo sem supervisão direta do professor. É necessário introduzir novos comportamentos cooperativos em um programa de preparação intencional. O objetivo de tal programa de preparação é a construção de novas *regras*, concepções coletivas sobre como deve ser a atuação produtiva em situações de grupo. Às vezes as regras são explícitas e escritas, às vezes elas são expectativas ou obrigações de comportamento não verbalizadas.

Quando um indivíduo começa a sentir que deve se comportar de acordo com essa nova maneira, a regra se tornou *internalizada*. Regras internalizadas produzem não apenas o comportamento desejado, mas um desejo de reforçar as expectativas sobre o comportamento dos outros no interior do grupo. Em situações de aprendizagem cooperativa, mesmo estudantes muito jovens podem ser vistos aconselhando outros membros do grupo sobre como devem se comportar. Em função do seu papel na sala de aula, os professores têm um extenso poder para estabelecer regras conhecidas e para introduzir outras.

Em salas de aula tradicionais, a maioria das regras se concentra nos comportamentos individuais dos estudantes. Faça o seu próprio trabalho; não preste atenção no que os outros alunos estão fazendo; nunca dê conselhos ou peça conselhos de um colega enquanto estiver fazendo uma tarefa na turma; preste atenção ao que o professor está dizendo e fazendo e em nada mais; mantenha os seus olhos voltados para a parte da frente da sala e fique em silêncio. Quando lidam com alunos mais jovens, muitos professores reforçam essas regras por meio de repetição, recompensa e punição. Com os alunos no ensino médio, essas regras foram internalizadas a tal ponto que os que colaboram estão bastante inconscientes do motivo pelo qual se comportam em sala do jeito que o fazem.

O trabalho em grupo envolve uma mudança importante nas regras das salas de aula tradicionais. Quando recebem uma tarefa para o grupo, solicita-se aos alunos que dependam uns dos outros. Eles agora são responsáveis não apenas pelo seu próprio comportamento, mas pelo comportamento do grupo e pelo resultado dos esforços de todos. Em vez de escutar apenas o professor, devem escutar os outros estudantes. Para que o grupo trabalhe sem problemas, eles devem aprender a solicitar a opinião dos outros, dar às outras pessoas a chance de falar e fazer contribuições breves e sensíveis ao esforço coletivo. Esses são exemplos de novas regras úteis para serem introduzidas antes de começar o trabalho em grupo. Como esses novos comportamentos envolvem interações entre os alunos, as normas que os governam precisam ser compartilhadas e internalizadas por todos (ver também LOTAN, 2006).

Estudos de grupos sem preparação especial para a aprendizagem cooperativa sugerem que, se os alunos não forem ensinados de uma maneira diferente, eles falarão sobre procedimentos específicos, não discutirão ideias nem articularão seu próprio pensamento (WEBB; ENDER; LEWIS, 1986). Se os professores desejam um discurso mais produtivo e de nível mais elevado, os alunos precisarão aprender habilidades específicas para discutirem e trabalharem uns com os outros. Tais resultados, porém, não são uma consequência automática da aprendizagem cooperativa. Alguns alunos não apresentam estratégias para lidar com a discordância e o conflito além da agressão física e verbal.

Muitos professores, particularmente em escolas de ensino médio, sentem-se tão pressionados a cobrir o currículo que hesitam em investir seu tempo na preparação dos alunos para a cooperação. Essa não é uma decisão sábia: a longo prazo, mais tempo é perdido pelo comportamento em grupo desorganizado do que seria empregado na preparação dos alunos.

PREPARANDO OS ALUNOS PARA O TRABALHO EM GRUPO

Os alunos precisam entender os objetivos do professor em formar pequenos grupos e por que as habilidades de trabalho em equipe são importantes. De maneira surpreendente, alguns alunos não reconhecem que a vida adulta exige trabalhar com pessoas que não são seus amigos mais próximos. Às vezes sentem que o instrutor está tentando forçá-los a serem amigos de colegas de turma inseridos em seu grupo. Quando lhes é dito que muitas tarefas importantes são realizadas por pequenos grupos de pessoas que não são amigos pessoais, tais como grupos de pesquisa, equipes de bombeiros e de enfermagem ou comitês de construção, eles ainda assim ficam em dúvida. A confirmação pelos pais e por outros membros da família sobre como os adultos trabalham pode deixá-los mais dispostos a aceitar o pertencimento a grupos formados pelo professor.

Preparar os alunos para trabalhar em grupos cooperativos exige que você decida sobre que normas e habilidades serão necessárias para a instalação do trabalho que você tem em mente. Essas regras e habilidades são mais bem ensinadas por meio de exercícios, jogos e atividades chamadas de construtoras de habilidades. As pessoas raramente aprendem novos comportamentos ou convicções sobre como devem se comportar apenas por meio de palestras ou de discussões.

O resto deste capítulo irá fornecer os princípios para um programa destinado a deixar os alunos prontos para o trabalho em grupo produtivo. O Apêndice A contém instruções detalhadas para várias atividades construtoras de habilidades que funcionaram muito bem com vários professores. E se nenhuma dessas atividades específicas se encaixar exatamente nas habilidades e normas necessárias para o seu programa de preparação? Uma vez que você conheça os princípios em que elas se baseiam, você pode adaptar as atividades ou criar as suas próprias.

Um aviso sobre as atividades construtoras de habilidades: não julgue sua adequação com base no fato de serem supostamente fáceis demais para os seus alunos. O objetivo das atividades é o de aprender a trabalhar em conjunto. As tarefas em si são apenas um veículo para novas habilidades e normas e não um fim em si mesmas. Elas não devem ser complexas demais; do contrário, os alunos serão distraídos dos processos de grupo e ficarão envolvidos demais na atividade a ponto de comprometer seu próprio benefício. Em cada caso, a chave para a aprendizagem encontra-se na combinação entre a experiência e a discussão que ocorre em seguida. O professor ajuda a turma a refletir sobre características importantes do que ocorreu e a desenvolver percepções-chave sobre a relevância dessa experiência para o futuro trabalho em grupo.

Respondendo às necessidades do grupo

A resposta às necessidades do grupo e de seus membros é uma habilidade necessária em qualquer tipo de atividade cooperativa. Se os alunos forem indiferentes aos problemas vividos por colegas, o grupo não funcionará adequadamente, o resultado do grupo será inferior e a interação não fornecerá a assistência necessária a todos os membros. É necessário que os alunos aprendam a ser conscientes das necessidades dos outros membros do grupo e se sintam responsáveis por ajudá-los pelo bem do objetivo a ser alcançado.

Uma das melhores maneiras de ensinar essa habilidade é um exercício em grupo chamado "Círculos partidos". Foi desenvolvido pelos antropólogos Graves e Graves (1985) com base no exercício clássico chamado "Quadrados partidos" (PFEIFFER; JONES, 1970). Em "Círculos partidos", um quebra-cabeça não podia ser satisfatoriamente resolvido até que os membros do grupo se tornassem conscientes dos problemas vivenciados pelos demais e desejassem abrir mão de suas peças do quebra-cabeça para alcançar o objetivo do grupo.

Cada membro recebe um envelope contendo peças do círculo. A tarefa do grupo é a de formar círculos de igual tamanho. A tarefa não é concluída até que cada indivíduo tenha diante de si um círculo perfeito de mesmo tamanho em relação àquele formado pelos outros no grupo. Existem limitações específicas na interação: não é permitido que os alunos falem. Os membros não podem pedir ou pegar as peças das outras pessoas. Eles podem apenas dar aos colegas do grupo as peças de que eles podem precisar. Orientações detalhadas sobre esse exercício e sugestões das discussões que ocorrem em seguida aparecem no Apêndice A (p. 179-183).

O desafio se encontra no fato de que a troca de peças ocorre entre os membros antes que o objetivo seja alcançado. Para todas, exceto para a versão mais fácil, alguns dos envelopes fornecidos a cada grupo contêm peças que produzirão um círculo sem necessidade de trocas. Entretanto, se a pessoa que recebe tal envelope não quiser quebrar seu círculo completo e compartilhar com os outros, o grupo não será capaz de completar a tarefa. O que frequentemente acontece é que um dos membros mais competitivos rapidamente termina uma forma completa e então de modo impaciente espera que os outros resolvam os seus problemas, olhando em volta da sala indiferente aos esforços dos outros membros do grupo – inconsciente de que ele é a causa do insucesso da equipe.

Ao estimular ideias durante a discussão pós-jogo sobre o que contribuiu para o sucesso ou fracasso da cooperação, você pode ajudar os alunos a terem sensibilidade para as necessidades dos outros e para o ato de compartilhar. Pergunte como eles poderiam ter cooperado mais completamente. Essa tarefa é uma analogia excelente de muitas atividades cooperativas: o indivíduo se torna preocupado em dar em vez de receber ou demonstrar bom desempenho individual.

Não doutrine os alunos sobre o que eles deveriam supostamente aprender a partir da experiência. Permita que cheguem às conclusões por suas perguntas e pela discussão que ocorre em seguida. Então, quando forem capazes de desenvolver importantes percepções, você pode destacar como a cooperação nessa situação está relacionada à cooperação no trabalho em grupo planejado. Educação não é mágica – sempre faça a conexão entre os novos comportamentos e a situação concreta quando quiser que os alunos utilizem sua nova consciência e habilidades.

Experiências de acompanhamento. Frequentemente é necessário planejar uma experiência de acompanhamento se os grupos estiverem apresentando problemas de ausência de sensibilidade e disposição para compartilhar. Uma versão avançada de "Círculos partidos" (ver Apêndice A, p. 181-183) permite que a mesma turma faça o exercício em um momento posterior. Você também pode fornecer uma experiência suplementar envolvendo o compartilhamento de peças de um quebra-cabeça, como descrito também no Apêndice A (p. 183).

Outras atividades construtoras de habilidades que podem ser utilizadas para criar as mesmas disposições incluem um exercício com uma bola de praia relativamente grande em que o grupo recebe a tarefa de manter a imensa bola no ar por muitos minutos. Aqui também, o sucesso do grupo dependerá dos esforços de todos. Criar um mural juntos ou montar juntos um quebra-cabeça complicado podem ser tarefas oportunas para trabalhar ou rever o tema da cooperação. Assim como a primeira atividade, elas devem ser acompanhadas por uma discussão em que os alunos têm a chance de fazer conexões entre a cooperação exigida pelo exercício e seu próprio comportamento na situação de trabalho em grupo.

Ensinando comportamentos cooperativos específicos

Seu programa de preparação lidará com comportamentos específicos que são necessários à situação de trabalho em grupo que você tem em mente. Comece analisando sua tarefa. Ela será realizada por um pequeno grupo de discussão em que cada um deve chegar a um consenso antes de produzir o resultado? Será um trabalho em que os alunos ajudam uns aos outros como colegas, mas são responsáveis pelos seus próprios resultados, por meio de um relatório completo ou um relatório de laboratório? A tarefa será puramente verbal, abrangendo valores e opiniões, ou envolverá os alunos, que deverão mostrar uns aos outros como as coisas funcionam utilizando a manipulação de materiais? A tarefa envolve a resolução criativa de problemas em uma situação diante da qual existem claramente respostas melhores e piores?

Diferentes tarefas para o trabalho em grupo exigem diferentes comportamentos cooperativos. Para ilustrar esse fato, vamos comparar os comportamentos exigidos em duas situações: estações de aprendizagem ou pequenos grupos de discussão. No formato de estação de aprendizagem, o instrutor estabelece diferentes tarefas em várias estações na sala de aula. Elas podem ser experimentos de ciência, problemas de matemática utilizando materiais manipuláveis ou o exame de fontes de documentação primária em estudos sociais. As tarefas são tipicamente de multimídia e exigem uma variedade de comportamentos de resolução de problemas, com mais de uma maneira de solucionar cada etapa. Existem padrões e critérios claros pelos quais uma pessoa pode avaliar o desempenho do grupo e seus resultados como mais ou menos bem-sucedidos. Espera-se que os alunos trabalhem juntos, ajudando os outros na sua estação. Ao mesmo tempo, é esperado que produzam relatórios individuais ou produtos que cada professor pode examinar e utilizar como base para a avaliação do progresso individual ou para a avaliação individual final.

Um comportamento-chave nas estações de aprendizagem é o de auxiliar os outros alunos. Ajudar os outros não é tão simples quanto parece. A maneira mais comum é fazer a tarefa pela outra pessoa. Os alunos precisam ser encorajados a perguntar uns para os outros. Eles precisam reconhecer que esse é um comportamento legítimo e recomendado nas estações de aprendizagem. Além disso, eles precisam saber como responder às perguntas. Em vez de dizer a "resposta certa", os alunos precisam fornecer uma explicação completa. Webb (1991) descobriu que os alunos que receberam apenas a resposta aprenderam menos do que aqueles que receberam uma explicação elaborada.

Quando existe um produto individual, há uma diferença entre a descoberta dos alunos sobre o que os outros pensam e a decisão solitária do que incluirão em seu relatório final. Os alunos precisam ser não apenas encorajados a consultar os colegas, mas também a tomar decisões quando criam seu produto individual. Finalmente, se os alunos devem realizar uma troca produtiva na estação de aprendizagem, eles precisarão de alguma prática de escuta ativa. Tanto o questionador quanto o que responde devem saber escutar e responder de modo atento.

Embora várias perguntas sobre tarefas manipulativas possam ser respondidas por meio da demonstração física com materiais, a comunicação não verbal é muito limitante como único método de comunicação. Crianças mais jovens precisam praticar o *falar como* e o *mostrar como* as coisas podem ser feitas. Elas também precisam aprender novas maneiras de agir educadamente em uma situação de aprendizagem. Quando alguém lhe fornece ajuda, você agradece ou demonstra seu apreço de alguma maneira.

Os comportamentos necessários em pequenos grupos de discussão diferem em algum grau daqueles necessários nas estações de aprendizagem. Aqui a tarefa é de troca verbal bem como a exigência de que o grupo atinja algum tipo de consenso. Por exemplo, você pode pedir que os grupos cheguem a alguma interpretação de literatura ou teatro, utilize as leituras fornecidas para responder uma pergunta da discussão, aplicar o que eles aprenderam sobre nutrição para planejar uma refeição, criar uma representação ou peça para ilustrar uma ideia, criar um diálogo curto utilizando novas palavras e estruturas de frases em uma aula de língua estrangeira, melhorar a gramática e a estrutura de sentenças de uma composição escrita por um colega de turma ou propor uma solução para um problema social ou político.

O conjunto básico de comportamentos necessários inclui, pelo menos, a regra de que cada um contribua e que nenhuma pessoa domine o grupo. Além disso, a discussão exige habilidades de escuta. Existe uma tendência de alguns membros estarem tão preocupados em dizer a sua parte que não escutam o que a outra pessoa acabou de dizer. As pessoas devem não apenas escutar umas às outras, mas precisam aprender a pensar sobre o que a outra pessoa acabou de dizer. A ausência de escuta e reflexão sobre o que os outros disseram resultará em uma discussão desconectada e frequentemente em incapacidade de alcançar o consenso.

Embora alguns alunos mais velhos precisem ser concisos ao compartilharem suas ideias, muitos dos mais jovens precisam aprender a ter argumentos para sustentá-las. Se for pedido ao grupo que ele chegue a um consenso, então os alunos terão de aprender como gerar ideias juntos e descobrir se o grupo está pronto para decidir o que fazer. Indivíduos jovens em geral não estão conscientes de que construir uma decisão coletiva envolve alguma discussão de procedimentos sobre como e quando o grupo vai chegar a uma decisão. Isso é evidentemente aprendido em situações formais de clubes e comitês; mesmo alunos de ensino médio não se envolvem tanto em conversas sobre procedimentos quanto os adultos.

Habilidades para o discurso de nível elevado. A aprendizagem cooperativa pode estimular o desenvolvimento de habilidades de pensamento de nível elevado, muitas das quais são o foco de estruturas e padrões curriculares recentes. Os estudantes podem lançar hipóteses, analisar, generalizar, buscar padrões e procurar por consistência lógica no contexto de uma tarefa de grupo exigente. Os alunos frequentemente revelam seus pensamentos declarando suas conclusões ou ilustrando seu pensamento com materiais manipuláveis. Entretanto, eles podem considerar difícil articular seu pensamento ou comunicar a lógica pela qual chegaram às suas conclusões. Ao observar tais grupos, podemos inferir que os alunos estejam se envolvendo com pensamento de nível elevado, mas teríamos dificuldade em provar isso com base no que eles dizem. Os estudantes se envolverão em discurso de nível elevado quando forem especificamente solicitados e instruídos a agirem assim.

A importância de articular o pensamento de uma pessoa e de comunicar suas ideias aos outros com clareza aumenta exponencialmente à medida que os alunos se aproximam do ensino médio. A menos que os alunos possam comunicar as ideias científicas, a análise de um problema social ou a lógica por trás de uma dedução em matemática, eles terão dificuldade em um curso avançado sobre esses assuntos. Desse modo, apesar da relutância em colocar tanta ênfase na produção intelectual puramente verbal que põe alguns alunos em desvantagem, você pode decidir que, assim que for possível, todos os estudantes devem ter acesso à preparação e experiência nessas habilidades do discurso. Como desenvolver a proficiência linguística dos alunos que estão no processo de aprendizagem da língua em que ocorre o ensino será abordado no Capítulo 7.

A Lógica do Arco-íris é um exemplo de uma atividade construtora de habilidades planejada especificamente para ajudar os alunos a comunicar seu pensamento dedutivo e raciocínio espacial (ver Apêndice A, p. 188-190). Nesse exercício, o construtor cria um padrão de quadrados coloridos em uma grade 3 x 3, sem que o grupo o veja, seguindo a regra de que todos os quadrados da mesma cor devem ser conectados por pelo menos um lado inteiro. É tarefa do grupo deduzir esse padrão por meio de uma série de perguntas tais como "Existem quadrados azuis e amarelos na fileira superior?". O objetivo é de os jogadores serem capazes de fornecer a localização de todas as cores na grade após o menor número de perguntas possível. A fim de alcançar esse objetivo, é necessário que o grupo *discuta e decida* antes de fazer ao projetista da grade uma pergunta. Durante a discussão, os alunos devem compartilhar a lógica do seu pensamento. Um observador é utilizado para registrar com que frequência os jogadores oferecem razões para suas sugestões e se o grupo realmente discute sugestões antes de chegar a uma decisão. Desse modo, os alunos estão tornando seu pensamento explícito, a fim de compartilhar a lógica de suas ideias.

Como um professor, você pensará no tipo de interação que gostaria de obter quando escuta a conversa do grupo. Como é importante que a discussão do grupo seja articulada e cheia de ideias, considere a utilização de uma atividade de construção de habilidades específica para ensinar os tipos de "conversa" que deseja ouvir. Nesse caso, você não precisa ensinar as palavras que quer escutar. A "Lógica do arco-íris" é um bom exemplo de uma atividade construtora de habilidades que não prescreve palavras específicas, mas que estimula os alunos a aprenderem a colocar em palavras seus próprios processos de pensamento. Qualquer exercício que force os alunos a praticar a utilização de argumentos em defesa de suas ideias terá o mesmo efeito.

As atividades construtoras de habilidades também foram desenvolvidas para promover a utilização e aplicação de discursos específicos do grupo. Por exemplo, para promover "conversas sobre ciência" em salas de aula do ensino médio, Holthuis (1998) desenvolveu uma atividade produtora de habilidades na qual os alunos trabalharam em pequenos grupos para analisar os dados – nesse caso, cópias de registros escritos por duas pessoas ao longo de aproximadamente 20 anos. Foi pedido que os alunos construíssem argumentos sobre eventos na vida desses indivíduos com base na informação reunida a partir dos registros. Como em todas as atividades construtoras de habilidades, um componente crítico é a discussão de acompanhamento em que o professor identifica, classifica e reforça quando os alunos lançam mão de argumentos bem fundamentados em evidências, quando e como os alunos justificaram suas conclusões e quando, como cientistas, mudaram sua hipótese ou argumento diante de um número suficiente de evidências contraditórias ou anômalas.

Educadores de matemática (p. ex., YACKEL; COBB, 1996) descrevem as normas sociais e sociomatemáticas que governam as interações na sala de aula orientada pela investigação. O envolvimento em matemática requer que os alunos expliquem seus argumentos e justifiquem suas soluções, além de escutar e encontrar sentido nas explicações dos seus colegas de grupo. As regras sociomatemáticas são normas específicas que tornam as contribuições matematicamente adequadas e relevantes bem como os argumentos, as explicações e as justificativas matematicamente aceitáveis e efetivos.

Utilização de princípios sociais de formação de equipes. Instruções detalhadas em exercícios de construção de habilidades para ensinar comportamentos como aqueles que acabamos de descrever estão incluídas no Apêndice A. Quando você reconhece os princípios simples por trás da construção desses exercícios, pode criar experiências de preparação para essas e quaisquer outras habilidades que considerar importantes para o tipo de trabalho em grupo que escolher.

Bandura (1969) desenvolveu alguns princípios relativamente simples de aprendizagem social por meio de experimentação extensa. Eles são bastante úteis sempre que alguém está introduzindo novos comportamentos para crianças ou adultos. Esses princípios podem ser resumidos a seguir:

1. Novos comportamentos são classificados e discutidos.
2. Os alunos aprendem a reconhecer quando ocorrem novos comportamentos.
3. Os alunos são capazes de utilizar classificações e discutem o comportamento de uma maneira objetiva.
4. Os alunos têm chance de praticar novos comportamentos.
5. Novos comportamentos são reforçados quando ocorrem.

Se um exercício produtor de habilidades que você desenvolveu atender as exigências desses cinco princípios, você terá uma chance muito boa de ver que os alunos fazem uso frequente e correto de suas novas habilidades. Na verdade, eles estão aprendendo mais do que os novos comportamentos, estão aprendendo que essas são maneiras eficientes de se comportar se desejam obter um bom resultado. Além disso, estão aprendendo que há maneiras desejáveis e preferíveis de se comportar em situações de trabalho em grupo. Em termos sociológicos, eles desejarão reforçar essas novas normas em seus colegas. Vamos ilustrar a utilização desses cinco princípios em uma atividade produtora de habilidades chamada "Projetista mestre", descrita em detalhe no Apêndice A (p. 183-186). O exercício exige um conjunto de sete formas geométricas também conhecido como *tangram* (ilustrado no Apêndice A). Cada uma das quatro pessoas em um grupo precisa de um conjunto completo. O quinto membro do grupo é o observador. Uma pessoa assume o papel de projetista mestre e cria um desenho com as formas. O projetista mestre instrui então os outros a replicar o desenho sem exibi-lo. Os membros do grupo não conseguem ver o que os demais estão fazendo, mas podem fazer perguntas ao projetista mestre.

O Projetista Mestre ilustra três novos comportamentos. Mostra aos alunos como ajudar os outros a fazerem coisas sozinhos. Ilustra como um grupo pode depender de um projetista mestre para explicar como um projeto deve ser feito. E em função de outra de suas regras – depois que o projetista mestre considerou o desenho de um membro do grupo como correto, essa pessoa também ajuda os outros e explica como fazer – ele deixa claro que a cooperação pode levar ao sucesso do grupo.

Antes que o exercício comece, o professor introduz novos comportamentos e atribui títulos a eles: "Ajudando os alunos a fazer coisas sozinhos", "Explicar dizendo como" e "Todo mundo ajuda". Esses títulos também aparecem em um pôster que permanece à mostra durante o trabalho em grupo que ocorre após uma preparação. De acordo com os princípios de aprendizagem social listados anteriormente, a criação de títulos ajuda a fixar os novos comportamentos na mente dos alunos, e desempenhar as suas funções lhes oferece a chance de praticá-los. Em rodadas posteriores, outro aluno pode assumir o papel de projetista mestre, dando chance aos outros de explicar e ajudar.

A função dos observadores é de olhar o grupo e registrar todo momento em que observam dois ou três comportamentos novos. Por exemplo: "Explicar dizendo como" e "Todo mundo ajuda". Após cada rodada, os observadores relatam quantas vezes observaram os novos comportamentos. De acordo com os princípios da aprendizagem social, o papel do observador ensina os alunos a reconhecer novos comportamentos quando eles ocorrem e a discuti-los com os nomes apropriados.

É muito importante preparar os observadores para exercer a sua função. Você não pode assumir que os alunos irão automaticamente reconhecer os novos comportamentos que você tem em mente – as palavras podem ter um significado muito diferente para eles do que para você. Discutir como são os comportamentos é uma etapa essencial para que todos tenham uma consciência das características de que estamos falando. Quando os observadores registrarem depois o que aconteceu nos grupos, você tem uma oportunidade de reforçar os novos comportamentos. Nesse sentido, o exercício utiliza todos os cinco princípios de aprendizagem listados anteriormente.

O Foguete de Quatro Estágios (descrito no Apêndice A, p. 190-193) representa os mesmos princípios de aprendizagem. Uma técnica desenvolvida por Charlotte Epstein em seu livro *Indivíduos afetuosos na sala de aula* (no original, *Affective Subjects in the Classroom*) (EPSTEIN, 1972), esse exercício para habilidades em grupos pequenos se tornou um favorito entre os praticantes da preparação para o trabalho cooperativo. Ele pode ser adaptado para ensinar uma variedade de habilidades necessárias para tarefas de diferentes tipos de grupo. Outras atividades são apresentadas no Apêndice A para os dois formatos comuns de estações de aprendizagem e grupos de discussão. Adivinhe a Minha Regra (Apêndice A, p. 185-188) pode ser usado com alunos do 3º ano e também com alunos mais velhos, ao passo que Lógica do Arco-íris (Apêndice A, p. 188-190) e Foguete de Quatro Estágios (na sua forma original) são mais adequados para alunos dos anos finais do ensino fundamental e do ensino médio e também podem ser utilizados por adultos. Os exercícios no Apêndice A são autoexplicativos.

Preparação adicional. Durante a utilização do trabalho em grupo na sua sala de aula, você verá alguma perda nas normas e habilidades praticadas e o retorno às velhas maneiras. Quando isso ocorrer, existem várias estratégias que você pode utilizar. A mais simples é a de escutar nos grupos. Quando ouvir que eles não estão fornecendo argumentos para sustentar ideias, você deve perguntar: "Vocês estão fornecendo argumentos para suas ideias?" ou, quando eles realmente não estão discutindo as decisões antes de tomá-las, você pode perguntar: "Qual é a estratégia ou plano geral para esse grupo? Voltarei em alguns minutos, e vocês podem me dizer o que planejam fazer". Você ficará surpreso ao descobrir que, após repetir essas perguntas em algumas sessões, os alunos estarão fazendo as mesmas perguntas uns aos outros.

Outra estratégia valiosa é circular e tomar notas enquanto os grupos estão em funcionamento. Registre bons exemplos do uso dos comportamentos e habilidades desejadas, bem como os insucessos na sua utilização e as consequências para o funcionamento do grupo. Relate essas observações durante o encerramento da aula ou antes de você começar a sessão do próximo dia. Se houver falhas de cooperação, pergunte à turma o que os membros do grupo poderiam ter feito para o grupo funcionar melhor.

Às vezes você decide que problemas graves no comportamento dos grupos precisam de mais tempo e atenção para promover a cooperação. Quando isso ocorrer, tire um tempo para rever atitudes importantes que contribuem para uma experiência de sucesso. Pergunte aos alunos se eles sentiram quaisquer dificuldades. Eles podem pensar em alguma maneira de resolver esses problemas? Dentre os novos comportamentos, quais podem ajudar? Faça uma lista pública desses comportamentos. Peça aos grupos que repitam ou ampliem uma tarefa que eles já realizaram. Indique um observador para cada equipe. Os grupos trabalharão por 5 minutos enquanto o observador registra a utilização dos comportamentos específicos recomendados. Em seguida, interrompa os grupos e permita que cada equipe discuta com o observador o que foi visto e o que pode ser feito para melhorar a qualidade do processo. Não existe necessidade nesse momento de voltar aos exercícios que não forem diretamente relacionados com o trabalho desenvolvido. O grupo em si tem capacidade autocrítica suficiente para corrigir os seus problemas.

Durante o funcionamento do grupo, os alunos mais velhos podem atuar sem o observador. Todos podem aceitar refletir sobre o comportamento. Em seguida, os estudantes podem discutir sobre seu desempenho e sobre como podem aumentar seus comportamentos-chave cooperativos. Pesquisas mostraram que a resolução de problemas em uma simulação complexa de computador foi superior com uma combinação de *feedback* específico por parte do professor nos comportamentos cooperativos e com os alunos, tendo uma chance de refletir sobre como o grupo estava agindo em relação às habilidades específicas (JOHNSON; JOHNSON, 1990). Esse tratamento produziu melhores resultados do que uma discussão sobre cooperação com todo o grupo ou trabalho sem continuação posterior.

O segredo para uma preparação bem-sucedida dos alunos, *feedback* do professor ou andamento do grupo é *a utilização de comportamentos muito específicos*. Por exemplo, Huber e Eppler (1990) pediram a alunos do 6º ano que classificassem seu próprio processo cooperativo em dimensões gerais, tais como amigável-hostil e trabalhadores dedicados-desinteressados, e que discutissem por 5 minutos sobre o que deu errado na última sessão e sobre como poderiam melhorar a cooperação da próxima vez. Essa estratégia não teve efeito no desempenho. Aparentemente esse método não forneceu aos alunos informação específica o suficiente sobre o que faltava no seu comportamento e sobre que atitudes fariam as coisas funcionarem melhor.

Os comportamentos não devem ser apenas específicos como também *diretamente relevantes para o objetivo do grupo*. Por esse motivo, os programas gerais de preparação em relações humanas que enfatizam sensibilidade, receptividade, abertura e reciprocidade não são recomendados nesse caso (MILLER; HARRINGTON, 1990). Compare essas qualidades de interação bem geral com os comportamentos que Johnson e Johnson (1990) selecionaram em grupos trabalhando em uma simulação computadorizada: resumir as ideias e informações de todos os componentes do grupo, estimular a participação oral ativa de todos e verificar se há consenso entre os membros a cada momento em que decisões são tomadas. Cada membro foi escolhido para monitorar uma das três habilidades sociais e se certificar de que todos utilizaram aquela habilidade.

Existem habilidades adicionais, que se tornam mais importantes à medida que os grupos se aventuram em projetos de longo prazo mais ambiciosos. Listas de comportamentos úteis e problemáticos para a melhoria das habilidades de autoavaliação de grupos são fornecidas no Apêndice A (p. 192-195). Peça que os colegas ou outros adultos utilizem uma ferramenta de observação enquanto o grupo repete ou amplia uma tarefa. Os observadores podem fazer um relato para toda a turma ou para seus próprios colegas de equipe. Ele deve ser acompanhado por uma discussão sobre se os alunos sentem que esses comportamentos são importantes para atingir um resultado melhor. Os estudantes também devem discutir estratégias alternativas de utilização de comportamentos úteis e de evitar comportamentos problemáticos. Escolha aqueles entre os que você imagina úteis para a sua turma. Você não precisa, necessariamente, abordar cada um deles.

Regras especiais para o comportamento em grupo

Participação igual é provavelmente a regra mais importante a ser ensinada ao treinar os alunos para discussão, tomada de decisões e resolução de problemas de modo criativo. Quando os alunos sentem que todos devem ter algo a dizer e são escutados atenciosamente, questões de desigualdade e dominância discutidas antes podem, em parte, ser resolvidas. Se os membros do grupo tiverem internalizado essa nova regra e adquirido algumas habilidades para discussão, os alunos com *status* elevado tendem a dominar menos o grupo.

Evitando a dominância. Em um estudo experimental, Morris (1977, p. 63) demonstrou a eficácia dos procedimentos de treinamento para evitar a indesejada dominância em grupos criativos que resolvem problemas. Abaixo, estão as regras que Morris apresentou aos participantes no seu estudo de promoção de comportamentos cooperativos de resolução de problemas:

1. Informe suas próprias ideias.
2. Escute os outros; dê a cada um a chance de falar.
3. Peça aos outros suas ideias.
4. Forneça argumentos para validar suas ideias e discuta muitas ideias diferentes.

A fim de treinar grupos para a utilização dessas regras, Morris lhes deu um problema de sobrevivência desafiador para ser resolvido. Essa tarefa, adaptada de um dos problemas desenvolvidos por Hall (1971), é chamada de Naufrágio. Ela exige que o grupo imagine ser a tripulação de um navio prestes a afundar perto de uma ilha tropical. Oito itens do navio estão disponíveis para serem levados. É solicitado ao grupo que classifique os itens de acordo com sua importância para a sobrevivência do grupo.

Depois de discutir como a pesquisa mostrou que os grupos têm um desempenho melhor que os indivíduos na resolução criativa de problemas, Morris introduziu a tarefa e informou ao grupo que eles trabalhariam como uma equipe e seriam avaliados pela capacidade de trabalharem juntos. Ele explicou os quatro comportamentos que fazem parte de um bom trabalho de equipe.

Para ensinar o grupo a ser autocrítico e avaliar processos, ele interrompeu os alunos depois que haviam ordenado quatro itens. Eles utilizaram as seguintes perguntas de discussão:

1. Todos estão falando?
2. Vocês estão ouvindo uns aos outros?
3. Vocês estão fazendo perguntas? O que você poderia perguntar para descobrir as ideias de alguém?
4. Vocês estão fornecendo razões para suas ideias e descobrindo ideias diferentes? O que você poderia perguntar se você quisesse descobrir o argumento de uma pessoa para uma sugestão? (MORRIS, 1977, p. 157).

Morris permitiu a eles terminarem a tarefa e apresentou-lhes outro problema de sobrevivência semelhante. Essa pesquisa foi capaz de mostrar que o ensino de regras de participação igualitária impediu que alunos de *status* elevado nesses grupos (aqueles que eram considerados como melhores na leitura) dominassem a interação.

Essas regras influenciaram o comportamento em uma terceira e diferente tarefa, embora não fosse relacionada a problemas de sobrevivência e nada tenha sido dito sobre utilizá-las. Os alunos assumiram que aquela era a melhor maneira de agir em uma tarefa cooperativa. Em outras palavras, as regras começaram a influenciar o comportamento do grupo em uma nova tarefa sem que o adulto responsável tivesse de falar nada.

Como funcionou essa intervenção? Desde uma perspectiva sociológica, o treinamento introduziu novas normas para participação igualitária junto a algumas habilidades. Como esses grupos eram inicialmente desiguais em termos de *status* de leitura, podemos assumir que melhores leitores pensavam ser mais competentes no problema de sobrevivência. De fato, o tratamento não interferiu em *nada* na operação dessas expectativas de competência.

Se fosse o caso, então por que os alunos de *status* elevado eram menos ativos nos grupos tratados do que nos grupos não tratados? Embora os melhores leitores possam ter pensado que seriam mais competentes no problema de sobrevivência, o tratamento lhes informou que iriam comprometer o esforço do grupo a menos que deixassem cada um falar. Assim, a nova regra interferiu no processo no ponto em que diferentes expectativas se transformaram em diferentes taxas de conversa no grupo.

Quando foi perguntado aos alunos na condição de tratamento sobre quem tinha as melhores ideias do grupo, eles tendiam a escolher os melhores leitores. Desse modo, vemos que embora a desigualdade na fala tenha sido reduzida no grupo do tratamento, os problemas de *status* eram apenas parcialmente solucionados.

Embora esse tratamento tenha apenas um efeito parcial no *status*, trata-se de uma maneira segura, simples e pedagogicamente consistente de relembrar os membros da sua turma que tendem a dominar grupos pequenos que os outros podem e devem contribuir. Indique um observador no grupo para monitorar a utilização dos comportamentos desejados. Após os relatos dos observadores, realize uma discussão na turma utilizando as perguntas listadas anteriormente. Quando você estiver pronto para indicar uma tarefa de trabalho em grupo que exija a resolução criativa de um problema, lembre a turma sobre as quatro características do processo em grupo que Morris (1977) destacou.

Funcionamento efetivo do grupo

Quando os membros de um grupo são confrontados com uma tarefa desafiadora e incerta que exigirá um produto final, eles enfrentam um problema fundamental: como decidir sobre as características finais do produto daquele grupo e como dividir o trabalho para realizar a atividade. Suponha que um grupo tenha recebido a tarefa de planejar uma encenação para dramatizar o conflito entre Martinho Lutero e o Papa Leão XI. Qual deve ser a forma da encenação? Quem deve escrevê-la? E quem deve fazer os papéis de Martinho Lutero e de Leão XI? Todas são perguntas a serem respondidas se o grupo quiser apresentar um produto verossímil aos seus colegas de turma.

Embora não pareça razoável a um observador de fora, os estudantes frequentemente tentarão avançar sem ter desenvolvido qualquer plano geral ou estratégia. Alguém dirá: "Acho que devemos fazer uma coroa de ouro para o papa". "Eu posso cortar esses pedaços de papel que podem se parecer com indulgências à venda", diz outro. Logo o grupo está envolvido ativamente apenas em fazer adereços, tendo evitado questões históricas substantivas ou mesmo a discussão esteticamente relevante da forma que a encenação assumirá. Com tempo suficiente, esse grupo por fim daria forma à encenação, mas no calendário escolar não há tanto tempo para trabalhar dessa maneira. É essencial, para o grupo terminar a sua tarefa em tempo limitado, que comece discutindo os temas históricos e em seguida desenvolvam um plano ou uma estratégia.

Os professores podem auxiliar esse processo criando uma regra específica para o funcionamento eficaz do grupo: *Considere os temas e desenvolva um plano ou uma estratégia para criar o produto do seu grupo.* Isso não fará muito sentido para os alunos até que recebam alguns exemplos. Os que você retirar de suas observações das interações deles mesmos podem ser muito úteis. Você pode relatar estratégias que aprendeu ou ainda pedir que os grupos compartilhem com a turma o modo como eles criaram um plano. Você também pode intervir quando os grupos estiverem enfrentando problemas e então solicitar que discutam os temas e façam um plano. Retorne ao grupo para certificar-se do que os alunos pensaram.

Um segundo problema comum é frequentemente encontrado em grupos de alunos do ensino médio. Ao terem de tomar uma decisão em grupo, eles farão uma votação em vez de realizarem uma discussão completa e desenvolverem um consenso. Eles podem nem mesmo compreender o conceito de construir um consenso. A desvantagem de votar um plano de ação é aqueles que perderem a votação não se sentirem responsáveis pelo produto do grupo e provavelmente deixarem de participar. Além disso, as votações frequentemente comprometem uma discussão sobre as questões intelectuais relevantes. Os membros do grupo estão concentrados demais nas ações que deverão ser tomadas e não investem tempo para reunir todas as opiniões e examinar os argumentos intelectuais oferecidos pelos outros ou os materiais fornecidos pelo professor.

Você pode introduzir a regra de desenvolver consenso em conexão com planos e estratégias. Você pode discutir com os alunos o que ocorre quando, em vez de uma ampla discussão, é feita uma votação sobre o que se deve fazer. Você pode querer introduzir o conceito de compromisso. Em sua sala de aula de 8º ano em Pittsburgh, Califórnia, Diane Kepner fez os alunos praticarem a construção do consenso pedindo que chegassem a um acordo sobre três itens alimentares específicos que deveriam estar presentes em uma festa na sala de aula. Após 10 a 15 minutos, os grupos relataram para a turma os itens que escolheram e discutiram como eles chegaram a essas decisões. Em uma segunda etapa, os representantes de cada grupo se reuniram em um painel diante de toda a turma para negociar e decidir sobre a escolha final dos itens. A terceira etapa foi crítica: ela discutiu os processos utilizados pelos grupos, tais como negociação e compromisso, e as implicações dessas estratégias para a construção do consenso.

Quando as equipes estiverem trabalhando, você pode se deslocar ouvindo as discussões. Quando ouvir que um grupo se aproxima de uma votação, você pode perguntar: "Todos concordam? Vocês levaram em conta as sugestões de cada um?". Isso em geral terá o efeito de reabrir a discussão uma vez mais e de fortalecer aqueles cujas opiniões haviam sido ignoradas para defender o seu ponto de vista mais fortemente. Na maioria das vezes, você não está presente no momento crítico em que o grupo faz uma votação. Em vez disso, em geral você reconhece que um grupo não está fazendo qualquer progresso e não completará a tarefa de maneira bem-sucedida sem a sua intervenção. Pergunte a eles o que estão tentando fazer e como chegaram a essa decisão. Segundo Diane Kepner, eles frequentemente dizem que fizeram uma votação. Em seguida, Kepner aconselha o professor a dizer para aqueles que perderam: "O que será necessário para você sentir-se confortável com a decisão do grupo?". A pergunta abre caminho para o compromisso e o aumento da motivação de todos os membros do grupo.

COOPERAÇÃO E COMPORTAMENTO ANTISSOCIAL

Uma discordância vigorosa sobre como resolver problemas ou sobre os temas sociais em discussão é uma das características positivas da aprendizagem cooperativa e deve ser encorajada. Os alunos aprendem ao serem expostos a pontos de vista conflitantes. Eles são forçados a justificar seus próprios pontos de vista e acabam por reconhecer que muitas vezes existem mais de uma perspectiva legítima sobre um problema. Johnson e Johnson (2009a) descreveram o poder de instrução do conflito intelectual e apresentaram evidências convincentes da sua contribuição para a aprendizagem.

Entretanto, alguns alunos não sabem como lidar com a discordância. Eles podem se envolver em ataques pessoais ou "humilhações", agredindo uns aos outros, ou se levantarem e deixarem o grupo, quando sentem a rejeição de suas ideias. Os professores ficam incomodados, o que é compreensível. Como os alunos podem prosseguir com o conteúdo da aula cooperativa se apresentam tão poucas estratégias para trabalharem juntos? Tal comportamento pode ser comum em turmas com alunos pouco experientes em negociação e excessivamente versados em violência verbal e física.

Outros problemas comuns, particularmente com alunos dos anos finais do ensino fundamental, são a rejeição física e social de alguns membros do grupo. Eles podem dizer diretamente que não querem um aluno específico no seu grupo ou podem indicar sua rejeição com linguagem corporal. O acesso dos alunos aos materiais pode ser barrado com cotovelos e com colegas que lhes dão as costas. A rejeição pode ocorrer na forma de ausência de resposta a qualquer uma das contribuições daquela pessoa. Em suma: o grupo pode atuar como se a pessoa fosse invisível.

Diane Kepner, agora uma professora aposentada, trabalhou estreitamente conosco por vários anos. Ela foi treinada em técnicas de resolução de conflito (KREIDLER, 1984; ROSENBERG, 1983) e aplicou trabalhos nesse campo de comportamento antissocial a grupos cooperativos em suas salas de aula de 8º ano. A observação de que o conflito aumenta com um ciclo de ofensas foi central para suas intervenções: "Ele me disse que minhas ideias são horríveis"; "ele me xingou"; "ela me disse para sentar e calar a boca", até "ele me empurrou primeiro". Se os alunos aprenderem a traduzir essas afirmações ofensivas em afirmações do tipo "Eu sinto" nas quais eles expressam honestamente como se sentiram em resposta à declaração ou ao comportamento de outra pessoa, trata-se de uma importante maneira de esvaziar o conflito. Por exemplo, um aluno pode dizer: "Quando você me disse que minhas ideias eram horríveis, me senti como se ninguém no grupo quisesse ouvir qualquer coisa que eu tivesse a dizer – nunca mais". Isso fornece uma abertura para o estudante justificar em mais detalhes sua avaliação negativa das ideias de seu colega, e uma vez mais o caminho está aberto para a conversação normal.

Como essa não é uma maneira "natural" de falar da maioria das pessoas, ofereça aos estudantes a chance de praticar a tradução de declarações ofensivas em afirmações "Eu sinto". Kepner também treinou seus alunos para seguirem a declaração "Eu sinto" com uma solicitação positiva, como "Eu gostaria que você esperasse até que eu termine antes de começar a falar", em vez de uma declaração negativa "Pare de me interromper". As solicitações devem ser específicas e construtivas, em vez de vagas e negativas, nos pedidos de alteração do comportamento dos outros. A planilha de comunicação que Kepner utilizou, intitulada "Estratégias de resolução de conflitos para trabalho em grupo", se encontra no Apêndice A (p. 195-198). Ela criou exemplos específicos de comportamento problemático em grupos pequenos, de modo que os alunos pudessem praticar declarações do tipo "Eu" e solicitações positivas.

Quando os alunos dominaram esses conceitos, Kepner foi capaz de intervir em situações de conflito, pedindo aos alunos que pensassem em como poderiam repetir o que aconteceu no grupo utilizando maneiras alternativas de expressar descontentamento e discordância. Quando os componentes do grupo podem falar uns com os outros de maneira mais construtiva, frequentemente são capazes de avançar mais. Kepner avisou que essas intervenções não funcionarão se a fonte do conflito for alguma dificuldade séria entre alunos que venha de longa data ou se for o resultado de um conflito agudo que esteja ocorrendo na escola. Se os alunos não conseguiam colocar esse antagonismo de lado para trabalharem juntos na sala de aula, ela mudava a composição do grupo ou, no caso de problemas graves como conflito de gangues, ela buscava a ajuda dos seus colegas e da administração em busca de aconselhamento e apoio.

Não é apenas o que as pessoas dizem umas às outras o que provoca tanto mal; é também sua linguagem corporal que sinaliza rejeição, aversão e raiva. Muitos estudantes não são conscientes de que estão enviando mensagens com seus corpos. Kepner aconselha a conversar com os alunos sobre como essa é uma importante forma de comunicação. A linguagem corporal inclui expressões faciais, posturas e gestos. Ela explicou que as mensagens recebidas podem ser entendidas de modo errado e que uma reclamação como "ela está olhando para mim" podem não ter qualquer fundamento de hostilidade. Ela dividiu em seguida os alunos em grupos e lhes disse que receberiam uma situação para encenar com um mínimo de conversa. O resto da turma identificou então qual era a mensagem por meio da interpretação da sua linguagem corporal.

Kepner selecionou, a partir da sua experiência, as seguintes situações como exemplos do que frequentemente ocorre de errado entre alunos em grupos:

- Dois membros do grupo sentam um ao lado do outro e seguram ou giram o livro, o cartão com a tarefa ou a tela do computador de modo que os outros membros do grupo não possam ver.

- Dois membros do grupo sentam um em frente ao outro e formam uma cunha para excluir um terceiro membro à medida que escrevem e conversam sobre o seu projeto.
- Membros do grupo discutem ativamente enquanto um se retira.
- Durante uma discussão, os membros do grupo apresentam expressões faciais e outros movimentos que demonstram rejeição às contribuições de outro componente.
- À medida que um membro se junta ao grupo, outro deixa claro que ele não quer se relacionar com essa pessoa.
- Durante uma apresentação para a turma, um dos alunos demonstra que não quer ser associado aos demais.
- Durante a preparação para uma encenação, um membro do grupo é tratado como se não conseguisse fazer nada certo.

Para acompanhar esse exercício, Kepner observou grupos em funcionamento. Ao detectar um desses problemas não verbais, ela disse para o grupo: "Olhem para si mesmos e vejam como vocês estão sentando e trabalhando. O que vocês estão comunicando uns aos outros?". Ela então deixou o grupo descobrir o que estava errado e como corrigir o problema. Como Diane Kepner, muitos professores aplicam técnicas de resolução de conflitos para a superação de questões interpessoais surgidas na interação com os seus colegas.

REGRAS COMO UMA FERRAMENTA PRÁTICA PARA A SALA DE AULA

Assim que você completar um programa de preparação bem-sucedido, o fato de novas regras terem sido internalizadas apresenta uma importância prática considerável. Uma boa parte do que os professores geralmente fazem é assumido pelos próprios estudantes; o grupo se certifica de que cada um sabe o que fazer; o grupo ajuda a manter todos focados na tarefa; os membros ajudam-se mutuamente. Em vez de o professor ter de controlar o comportamento de cada um, os alunos assumem o controle de si mesmos e dos outros.

Muitos educadores pensam em preparação para a cooperação como um tipo de socialização moral. Eles se perguntam se isso é função das escolas quando existem muitos outros objetivos a serem realizados pela educação pública. Embora existam evidências de que a preparação para a cooperação terá esses efeitos socializantes, existem bases inteiramente diferentes para defender que essa preparação compensa o tempo por ela utilizado no tempo regular de aulas. O treinamento cooperativo permite que você obtenha os benefícios da educação em grupo – benefícios em termos de aprendizagem ativa e da melhora dos resultados alcançados. Se o treinamento resultar em normas internalizadas, ele possui o benefício adicional de transferir essas normas para qualquer situação de trabalho em grupo em que você lembre os alunos da relevância e utilidade das normas. Mais importante, ele libera você da necessidade de supervisão constante e permite que utilize suas habilidades profissionais em um nível muito mais elevado.

O Quadro 4.1 é um resumo das regras, dos comportamentos úteis e das atividades construtoras de habilidades discutidos neste capítulo.

QUADRO 4.1. Regras, comportamentos e construtores de habilidades

Regras necessárias para o trabalho em grupo produtivo	Comportamentos	Atividades construtoras de habilidades
Respondendo às necessidades do grupo	• Prestar atenção ao que os outros membros do grupo precisam • Ninguém acabou até que todos tenham acabado	Círculos partidos Quadrados partidos
Aprendendo a ajudar, fazer perguntas e explicar	• Discutir e decidir. • Dar razões para as suas sugestões. • Explicar dizendo como. • Todos ajudam. • Ajudar os outros a fazerem coisas sozinhos. • Descobrir o que os outros pensam. • Explicar por quê.	Lógica do arco-íris Projetista mestre Foguete de quatro estágios Adivinhe a minha regra
Evitando a dominância	• Todos dão informações. • Fazer um plano. • Concordar sobre as estratégias. • Descrever precisamente e em detalhe. • Falar suas próprias ideias. • Escutar os outros; dar a cada um uma chance de falar. • Solicitar as ideias dos outros. • Fundamentar suas ideias com argumentos.	Naufrágio Espaçonave Rio de Jacarés

5
Etapas do planejamento para o trabalho em grupo

O processo de planejamento começa com a resposta a uma questão fundamental: como é que os alunos trabalham juntos, em sala de aula, para aprender o que devem saber e o que devem fazer? Sua resposta determina a natureza dos exercícios que serão realizados para o estabelecimento das habilidades cooperativas. A orientação para o trabalho colaborativo, um dos primeiros passos para o seu plano geral, está descrita no Capítulo 4. Neste capítulo, descrevemos os próximos passos a dar para que você e seus alunos estejam prontos para que o trabalho em grupo ocorra de maneira produtiva.

Sua decisão sobre os objetivos de aprendizagem leva a um processo de planejamento reverso (WIGGINS; MCTIGHE, 2005). Em primeiro lugar, você desenvolve as ferramentas para avaliar os produtos do grupo assim como o desempenho individual de cada membro. Em seguida, você cria ou adapta as atividades que os grupos irão cumprir. Depois, reúne recursos e materiais necessários. Na sequência, planeja a disposição física da sala de aula, decide como os grupos serão compostos e como você vai distribuir os alunos. Por fim, você faz um plano para avaliar os resultados gerais da aula, ou aulas, que preparou com tanto cuidado. Investe-se boa quantidade de esforço antes mesmo que os alunos comecem suas tarefas de trabalho! Se tiver sorte e seu plano for um sucesso, você terá um procedimento útil para usar em outras aulas no ano seguinte, bem como um formato básico que pode ser replicado em diferentes atividades para as turmas desse período letivo. Ao desenvolver pelo menos um desses projetos a cada ano, em pouco tempo, você poderá reunir como parte de seu repertório uma variedade de experiências bem-sucedidas. Também pode colaborar com colegas e criar um banco de atividades facilmente acessíveis por intermédio de redes compartilhadas. (Veja também complexinstruction.stanford.edu.)

ESTRUTURAS PARA O TRABALHO EM GRUPO

A maneira pela qual os alunos vão trabalhar juntos depende do seu objetivo para usar o trabalho em grupo e do tipo de interação que você deseja que seus alunos tenham. Quais são os principais objetivos planejados para as aulas? Desenvolver habilidades, tais como dominar os aspectos técnicos da escrita (ortografia, pontuação, uso de maiúsculas), memorizar datas, classificar diagramas, fazer revisão para uma prova ou decifrar a legenda em um mapa? Ou seus objetivos são a compreensão de uma ideia abstrata que possa ser reconhecida e abordada em uma variedade de configurações, a aplicação de um conceito matemático, a discussão de dilemas éticos sob diferentes perspectivas ou o planejamento de um experimento científico e a elaboração do argumento baseado em evidências? Quais são seus objetivos quanto ao domínio da linguagem e como os alunos desenvolverão o domínio do conteúdo, bem como a proficiência no uso da linguagem acadêmica específica a cada disciplina? Embora muitos professores usem o trabalho em grupo com todos esses objetivos de aprendizagem em mente, ele é particularmente vantajoso no sentido de oferecer oportunidades para os alunos aprenderem com mais profundidade, desenvolverem proficiência na linguagem oral e escrita e atuarem em níveis cognitivos elevados. Esses objetivos são desenvolvidos de modo bastante eficiente em programas e estruturas curriculares recentemente divulgadas* (ver Cap. 2).

    O tipo de interação que você espera ver e ouvir quando acompanha os grupos está relacionado à decisão sobre os objetivos de aprendizagem. Quando os grupos estão trabalhando em tarefas mais rotineiras, você provavelmente desejará ouvir os alunos fazendo perguntas e pacientemente ajudando uns aos outros com explicações claras e detalhadas; desejará vê-los mostrando uns aos outros como fazer as coisas ou questionando-se mutuamente enquanto se preparam para um exame. Alunos bilíngues podem atuar como intérpretes para os que ainda não adquiriram a língua oficial da escola. Em muitos casos, sua expectativa é de que o aluno mais adiantado ajude os que precisam de apoio, na medida em que você não consegue atender a todos.

    A interação desejada nos grupos de trabalho quando os objetivos de aprendizagem são mais conceituais não consiste em alunos academicamente mais fortes ajudando os mais fracos. Em vez disso, é desejável haver uma troca, em que os alunos se envolvem com as ideias uns dos outros e em que a contribuição de cada um torna-se uma informação significativa para qualquer outro membro do grupo. Em muitos casos, você também espera ouvir discussões de alto nível de profundidade, específica à disciplina, nas quais os membros articulam suas estratégias, hipóteses, conclusões e seu raciocínio geral. Pode haver uma qualidade lúdica nesse intercâmbio, em que os membros do grupo criam modelos físicos, demonstram padrões e usam a imaginação. Eles se atrevem a fazer hipóteses e sugestões "radicais", a fim de estimular o pensamento dos outros. Os participantes não se limitam a tentar encon-

---

* N. de R.T. A base nacional curricular norte-americana - Commom Core State Standards - de Linguagem e Matemática foi publicada em 2010 e adotada pela maior parte dos estados norte-americanos.

trar a resposta certa ou adivinhar o que o professor tem em mente. A maneira de orquestrar esse tipo de interação entre alunos com diferentes níveis de proficiência da língua de ensino será discutida em mais detalhes no Capítulo 7.

Uma vez que você decidiu seus objetivos de aprendizagem e o tipo de interações que deseja ouvir e ver, estabeleça as bases para o modo como irá estruturar os grupos e as tarefas. No caso das mais rotineiras, a tarefa colaborativa feita pelo aluno em sua mesa é um padrão comum: os alunos recebem uma atribuição sobre a qual podem trabalhar sozinhos, mas são orientados a trabalhar juntos e ajudar uns aos outros. Esse plano funcionará *somente se* os alunos estão realmente motivados a colaborar e são capazes de dar explicações de alta qualidade. O não cumprimento dessas condições vai deixar aqueles de menor desempenho sem a ajuda de que necessitam para completar a atividade (WEBB, 1991). Esse tipo de trabalho colaborativo, com cada aluno em sua mesa, é um exemplo de um *modelo de trocas limitado para trabalhar em conjunto*. A maior necessidade de interação reside no fornecimento de informações sobre como proceder e nas informações sobre a especificidade do conteúdo; é provável que a informação flua de maneira unidirecional, dos alunos academicamente mais fortes para aqueles com mais dificuldade.

O revezamento é outro exemplo de interação limitada, adequada para tarefas de rotina. Os parceiros podem se revezar, questionando-se mutuamente sobre ortografia, itens de uma lista ou datas históricas, dizendo o que pensam ser a resposta correta e explicando por quê. Os alunos podem até mesmo se revezar desempenhando o papel do professor e resumindo os principais pontos da aula, enquanto outros desempenham o papel de "aprendizes" cujo trabalho é fazer questões pertinentes e estimular o líder a explicar melhor. Quando a medida de sucesso é quão bem os alunos retêm a informação em um teste, observou-se que esse tipo de discussão oral estruturada foi marcadamente superior à simples discussão (YAGER; JOHNSON; JOHNSON, 1985). Embora não seja essencial para tarefas de rotina, o trabalho em grupo pode beneficiar muitos alunos, particularmente os que ajudam os seus colegas explicando, moldando e praticando essas habilidades acadêmicas básicas (WEBB; FARIVAR, 1999).

No caso de objetivos conceituais menos rotineiros e mais desafiadores, o padrão do trabalho conjunto precisa ser baseado em um *modelo de troca igualitária*. Para criar a troca igualitária, é necessário ter uma tarefa que seja "pertinente a grupos": atividade que nenhuma pessoa sozinha possa completar facilmente dentro do tempo delimitado. Ao trabalhar com tarefa planejada para o trabalho em grupo, os membros terão que, necessariamente, trocar ideias de modo livre e contínuo a fim de atingir os objetivos de aprendizagem predefinidos. Se o aluno puder fazer a atividade sozinho, então, não há motivação para uma livre troca de ideias, e a única questão é se a pessoa que sabe como fazer o trabalho vai ajudar aqueles que não sabem. Para obter a troca igualitária, é desejável que você evite fazer uma divisão de trabalho bem definida entre os participantes, pois se todos têm seu próprio trabalho a fazer, não há necessidade de conversar e trocar ideias.

Para manter a troca igualitária, esforce-se para criar uma situação que estimule o máximo possível de conversa entre os membros do grupo. Pesquisas mostraram que, quando a atividade de grupo consiste em um problema com solução incerta, o sucesso do grupo depende da quantidade de conversas e de trabalho conjunto (COHEN; LOTAN; LEECHOR, 1989; COHEN; LOTAN; HOLTHUIS, 1997). Desse modo, selecione padrões de trabalho conjunto que não irão restringir, mas sim aumentar a quantidade e melhorar a qualidade da interação. Características das atividades pertinentes ao trabalho em grupo e como elaborá-las estão descritas em detalhes no Capítulo 6.

Em uma revisão de pesquisas sobre o que torna os grupos pequenos produtivos, Cohen (1992) concluiu que o aprimoramento de diversas variáveis de aprendizagem depende da boa combinação entre o padrão de trabalho conjunto e o objetivo de aprendizagem desejado. Para objetivos relativamente menos ambiciosos, o modelo de troca limitada, com o foco na aquisição de informações e respostas certas, é adequado e muitas vezes melhor. Para o desenvolvimento de habilidades de pensamento de ordem superior, uma interação mais profunda, mais complexa e menos restrita é mais produtiva. Nystrand, Gamoran e Heck (1991) fazem uma distinção similar entre as tarefas de trabalho em grupo, que são apenas tarefas colaborativas, feitas pelos alunos em suas mesas, e tarefas que permitem aos alunos definirem seu problema e produzirem conhecimento por conta própria. Em um teste de compreensão de literatura que incluía questões conceituais, descobriram que as turmas de 1ª série do ensino médio que despenderam mais tempo em grupos cooperativos e que exigiam produção de conhecimento pontuaram significativamente mais no teste do que as turmas que dedicaram menos tempo em tais grupos. Em contraste, as tarefas colaborativas tradicionais, o padrão mais comum, foram claramente ineficientes para melhorar a capacidade dos alunos de lidar com questões conceituais. Em um estudo feito em 64 salas de aula de inglês dos anos finais do ensino fundamental e do ensino médio, Applebee et al. (2003) verificaram que abordagens baseadas em discussões, em um contexto de alta demanda acadêmica, foram efetivas em uma série de situações tanto para os alunos de alto como de baixo rendimento. Por meio das discussões, os alunos internalizaram o conhecimento e desenvolveram as habilidades necessárias para se empenharem por conta própria em tarefas desafiadoras relativas ao aprimoramento da linguagem.

Tornar os indivíduos e os grupos responsáveis pelo processo e pelos produtos

Independentemente de qual seja a estrutura de trabalho conjunto escolhida, a questão da responsabilização é central e deve ser abordada de forma explícita desde o início. Seus alunos serão bem-sucedidos no trabalho em grupo se você tornar os indivíduos e os grupos responsáveis pelo trabalho por meio de avaliações formais e informais do processo em que estão envolvidos *e* pelos produtos de seu trabalho coletivo e individual. Avaliações formativas e somativas são os mecanismos pelos quais grupos e indivíduos são responsabilizados por engajamento e desempenho de alta qualidade.

O que você fará para estimular os alunos a se relacionarem como verdadeiros membros de um mesmo grupo? Não basta apenas atribuir uma única tarefa a eles. Ainda que todos tenham o mesmo objetivo, alguns podem perder o entusiasmo e deixar que os outros façam o trabalho. Isso é conhecido como o problema do "aproveitador" ou do "preguiçoso social". Se você tentar resolver tal problema dando a todos um trabalho individual e dizendo-lhes que devem trabalhar juntos e ajudar uns aos outros, é muito provável que o grupo se desmembre em indivíduos fazendo os seus trabalhos individualmente. Neste cenário, os alunos que concluírem a tarefa podem ou não compartilhar suas ideias e seus produtos com os membros do grupo que têm mais dificuldade. Outra forma comum de resolver o problema é dividir o trabalho e dar a cada aluno uma parte da tarefa, dizendo ao grupo que eles não poderão atingir o objetivo, a menos que cada um faça a sua parte. Embora tenha a vantagem de fazer com que todos contribuam para o objetivo comum, essa solução tem a desvantagem de proporcionar pouca ou nenhuma motivação para os alunos se ajudarem mutuamente, por não oferecer oportunidade para uma interação livre e irrestrita.

A solução para o dilema é fazer avaliações formativas e somativas contínuas, a fim de dar suporte à responsabilidade *individual* e *coletiva*. Uma revisão de pesquisas indica que os melhores resultados são alcançados quando a elaboração do trabalho em grupo inclui esses dois aspectos (COHEN, 1992; ABRAM et al., 2002). É esperado que cada um entregue um produto individual baseado em grande medida em sua participação. Os alunos podem finalizar o produto individual durante o período em que estão trabalhando em grupo. O produto final pode ser um questionário baseado no conteúdo acadêmico da atividade de grupo ou uma lição de casa com base no que aprendeu com a tarefa. Os alunos precisam saber que será exigido deles um produto individual após cada experiência de trabalho em grupo e que ele refletirá o conteúdo do trabalho.

Além do produto individual, o grupo será responsável por sua atividade coletiva. Uma maneira de fazer isso é solicitar que o grupo entregue um produto representativo de sua troca, tal como uma apresentação para a turma, a criação de um modelo físico, os resultados de um experimento ou um relatório. Muitas vezes os grupos são convidados a chegar a um consenso sobre um dilema ou um problema. Chegar a um consenso e reportar o processo também pode ser considerado um produto do grupo.

Ao analisar diferentes métodos de aprendizagem cooperativa, Slavin (2010) descobriu que dois elementos devem estar presentes para o método ser efetivo: os objetivos do grupo e a responsabilidade individual. Os grupos devem trabalhar juntos para alcançar um objetivo e ganhar recompensas ou reconhecimento. Além disso, o sucesso do grupo deve depender da contribuição individual e das conquistas de todos os membros. Para melhorar o desenvolvimento das habilidades básicas de leitura e matemática dos alunos, quatro métodos de aprendizagem cooperativa com base nos conceitos de Slavin foram desenvolvidos na Universidade Johns Hopkins: *Student Achievement Team Division* (STAD) [Divisão de Grupos por Desempenho dos Alunos], *Teams-Games-Tournament* (TGT) [Equipes – Jogos – Torneios], *Team Assisted Individualization* (TAI) [Individualização Assistida dos Grupos] e *Cooperative Integrated Reading and Composition* (CIRC) [Redação e Leitura Integrada Cooperativa]. A efetividade das recompensas do grupo não significa que seja impossível manter os indivíduos responsáveis ou motivá-los a participar sem tais recompensas. Recompensas parecem ser mais importantes para os tipos de tarefas tradicionais, sejam coletivas ou colaborativas, como foi descrito anteriormente, a partir de exemplos de modelos de troca limitado, em que é necessário motivar aqueles que conseguiriam fazer a tarefa sozinhos a interagirem e ajudarem os que têm dificuldade. Alguns praticantes costumam dar uma nota grupal para tornar todos responsáveis. Embora em alguns contextos notas possam motivar os alunos a se esforçarem mais, dar uma nota para o grupo, assim como outros motivadores extrínsecos, é muitas vezes considerado injusto pelos alunos (e seus pais) e diminui o mérito dos vários benefícios do trabalho cooperativo (KAGAN, 1995).

As recompensas para os grupos parecem desnecessárias quando se utiliza o modelo de troca igualitária, em que os alunos são interdependentes e motivados a concluir uma atividade desafiadora e interessante, que requer a contribuição de todos para um bom resultado (JOHNSON; JOHNSON, 2009b). A maioria dos alunos se preocupa em fazer uma apresentação envolvente e obter reconhecimento de seus pares. Não querem parecer tolos e despreparados. Vários estudos têm documentado importantes ganhos em desempenho conceitual como resultado da motivação causada por tarefas de grupo intrinsecamente interessantes e desafiadoras. Para gerar responsabilidade individual, foi necessário incluir relatórios individuais ou tornar os indivíduos responsáveis por alguma parte do produto final (COHEN, 1991; SHARAN et al., 1984).

Além de tornar os grupos e indivíduos responsáveis por seus respectivos produtos, você reconhecerá a necessidade de manter os indivíduos responsáveis pela maneira como trabalham em grupo e individualmente. O grupo está funcionando de forma harmoniosa? Você vê evidências da atuação das normas de cooperação? Se assim for, deixe que eles saibam disso. Se não, sugerimos parar e discutir estratégias para se trabalhar em conjunto de forma mais produtiva. O grupo discutiu e elaborou um plano de ação? Se sim, elogie-os. Se não, alerte-os para as decepções e as tristes consequências de não terminar a tarefa no tempo determinado.

ELABORAR A TAREFA

Como explicado anteriormente, durante o trabalho em grupo, os alunos podem se envolver em dois tipos de tarefas: tarefas de rotina, que são bem-definidas, ou tarefas incertas, que são abertas. Tarefas de rotina ou bem definidas seguem procedimentos claros, detalhados, e passos precisos para chegar a uma resposta certa ou uma solução previsível. Os alunos podem ter sucesso na execução dessas tarefas seguindo as instruções cuidadosamente, aplicando algoritmos e fórmulas conhecidas e/ou localizando e memorizando informações.

Por outro lado, uma tarefa intencionalmente planejada para o trabalho em grupo pode fornecer oportunidades para os alunos acessarem as instruções e as informações necessárias para se envolverem na tarefa, facilitar a participação de *status* igualitário e permitir que os alunos demonstrem múltiplas capacidades intelectuais e diferentes habilidades acadêmicas e sociais usadas para concluir a tarefa com êxito. Mais informações sobre o conceito de múltiplas habilidades e sua importância será fornecido no Capítulo 10, na discussão de como tratar os problemas de *status*.

Com alunos dos anos iniciais do ensino fundamental, a atividade em si, junto com uma breve orientação e uma síntese das conclusões finais podem ser suficientes para atingir seu objetivo instrucional. Por exemplo, os alunos podem aprender o que são as coordenadas de um mapa localizando onde cada um dos seus membros mora por meio das coordenadas do mapa local. Com os alunos mais velhos, a tarefa disponível pode exigir informações anteriores ou conhecimento prévio, certa habilidade intelectual e uso apropriado da linguagem acadêmica. Nesses casos, a atividade em grupo não pode carregar todo o fardo da instrução. Em vez disso, a atividade é usada em conjunto com livros didáticos, discussões com o grupo todo, palestras e apresentações, trabalho com o computador, exposições feitas pelos professores e exercícios para desenvolver habilidades.

O trabalho em grupo pode ser uma atividade de finalização que permite aos alunos sintetizarem e aplicarem o que aprenderam de maneiras interessantes. Por outro lado, o trabalho em grupo pode ser usado para ensinar conceitos fundamentais que são difíceis de compreender somente por meio de leituras, palestras, pesquisas de informações na web ou discussões. Por exemplo, o conceito de um sistema é essencial e altamente abstrato no ensino das ciências biológicas. Os alunos podem descobrir a diferença entre uma coleção de objetos e um sistema ao montar e desmontar uma lanterna, ao interligar animais e plantas para formar uma cadeia alimentar ou ao construir um modelo tridimensional usando sucata. Quando alunos mais velhos têm dificuldade na leitura de um texto, o trabalho em grupo feito na fase introdutória das unidades de aprendizagem pode ajudá-los a aprender e a se familiarizar com os conceitos principais por meio da manipulação de objetos e de discussões em grupo que envolvam vocabulário novo e linguagem acadêmica específica à disciplina. Posteriormente, a leitura de textos mais complexos torna-se menos desafiadora para aqueles que têm dificuldade.

Se o objetivo conceitual for exigente, então, uma única atividade de grupo provavelmente não será suficiente para que os alunos desenvolvam uma compreensão fundamental da ideia principal. Por muitos anos, a equipe do Programa de Ensino para Equidade[*] tem tido sucesso com o uso de várias tarefas ocorrendo simultaneamente na sala de aula. Todas as tarefas refletem a "ideia macro" central, ou conceito,

---

[*] Adaptação do termo Complex Instruction

e cada uma representa o conceito com diferentes materiais e tipos diferentes de produto. Por exemplo, em uma unidade de estudos sociais do 8º ano desenvolvida por Rachel A. Lotan, Jennie Whitcomb e Gerald LeTendre, a questão principal de interesse da unidade era como os historiadores usam artefatos históricos para estudar períodos antigos, neste caso, a era das Cruzadas. Diferentes grupos de alunos estudavam plantas e imagens de ruínas do castelo de um dos cruzados na Síria, ouviam gravações de duas canções medievais, analisavam trechos de um apelo às massas feito pelo Papa Urbano II e examinavam representações depreciativas de infiéis semi-humanos do Guia dos Cruzados. Os alunos passaram vários dias trabalhando no projeto, de modo a vivenciar fontes históricas em diferentes suportes: textos, recursos visuais, música, arte e arquitetura. Cada aluno fez um relatório individual escrevendo suas respostas às perguntas discutidas em grupo.

Cada grupo apresentou produtos que exigiram uma variedade de habilidades intelectuais. Depois de discutir a planta baixa do castelo dos cruzados, os alunos projetaram e construíram uma maquete do castelo e explicaram como ele poderia ser defendido contra possíveis invasores. Depois de ouvir as músicas, escreveram uma canção sobre eventos atuais que espelhavam o propósito da música original. Fizeram um esquete teatral imaginando como o Guia dos Cruzados poderia ter sido usado para recrutar aldeões ingênuos. À medida que os alunos apresentavam seus produtos, o professor estimulava uma discussão geral sobre as diferentes fontes e como os historiadores podiam usá-las para estudar as Cruzadas. Mais exemplos de tarefas pertinentes a grupos podem ser encontrados no próximo capítulo.

PREPARANDO A ATIVIDADE

Até agora você já percebeu que o trabalho em grupo requer planejamento e preparação cuidadosos. Uma sessão de orientação concentra os alunos nos principais conceitos subjacentes às atividades e os prepara para os desafios de trabalhar em conjunto. Cartões de atividades com instruções e perguntas para discussão, recursos e materiais são disponibilizados para cada equipe. Em contextos bilíngues, cartões de atividades são muitas vezes fornecidos em ambas as línguas utilizadas na sala de aula. Antes de os alunos começarem o trabalho, você precisa decidir sobre o tamanho dos grupos, como dividi-los e a disposição física de sua sala de aula. Se não planejar com antecedência, logo você se verá tentando estar em seis lugares ao mesmo tempo, corrigindo vários problemas. Finalmente, seu plano para o relatório final incentivará os alunos a conectarem suas experiências com os objetivos daquilo que você deseja ensinar.

Planejando a orientação

Em uma reunião de orientação geral, você pode optar por introduzir os conceitos principais com uma pequena palestra, uma demonstração de fenômenos científicos, um vídeo acompanhado de uma discussão, uma atividade de escrita livre ou outra atividade dirigida pelo professor. Se os alunos precisam desenvolver níveis consideráveis de conhecimento prévio factual antes que possam realizar a tarefa de grupo, talvez seja prudente dar uma aula introdutória antes do trabalho.

A orientação também pode ser usada para relembrar os alunos das normas de cooperação e dos papéis especialmente importantes para as atividades. Evite discussões elaboradas sobre habilidades interpessoais ou funções a serem executadas. Um dos erros mais comuns é tentar colocar um peso muito grande na orientação, muitas vezes tornando-a demasiado longa. Você precisa fazer uma análise de quais componentes podem ser feitos com antecedência, quais podem ser incluídos nas instruções do cartão de tarefas e quais os alunos podem descobrir por si mesmos.

Lembre-se de que uma orientação abrange apenas isso; é melhor não ensinar antecipadamente o conteúdo da tarefa do grupo. Os alunos precisam explorar as perguntas ou conduzir as indagações anteriormente planejadas. As orientações têm ainda outros fins. Se você tiver criado uma tarefa de múltiplas capacidades, este é o momento para colocar em prática um tratamento de *status* (ver Cap. 10), discutindo as várias habilidades exigidas pelas atividades. As orientações também podem motivar os alunos a construírem conexões com eventos atuais ou com seus interesses pessoais.

Tamanho dos grupos

Grupos de quatro ou cinco membros parecem ser ideais para discussão produtiva e colaboração eficiente. Esse tamanho permite que os membros estejam em proximidade física para ouvir as conversas e sejam capazes de estabelecer contato visual com qualquer outro colega. Se o grupo for maior, há chances de que um ou mais alunos sejam quase que inteiramente deixados de fora da interação.

Um dos principais argumentos a favor de grupos maiores é a necessidade de haver mais pessoas para a realização de um projeto de longo prazo; o grupo maior, então, divide-se em grupos de trabalho para realizar submetas. Além disso, quando o equipamento é caro ou difícil de encontrar, pode ser mais prático ter menos grupos, mesmo que maiores. No entanto, o desafio nesse projeto é o de que o grupo-como--um-todo desenvolva um consenso sobre quais serão as tarefas parciais e quem vai trabalhar nos vários subgrupos. O professor pode ter de verificar o processo de tomada de decisão para garantir que todos expressem sua opinião e sintam-se participantes da decisão final. É bom lembrar ainda que, quando o grupo fica maior, organizar horários e locais para reuniões e atividades torna-se mais e mais difícil.

Grupos que são menores evidenciam dificuldades próprias. Em um grupo de três alunos, muitas vezes dois formam uma coalizão, deixando o terceiro isolado. Para certas tarefas, duplas são ideais. A limitação da dupla é que, se a tarefa é um desafio que requer diferentes e múltiplos conhecimentos intelectuais e outras habilidades, algumas podem não ter os recursos adequados para concluí-la, tampouco ideias suficientes nem *insights* criativos.

A composição dos grupos

Os grupos que trabalham em atividades pertinentes precisam ser mistos quanto a desempenho acadêmico, sexo, proficiência na língua e outras características de *status*, como raça ou etnia. Essa heterogeneidade pode ser alcançada com a composição intencional dos grupos pelo professor ou com a permissão para que os alunos escolham grupos de acordo com os seus interesses nos tópicos que os grupos vão estudar. A composição não deve obrigatoriamente representar a proporção das minorias, dos sexos ou dos que estão aprendendo a língua oficial. Garantir mecanicamente que cada grupo tenha um número igual de homens e mulheres ou um ou dois alunos negros tem a desvantagem de tornar evidente para os alunos a base da sua decisão. Os alunos tenderão a ver seus colegas como representantes estereotipados de raça ou sexo e estarão muito menos propensos a responder a eles como indivíduos (MILLER; HARRINGTON, 1990).

Em seu estudo sobre uma turma de 9º ano, não submetida à divisão por nível acadêmico*, em que o trabalho em grupo foi usado de forma consistente, Rubin (2003, p. 552-553) descreve algumas das desvantagens desse esforço, apesar das melhores intenções do professor:

> Apesar da crença dos professores em uma abordagem de "inteligências múltiplas", os pequenos grupos dessa sala de aula foram formados visando a equilibrar alunos "fortes" e "fracos", tal como é definido no sentido acadêmico tradicional. "Formei o grupo usando o critério de elevar o nível das crianças fracas", disse o Sr. Apple, "e não de rebaixar as crianças fortes". Dessa forma, os marcadores de competência construídos no contexto da turma toda migraram para o contexto do pequeno grupo. Alunos que eram leitores e escritores competentes, que acompanhavam bem suas tarefas, foram colocados como especialistas, e aqueles que eram vistos como tendo habilidades inferiores foram colocados com colegas mais altamente qualificados, tendo como objetivo implícito a assistência acadêmica.
>
> Uma segunda característica de um grupo equilibrado foi a diversidade racial. O trabalho em grupo cumpriu o papel democratizante para os professores do núcleo de aproximar "crianças que são diferentes" [...] O Sr. Apple destacou que a formação dos grupos em torno da diferença racial e socioeconômica poderia ser "problemática, especialmente se os negros são a minoria racial, estamos sempre separando-os [...] haverá um garoto negro em cada grupo". No contexto da Escola de Ensino Médio Cedar, ter um aluno afro-americano em cada grupo normalmente significava que esse aluno não tinha amigos próximos naquele grupo e muitas vezes denotava que ele também havia sido posicionado como "fraco". Isso exacerbava a correspondência entre raça e desempenho que teve grande importância para os alunos e os professores da Cedar.

Observe que esse professor ainda vê seus alunos de um modo unidimensional, geralmente caracterizados como "fortes" ou "fracos", com base em uma medida

---

* N. de T.: Isto é, uma sala de aula heterogênea.

estreita de desempenho acadêmico. Parece que sua estratégia em compor os grupos não reflete sua proclamada crença em "inteligências múltiplas".

À medida que você continua usando o trabalho em grupo e a recompor as equipes de trabalho, os alunos terão a oportunidade de atuar com todos os outros colegas da turma, pelo menos uma vez ou várias vezes, de modo que um grupo ocasional em que todos são do sexo feminino ou do sexo masculino não fará mal algum. Mais importante ainda, evite grupos que tenham resultados homogeneamente baixos e que, portanto, não possuem as habilidades e os recursos academicamente relevantes para a tarefa.

Deixar que os amigos se escolham como parceiros, em geral, não é uma boa ideia. Os alunos devem ver o trabalho em grupo em termos de trabalho e não de diversão; existe claramente uma tendência de os amigos se divertirem em vez de trabalharem quando são alocados juntos. Além disso, os isolados socialmente não serão selecionados ou serão ativamente rejeitados. Os professores às vezes sentem que os alunos do ensino médio ficarão resistentes se forem obrigados a trabalhar em grupos que não são de sua própria escolha. Você pode evitar o problema orientando a turma para a finalidade do trabalho em grupo, sendo transparente, consistente e eficiente nas suas tarefas.

Na composição dos grupos, haverá alunos que precisam de suporte extra. Um aluno em fase de aprendizagem da língua em que está estudando vai precisar de um intérprete, até que seja capaz de se comunicar de forma consistente. Outro exemplo é um aluno que ainda não tem desempenho compatível com o de sua turma quanto às habilidades básicas necessárias para a tarefa. Os alunos com grande dificuldade de trabalhar coletivamente também devem ser inseridos com muito cuidado nos grupos. Muitas vezes, eles são os que vão perturbar, amolar e distrair seus colegas para chamar a atenção, mesmo que a atenção seja negativa. Crianças mais novas que têm dificuldade em monitorar seu próprio comportamento muitas vezes representam um desafio em suas interações com os colegas, bem como com o professor. Coloque tais alunos junto de pelo menos um colega que lhes seja benéfico. Crianças com dificuldade de se concentrar e trabalhar em ritmo constante devem ser inseridas no grupo de alguém que possa atuar com elas de maneira interpessoal e impedi-las de interromper e perturbar a atividade.

À medida que os alunos adquirem prática em leitura, discussão e escrita no âmbito do grupo, você observará que alguns dos que tiveram problemas no passado se desenvolvem a ponto de poderem trabalhar de forma independente e produtiva. O rótulo de "aluno problemático" não deve ser utilizado como permanente ou indicativo de características imutáveis da pessoa. Da mesma forma, evite ver alguns alunos como "líderes naturais", dado que isso poderia obstruir oportunidades para os outros. Com o treinamento adequado e sua insistência para que desempenhem as funções designadas, a maioria é capaz de desenvolver e executar funções de liderança. Ser bem-sucedido em papéis de liderança contribuirá para o reconhecimento do aluno como competente e colaborador por seus colegas – um processo de equalização de *status* em si.

Os alunos têm preferências claras sobre com quem desejam estar. Eles sabem que poderiam se beneficiar do trabalho com outros que são percebidos como academicamente fortes. Também poderiam optar por trabalhar com alunos que são socialmente atraentes. No estudo citado antes, Rubin (2003, p. 556-557) perguntou aos alunos sobre as suas prioridades para formar os grupos, documentando suas respostas com grande acuidade:

> Os alunos queriam ter no grupo membros que fossem academicamente competentes, divertidos, motivadores e respeitosos. Muitos desses atributos estavam em conflito com os critérios usados pelos professores para configurar os pequenos grupos. Os alunos fizeram seus julgamentos de com quem gostariam de trabalhar com base em como seus pares se apresentavam no contexto da turma como um todo, nos estereótipos extraídos daquele contexto escolar específico e em suas experiências pessoais anteriores de pequenos grupos.
>
> Uma qualidade de bom membro de grupo foi a competência acadêmica. Definições de competência acadêmica no contexto dos pequenos grupos foram consistentes com a discussão anterior sobre o que faz um bom aluno. Assim, um bom membro do grupo seria alguém que está "sempre lendo" (Grant), que "faz o trabalho" (Kiana), que não "brinca" (Mike), que "realmente trabalha" (Sasha) e que "não gosta de fazer bagunça" (Tiffany) [...] Alguns alunos chegavam ao contexto dos pequenos grupos com a reputação de "maus alunos": alunos que "não prestam muita atenção na aula" e "não fazem o seu trabalho" (Grant), "não querem aprender" (Kiana, Sasha, Mike), "nem mesmo tentam" (Sasha) e que são "malcriados" (Kiana, Mike). Essa era uma posição difícil de sustentar em um ambiente de grupo e, muitas vezes, levou a uma redução da responsabilidade desses alunos.
>
> Ser "divertido" trabalhar com ele ou ela foi outra característica relevante. Essa característica foi consistente com a configuração mais social e íntima da estrutura de participação nos pequenos grupos. Sasha me disse que queria trabalhar com "alguém com quem pudesse se divertir. Quando você trabalha muito, muito duro, depois de um tempo, você começa a ficar muito, muito atordoado e só quer parar e brincar um pouco".
>
> Alguns alunos disseram que desejavam que os membros do grupo fossem "motivadores" e pudessem manter o grupo em ação. Esses alunos eram os "formadores de grupo" e os mais procurados. Grant me disse que gostaria de ter em seu grupo "alguém que é meio social e um tipo de líder. Eu escolheria Sasha. Ela é boa nisso [...] Alguém que vai nos manter trabalhando na mesma coisa e não vai deixar a gente se desviar para o que não deve ser feito".

Depois de ter adquirido confiança em utilizar o trabalho em grupo e dado aos alunos a consciência da importância intelectual e do valor social dos diferentes membros, você talvez queira tornar as atribuições de tarefas um evento público e aberto e usar a aleatoriedade controlada (LOTAN, 2006). "Não existem agendas ocultas" seria o lema desse método aparentemente paradoxal. Muitos professores dispõem um diagrama com pequenas bolsas na parede, sinalizando aos alunos suas tarefas e funções no grupo daquele dia; outros escrevem ou projetam seus nomes na parede ou em um quadro branco. As legendas das linhas e das colunas do gráfico informam aos alunos em que grupo eles se encontram e qual papel irão desempenhar. A atribuição de funções será discutida no Capítulo 8.

Antes do início de uma atividade em grupo, você pode levar alguns minutos para compô-los, enquanto os alunos estão presentes na aula. Depois de embaralhá-los como cartas, você pode começar a colocar os cartões com os nomes dos alunos em compartimentos. Depois de distribuir todos os nomes, você pode rever os grupos que surgiram. Agora é hora de fazer mudanças bem justificadas. Por exemplo, você pode reconhecer que um aluno imigrante recém-chegado vai precisar de um tradutor para as próximas semanas, e o aluno que pode servir de tradutor precisa se mover para outro grupo. Você pode querer separar dois amigos próximos que tendem a socializar, em vez de trabalhar, quando estão juntos. Do mesmo modo, pode separar dois alunos que estão envolvidos em um conflito que há muito se arrasta, reconhecendo que, por enquanto, pode ser muito difícil lidar com a profunda animosidade que um sente em relação ao outro. Uma distribuição aberta e aleatória simboliza que o professor vê os alunos como sendo competentes e capazes de contribuir para a tarefa de muitas maneiras diferentes, e não exclusivamente por meio da capacidade de ler, escrever ou calcular com rapidez. No final das tarefas grupais, os alunos contribuíram com muitas habilidades diferentes – todas sendo reconhecidas e valorizadas intelectualmente. Ao classificar os alunos em uma escala de "forte" a "fraco" e ao transmitir, com ou sem intenção, essa classificação como sendo o critério pelo qual os grupos foram formados, como foi visto antes, o Sr. Apple contradisse fundamentalmente sua declarada crença na competência intelectual de todos os seus alunos.

Não perca tempo instruindo sobre a atividade. Coloque as atribuições e os números dos grupos no quadro ou na parede. As legendas das linhas e das colunas do diagrama informam imediatamente aos alunos em que grupo eles se encontram e que papel irão desempenhar. A Tabela 5.1 mostra um exemplo desse diagrama.

TABELA 5.1. Grupos e atribuição de papéis

Grupo	Facilitador	Relator	Verificador	Monitor de recursos
1	Anita	José	Julie	Annalise
2	De Juan	Erick	Atiya	Miriam
3	Joan	Yani	Hanh	Rudy
4	Luke	Danisha	Gerald	Lilly
5	Ruth	Tran	Ellie	Ma'Kiya
6	Antonio	Edmund	Miguel	Vip
7	Laney	Doug	Van Anh	Christopher

Ecologia da sala de aula para grupos

Os grupos de discussão precisam estar sentados para que todos possam ver e ouvir uns aos outros, de preferência em torno de uma mesa. Arranjos irregulares resultarão em pouquíssima interação entre aqueles que precisam virar ou se sentar em posições desconfortáveis para ver os colegas. Posicione os grupos o mais distante possível uns dos outros, o quanto a sala permitir, de modo que não sejam perturbados pela conversa dos outros grupos.

As considerações de espaço são importantes se você espera que os membros do grupo trabalhem com materiais que podem ser manipulados, livros e recursos adicionais, computadores ou dispositivos móveis. Os alunos precisam de espaço adequado para trabalhar. A falta de espaço pode resultar em desinteresse e no fracasso geral dos projetos. Se não há espaço suficiente para organizar sua tarefa, os membros do grupo podem se sentir incapazes de resolver os problemas; os materiais caem da mesa, há disputa por espaço e as construções não se encaixam.

As estações de trabalho muitas vezes exigem o rearranjo das mesas e cadeiras diferente da organização habitual. Leve em conta o fluxo de movimentação, bem como a quantidade de espaço que o trabalho exige. Se as mesas são colocadas de modo a bloquear o livre acesso e a movimentação, os alunos ficarão constantemente se perturbando. Uma boa ideia é mapear a organização da sala de aula e considerar cuidadosamente como as pessoas vão se movimentar. Se o mobiliário da sala de aula for inflexível e inapropriado, talvez você possa solicitar uma sala mais adequada para a atividade.

O ruído é muitas vezes um problema importante das escolas de espaço aberto. Se os alunos estão trabalhando em estações de aprendizagem, é de se esperar uma boa quantidade de ruído produtivo, o que também é um sinal de grupos funcionais. Antes de agendar o trabalho do grupo, é aconselhável consultar os professores e os gestores do bairro.

Todos os materiais, recursos e ferramentas curriculares devem ser examinados para garantir que estão em bom estado. Verifique se há tesouras que não cortam e ímãs que não magnetizam. Embora possa parecer sensato manter coisas como tesoura e cola em um local central, quando possível, é mais eficiente colocá-los em cada estação de aprendizagem onde serão usados. Com os materiais descentralizados, há muito menos correria para lá e para cá, com suas consequentes distrações.

Os professores do ensino fundamental estão bem conscientes dos problemas com materiais perigosos, tais como ferramentas afiadas ou o uso de calor e fogo. A solução mais comum é colocar um adulto para supervisionar diretamente essas atividades. Esse recurso, no entanto, é dispendioso, em função da escassez de mão de obra adulta. Como alternativa, discuta as estratégias para lidar com materiais potencialmente perigosos em sua orientação. Outra solução é nomear uma das crianças como agente de segurança, que tenha um entendimento claro do que deve observar e quando deve chamar um adulto.

A criação de postos de trabalho com instruções e materiais parece ser muito trabalhosa para um professor que já é muito ocupado. E é mesmo! Os alunos podem ser treinados a fazer o trabalho de montar as estações; eles podem mudar os móveis e definir os materiais necessários. Se o professor faz uma lista ou ilustra o que será necessário no cartão de atividade, o aluno responsável em montar a estação pode pegar os materiais nos armários ou nas áreas de armazenagem, desde que esses locais estejam devidamente identificados (com ilustrações ou símbolos para não leitores). Outro padrão funcional é os professores prepararem uma caixa ou uma cesta com os materiais e os cartões de atividade para cada estação de trabalho. A pessoa encarregada dos materiais pode pegar a caixa, distribuir os materiais e garantir que tudo seja devidamente devolvido depois que a tarefa for concluída. Você não precisa gastar tempo e esforço com a limpeza depois que o trabalho acaba; os alunos farão essas tarefas com alegria se ficar claro que é parte do trabalho deles. Alunos de primeiro ano são capazes de fazer um excelente trabalho de preparação e limpeza; eles parecem apreciar tal responsabilidade. Basta lembrá-los da regra: todos fazem a limpeza!

Às vezes, os alunos querem ler e aprender mais sobre o tema designado para sua atividade. Torne os recursos acessíveis, especialmente para os alunos que precisam ser estimulados a pesquisar mais para obter informações, fazer pesquisas na web ou ler livros sobre temas de seu interesse. Coloque obras relevantes, computadores ou dispositivos móveis próximos da estação de aprendizado onde os alunos estão trabalhando em determinado tópico. Se todos precisam de materiais de referência ou dispositivos móveis, coloque-os em um carrinho, de modo que os grupos possam movê-lo facilmente para as diferentes estações. Exponha fotos, mapas, fantasias e objetos perto delas para estimular os alunos a fazerem perguntas, pensarem e indagarem mais sobre o assunto. A grande vantagem dessa estratégia é de que, se um grupo terminou seu trabalho antes dos outros, os materiais de extensão da atividade estão preparados e evidentes. Você pode, com alguns minutos de discussão e perguntas, ajudar o grupo a aprofundar a investigação ainda mais, tendo esses materiais disponíveis. Quando os alunos aprendem a coletar informações da web, não se esqueça de ensiná-los a distinguir entre fontes confiáveis e menos confiáveis de informação.

Planejando o fechamento

O fechamento é uma parte essencial do trabalho em grupo. Quando fazem um relato sobre o seu trabalho, os alunos compartilham com a turma o que aprenderam. Quando cada grupo está relatando a mesma tarefa, pode-se fazer uma pergunta ou solicitar explicações sobre aspectos diferentes, para evitar repetições e monotonia. Você ainda pode construir esses relatórios por meio de questionamentos e discussões. Os professores com quem trabalhamos inventaram várias estratégias eficientes. Pediam para a turma comparar e contrastar o que diferentes grupos fizeram com a mesma tarefa. Quando elas são abertas, os grupos vão propor diferentes produtos e formas de chegar a ele. Depois de cada relato, os professores usaram grupos de discussão informais para preparar perguntas ou comentários que consideravam estimulantes. Todos os relatores podem se reunir na frente da sala como um grupo de especialistas. Eles são incentivados a pedir informações adicionais e/ou mais específicas aos colegas do grupo. Você também pode definir e depois impor um prazo razoável para o relatório. Acima de tudo, *varie* sua maneira de lidar com o fechamento para mantê-lo interessante e envolvente. Os alunos também podem aprender como fazer a avaliação dos colegas, utilizando os critérios incluídos no cartão das tarefas. Muitos professores valorizam o desenvolvimento dessa habilidade específica.

AVALIAÇÃO *DA* APRENDIZAGEM E *PARA* A APRENDIZAGEM

Como você vai avaliar a qualidade do produto do grupo? Como vai saber o que seus alunos aprenderam? Deveria dar uma nota para o grupo, uma nota individual ou nota nenhuma? Como você pode avaliar a contribuição relativa de cada membro – como e por que isso importa? Deveria avaliar os alunos em termos de suas habilidades sociais, seu esforço, seu nível de participação, seu domínio do conteúdo acadêmico ou todos os aspectos juntos? Deve pesar tudo ou não?

Embora os resultados sociais e afetivos do trabalho em grupo sejam altamente desejáveis, seu objetivo mais importante é o potencial acadêmico de reduzir as disparidades de resultados entre grupos raciais e étnicos e grupos de diferentes classes sociais (COHEN; LOTAN, 1997a). Como foi mencionado antes, Abram et al. (2002) constataram que proporcionar aos alunos critérios específicos de como fazer um produto exemplar em grupo melhora a qualidade da interação, bem como a qualidade de seu produto. A troca substancial de ideias e a vontade dos alunos de serem críticos quanto àquilo que o grupo estava criando aprimoraram a qualidade dos produtos. Os de alta qualidade refletiram o aprendizado do grupo e aumentaram o desempenho acadêmico dos indivíduos.

É necessário desatrelar a questão da aprendizagem da demanda por notas e pontos e também fazer uma diferenciação entre a avaliação *para* a aprendizagem e a avaliação *da* aprendizagem. Para muitos professores, a necessidade de os alunos receberem *feedback* sobre seu trabalho está incorporada à responsabilidade de dar notas, apesar da evidência muito convincente de que, em geral, os alunos não prestarão mais atenção ao *feedback* se uma nota estiver associada a ele (BLACK; WILLIAM, 1998).

Comece com o pressuposto de que grupos e indivíduos precisam ter alguma forma de descobrir se estão no caminho certo para resolver problemas. Eles devem saber se o que fizeram está à altura de certo conjunto de critérios intelectuais e o que podem mudar para melhorar seu produto. Essa é a avaliação para a aprendizagem e precisa ser bastante independente do sistema de classificação por notas.

Há muitas maneiras de oferecer um *feedback* formativo para a aprendizagem. Algumas atividades em grupo têm qualidade de ter a avaliação do sucesso inerente a elas. Considere uma tarefa como a construção de uma máquina, a elaboração de um dispositivo que funcione ou o desenvolvimento de um circuito elétrico que faz acender uma lâmpada. Os alunos podem ver por si mesmos se estão tendo êxito ou não. Se forem malsucedidos e, consequentemente, frustrarem-se, você poderá ajudá-los, *não ao mostrar como fazer do jeito certo*, mas incentivando-os a tentar novas estratégias, retomarem o cartão de atividade ou testarem as ideias de todos os membros do grupo. Não hesite em deixar que os alunos se esforcem; trata-se de uma boa maneira de compreender conceitos mais abstratos. Todos nós aprendemos com os nossos erros.

Nem sempre é necessário avaliar se os alunos compreenderam as ideias após cada atividade. Alguns podem ainda não ter entendido o conceito principal ao terminar uma tarefa, mas podem de repente começar a entendê-la em outro contexto. Se durante o processo você se tornar excessiva e prematuramente preocupado em saber se cada aluno está dominando o conteúdo de cada tarefa do trabalho em grupo, você se verá insistindo para que eles tenham a resposta certa e, portanto, provocando um curto-circuito no processo de indagação necessário.

Se quiser saber se os alunos estão ou não fazendo algum progresso, você pode e deve examinar os relatórios individuais incluídos em cada tarefa de grupo. Os alunos irão se beneficiar muito se tiverem um *feedback* específico, dizendo claramente onde se saíram bem ou o que poderia ser melhorado. Dê uma razão para justificar suas afirmações. Evite frases genéricas como "muito bom", "ótimo" ou "bom". Se tiver escolhido tarefas multifacetadas, de múltiplas habilidades, que não têm uma simples resposta certa, diferentes alunos podem aprender coisas diferentes a partir da mesma proposta. Se elas têm esse caráter aberto, você não usará necessariamente critérios padronizados para dar um *feedback* individual. Deixe que os alunos saibam que alguns ainda podem estar confusos acerca dos conceitos-chave ou fazendo suposições duvidosas para resolver um problema. Às vezes, os alunos escrevem apenas duas frases singelas, quando você espera um parágrafo bem organizado. Se for o caso, peça para fazer a atividade novamente, reescrever ou alterar o relatório. Mesmo que recebam ajuda de outros membros do grupo ao escrever o relatório, os alunos podem ser responsabilizados por aquilo que escreveram. Escrever com ajuda é melhor do que não escrever nada.

As pessoas também podem receber um *feedback* quando você conversa com a turma como um todo:

"Percebi que José foi capaz de reunir os esforços do grupo ao destacar que nem todas as pessoas estavam falando sobre a mesma pergunta."
"Quando Alonso pediu ajuda, Lila perguntou o que poderia fazer para ajudar."
"Vi hoje que Jeremy criou um modelo que ajudou o grupo a descobrir uma maneira de resolver seu problema."

Como um produto pode ser avaliado? Você pode dar um *feedback* para o grupo, lembrando que a devolutiva sempre deve ser honesta, clara e específica a respeito de onde o grupo atuou bem e onde pode melhorar. Comentários gerais, tais como "excelente trabalho!", podem fazer o grupo se sentir bem, mas são muito fracos para promover a aprendizagem. Não se esqueça de apontar as áreas importantes que estão confusas nas apresentações. Talvez você não queira embarcar em uma extensa correção desses enganos imediatamente, mas pode apontar que há um mal-entendido e que espera que o próximo grupo a desempenhar essa tarefa trabalhe uma forma alternativa para a compreensão do fenômeno. Se achar difícil ouvir as apresentações e preparar seu *feedback* simultaneamente, então tome notas e, no início da aula seguinte, dê o *feedback* sobre o processo e os produtos.

Você pode escolher um grupo que, de acordo com sua apresentação, tenha captado a ideia central ou tenha um produto que elucide um conceito importante e pedir a seus membros para dar explicações adicionais do que aprenderam. Isso tem a dupla função de fortalecer o aprendizado e, se houver grupos diferentes realizando tarefas diferentes, você pode preparar o resto da classe para essa atividade específica. Faça um debate durante o relatório, em que os membros de um grupo discutem o quanto trabalharam bem usando os comportamentos de cooperação destacados no programa de orientação. Lembre-se de que a turma precisa de *feedback* sobre seu processo, bem como sobre seus produtos.

Avaliação entre colegas

Durante qualquer interação em grupo, haverá um constante processo de avaliação entre colegas. Essa é uma parte inevitável da interação. Uma das vantagens do trabalho em grupo é que muitos alunos podem ajudar a estender a capacidade de ensinar do professor, dando *feedback* aos colegas. Naturalmente, talvez você queira inserir como parte de seu programa uma orientação de como dar um *feedback* construtivo. Às vezes os colegas podem ser implacáveis uns com os outros.

Se os critérios de avaliação são claros, os alunos podem aprender a avaliar os produtos. Se cada grupo apresenta seu trabalho de uma forma, pode-se ensinar aos alunos quais critérios são legítimos e como dar um *feedback* adequado: o que correu bem e o que precisa ser melhorado. Essa estratégia permite que o grupo tenha um *feedback* e, ao mesmo tempo, ensine uma valiosa lição intelectual e social para a turma.

Os alunos também podem avaliar sua atuação durante o processo. Use as técnicas de observação e autoavaliação descritas na seção sobre orientações durante o trabalho em grupo (Cap. 11) para uma avaliação construtiva entre colegas.

Notas e avaliações

Alguns defensores da aprendizagem cooperativa recomendam dar uma nota coletiva para um projeto de grupo. Isso tem o efeito de tornar os indivíduos dependentes do esforço de todos para obterem uma avaliação satisfatória. O inconveniente é tornar o processo de avaliação entre os colegas bastante duro. Se um membro do grupo é visto como incompetente, é provável que o grupo não permita que ele faça parte do produto. O aluno percebido como tendo o conhecimento mais relevante será incentivado a assumir toda a responsabilidade. Portanto, é preferível dar um *feedback* sobre os produtos do grupo, em vez de avaliá-los por meio de nota.

Alguns professores sentem que, se o produto do grupo não receber nota, os alunos ficarão desmotivados. Se a tarefa é desafiadora e interessante e se estiverem preparados o suficiente para as habilidades do trabalho em grupo, os alunos vivenciarão o processo como altamente gratificante. Saber que poderão apresentar seu produto em público e que vão receber um *feedback* sobre ele, tanto do professor quanto dos seus colegas, também ajudará a motivá-los para concluir a tarefa.

Os grupos deveriam competir entre si quanto às notas ou aos prêmios dados a seus produtos? A competição tem o efeito de aumentar a motivação dos alunos; por essa razão, muitos professores não conseguem conceber o trabalho em grupo sem recompensas externas. Oferecer recompensas competitivas, no entanto, pode ter efeitos negativos sobre as percepções que os membros de uma equipe têm em relação às outras equipes, especialmente fazendo com que sejam percebidas como menos atrativas pessoalmente do que quando há cooperação sem competição (MILLER; BREWER; EDWARDS, 1985; JOHNSON; JOHNSON; MARUYAMA, 1984). Em uma sala de aula social e etnicamente diversa, os efeitos negativos da competição entre grupos podem muito bem anular as vantagens da cooperação para melhorar as relações entre grupos (COHEN, 1992).

A competição agravará o problema de *status* dentro do grupo, porque os alunos de baixo *status* serão vistos como prejudiciais para as chances de vitória, o que ampliará nos alunos a crença de que a aprendizagem não é intrinsecamente gratificante, mas que o trabalho árduo deve ser recompensado por algo externo à própria aprendizagem. Se as tarefas são multifacetadas, como foi sugerido, não haverá necessidade de tais muletas para proporcionar a motivação. Se forem mais rotineiras, tais como os trabalhos colaborativos feitos individualmente pelo aluno, a forma leve de competição defendida por Slavin (1983) pode muito bem ser usada para resolver o problema da motivação. Em seu método *Student Team Achievement Division* – STAD [Divisão de Grupos por Desempenho dos Alunos], a pontuação dos alunos se baseia na quantidade de aproveitamento que os indivíduos apresentam em comparação com o último teste; assim, a equipe não é penalizada por membros cujo nível inicial de desempenho é baixo. Pelo contrário, estes podem ser os membros da equipe que mostrarão os ganhos individuais de aprendizagem mais impactantes, não só porque receberam ajuda, mas também porque a pressão do grupo fez com que continuassem trabalhando.

Após uma série de atividades de trabalho em grupo projetadas para ensinar certas habilidades ou conceitos, você pode elaborar uma prova para testar a compreensão individual desses conceitos. Ela fornecerá a oportunidade de atribuir uma nota. Use os grupos para a preparação do teste; os alunos que lidaram bem com as tarefas estarão bem preparados para ajudar os outros.

Encorajamos você a não dar uma nota nem avaliar os alunos quanto a suas contribuições individuais ao produto do grupo ou ao seu nível de participação. Mesmo que seja verdadeiro que um aluno não contribuiu com quase nada, nunca fica muito claro se a falha foi dele. Outros podem tê-lo excluído do processo. Como a falha de participação do indivíduo pode ser uma consequência de um problema de *status*, é injusto culpar a vítima pela baixa expectativa que o grupo tem a seu respeito. Por outro lado, a falha também pode estar em algum aspecto das instruções da tarefa ou no processo. É melhor olhar para tal evento como uma falha da técnica do trabalho coletivo, e não como uma falha individual. Além disso, dizer aos alunos que as suas contribuições individuais serão avaliadas fará com que os de baixo *status* não queiram arriscar uma participação ativa (AWANG HAD, 1972).

Ao separar a necessidade de *feedback* no processo de aprendizagem da questão da avaliação por notas, o problema do que fazer se torna muito menos difícil. O *feedback* muitas vezes pode ser feito pelos colegas, bem como pelos professores. Pode ocorrer enquanto os grupos trabalham, em reuniões individuais com o professor, ou durante o relatório de fechamento. Incluir um relatório diário ao final de uma sessão de trabalho em grupo é de importância inestimável tanto para o *feedback* do processo quanto do produto.

Os professores podem assumir suas responsabilidades de dar nota ao avaliar alguns produtos individuais do trabalho em grupo e testar os alunos quanto à compreensão dos conceitos básicos das atividades que pretendem realizar. O trabalho em grupo corretamente elaborado pode produzir grandes ganhos, mesmo em testes de desempenho padronizados.

UMA OBSERVAÇÃO SOBRE O TEMPO

Ao elaborar detalhadamente seus planos, é importante estimar quanto tempo cada fase vai durar. Quanto tempo será necessário para a orientação? Será que os alunos têm tempo para fazer sua primeira experiência de trabalho em grupo após a orientação? Se a orientação for muito longa, os alunos ficarão frustrados por ter que terminar o trabalho muito cedo ou não haverá tempo para o fechamento final. Planejar períodos de cerca de 50 minutos para o trabalho em grupo nas escolas de ensino médio é particularmente desafiador. Os professores muitas vezes decidem dedicar um período para a orientação e outro para a atividade geral de aquecimento. Dedicam o segundo período ao trabalho em grupo, junto à preparação dos relatórios individuais, e um terceiro período para apresentações e o fechamento. Aulas programadas em bloco podem ser vantajosas. Fazer um calendário realista para cada fase (e aderir a ele) é uma ferramenta de gestão indispensável.

6
Elaborando atividades de aprendizagem adequadas ao trabalho em grupo

Rachel A. Lotan

Como foi explicado no capítulo anterior, durante o trabalho em grupo, os alunos podem se envolver em dois tipos de tarefas: tarefas rotineiras, bem definidas, ou tarefas não determinadas, abertas. As tarefas rotineiras ou bem definidas seguem procedimentos claros e detalhados e etapas precisas para chegar a uma resposta correta ou a uma solução previsível. Os alunos podem ser bem-sucedidos em tais tarefas se seguirem cuidadosamente as instruções, aplicarem algoritmos familiares e fórmulas ou localizarem e memorizarem informação.

Alternativamente, uma tarefa adequada para um trabalho em grupo fornece oportunidades para que os alunos tenham acesso às instruções e informações necessárias a fim de se envolverem na tarefa, facilita a participação em igual *status* e permite que os alunos demonstrem as habilidades múltiplas intelectuais e as diferentes habilidades acadêmicas e sociais que utilizam para completar a tarefa de modo bem-sucedido. Mais informações sobre o significado e a importância do conceito de habilidades múltiplas serão fornecidas na discussão dos tratamentos para os problemas de *status* no Capítulo 10.

A atenção às seguintes características de planejamento ajudará você a elaborar tarefas de aprendizagem rigorosas intelectualmente e desafiadoras academicamente. Tarefas adequadas ao trabalho em grupo:

- são abertas, produtivamente incertas e exigem resolução de problemas complexos;
- fornecem oportunidade para os alunos utilizarem múltiplas habilidades intelectuais para compreender a tarefa e para demonstrar competência intelectual;
- abordam conteúdo intelectualmente importante;
- exigem interdependência positiva e responsabilidade individual;
- incluem critérios claros para a avaliação do produto do grupo e do relatório individual.

TAREFAS ABERTAS, NÃO DETERMINADAS

Os educadores descrevem como "abertas" tarefas que os cientistas sociais chamam de tarefas não determinadas ou pouco estruturadas (QIN; JOHNSON; JOHNSON, 1995). Quando as tarefas de aprendizagem são abertas, os alunos lidam com muitas incertezas e ambiguidades. Dependendo da estruturação do problema, os alunos desenvolvem diferentes planos, exploram múltiplos caminhos e com frequência chegam a soluções legitimamente diferentes e às vezes a nenhuma solução. Ao trabalharem em tarefas adequadas a grupos, os estudantes encontram maneiras de administrar dilemas e de resolver problemas autênticos. Tarefas adequadas ao trabalho em grupo exigem que os alunos descrevam e compartilhem suas experiências, expressem e justifiquem suas crenças, valores e opiniões pessoais. Em tais atividades, os estudantes analisam, sintetizam e avaliam; discutem causa e efeito, exploram temas controversos, planejam experimentos e constroem modelos, se esforçam para obter consenso e retiram conclusões. Em geral, ao buscarem soluções para problemas abertos, os membros do grupo precisam articular as condições sob as quais uma solução se torna ideal e, dessa forma, é a correta para um grupo específico. As tarefas em grupo podem apresentar uma resposta correta, mas várias maneiras de chegar à resposta ou de representar a resposta. Ao atribuir tarefas abertas, os professores delegam *autoridade intelectual* a seus alunos e assim tornam as experiências, as opiniões e os pontos de vista deles componentes legítimos do conteúdo a ser aprendido (LOTAN, 1997).

Surpreendentemente para muitos professores e alunos, um problema matemático pode ter várias soluções corretas. Por exemplo, uma unidade dos anos finais do ensino fundamental que lide com a área e o perímetro coloca a seguinte questão:

> Temos três mesas muito grandes com as seguintes dimensões: 1,8m de comprimento, 1 m de largura e 0,75 m de altura. Quantos convidados podemos chamar para um jantar festivo em que todos possam ficar sentados?

"Depende", parece ser a resposta mais rápida e curta. Antes que possam descobrir a resposta correta, os grupos precisam tomar algumas decisões: as mesas serão colocadas em uma única linha reta, em forma de T ou em forma de U? Quanto espaço para os cotovelos (em centímetros) será permitido aos convidados adultos e quanto para as crianças? Alguns grupos podem vir com considerações adicionais: deve haver uma mesa separada para as crianças? Após deliberações intensas, os alunos podem calcular o perímetro do arranjo de consenso das mesas, dividir pelo espaço permitido para os cotovelos e descobrir o número de convidados que confortavelmente desfrutará do jantar. Embora cada grupo venha com uma resposta correta, é provável que a resposta varie de um grupo para outro, uma vez que os grupos virão com precondições diferentes (LOTAN, 1997). Trabalhos adicionais com tarefas adequadas ao trabalho em grupo em matemática podem ser encontrados em Featherstone et al. (2011) e em Horn (2012), duas fontes altamente recomendadas.

Atividades adequadas ao trabalho em grupo em ciências são muito diferentes das tarefas de laboratório semelhantes a um livro de receitas. Em vez de orientações específicas para evitar erros potenciais, desenvolvidas para levar os alunos a "descobrir" a resposta certa, atividades adequadas ao trabalho em grupo permitem que os alunos se envolvam em práticas da disciplina. Meloy, Beans e Cheng (2012), professores de química e licenciandos do Programa de Formação de Professores de Stanford, planejaram uma aula para introduzir aos alunos o conceito de equilíbrio de equações químicas. Os estudantes receberam dois tipos de ursos de gelatina: ursos de gelatina vermelhos com dois palitos de dente e ursos de gelatina brancos com três clipes de papel, também chamados de "os arranjos do Dia das Bruxas". Esses arranjos deveriam ser reordenados em conjuntos de ursos de gelatina com seis palitos de dente e ursos de gelatina vermelhos ligados por dois clipes de papel, chamado de "arranjo do Dia de Ação de Graças". Os arranjos precisavam resultar em uma equação química equilibrada. A transformação geral pode ser escrita na forma de uma equação química equilibrada, como a seguir:

$$6\ UvP_2 + 2\ UbC_3 \to 2\ UbP_6 + 3\ Uv_2C_2.$$

Essa é a análise do professor de como se trata uma tarefa aberta:

> Embora nossa tarefa não tenha respostas múltiplas, uma vez que existe apenas uma resposta numérica de que os alunos precisam para completar a transformação do arranjo Dia das Bruxas no arranjo Dia de Ação de Graças, nossa tarefa tem incontáveis maneiras de chegar àquela resposta. Por exemplo, os alunos poderiam tentar calcular o que precisam antes de trabalhar com os ursos de gelatina. Entretanto, os grupos também poderiam começar imediatamente promovendo um novo arranjo dos ursos de gelatina. Outros grupos podem escolher começar a construção imediatamente e abordar o problema de quais partes estão faltando mais tarde. Como escolhem separar ou juntar os ursos de gelatina também é uma decisão deixada para o grupo. Por exemplo, os alunos podem desfazer tudo e começar a construir o arranjo de Dia de Ação de Graças ou converter o arranjo Dia das Bruxas para o do Dia de Ação de Graças peça por peça. Ao contrário das tarefas de rotina, os alunos receberam uma tarefa específica sem qualquer orientação determinada sobre o processo que devem utilizar para completar a tarefa. Em vez disso, os alunos devem consultar uns aos outros para produzir a estratégia mais adequada para lidar com o problema e, como cada grupo tem pontos fortes e fracos diferentes, a estratégia mais adequada também será diferente. (MELOY; BEANS; CHENG, 2012, p. 13-14).

O resultado dessa atividade foi muito positivo. Os professores relataram a partir das avaliações individuais e de grupo

> que uma compreensão conceitual da tarefa foi apresentada pela maioria dos alunos, mesmo por aqueles estudantes [que têm dificuldades, sobretudo acadêmicas]. A transferência de conteúdo de uma tarefa que não foi especificamente relacionada à quí-

mica para conceitos de química de fato ocorreu. Existiu uma correlação entre o modo como os grupos pontuaram no quesito participação e sua pontuação no quesito pôster. Quanto maior foi o nível de participação igualitária, maior foi a qualidade do produto final. (MELOY; BEANS; CHENG, 2012, p. 46).

Encontrar o equilíbrio sutil entre a incerteza que é produtiva e dispara a criatividade e a incerteza que é debilitante e leva à confusão é um desafio. É importante que você mesmo tente realizar ou responder à tarefa sozinho ou com um grupo de colegas antes de aplicá-la em sala de aula.

MÚLTIPLOS PONTOS DE PARTIDA E DEMONSTRAÇÕES DE COMPETÊNCIA

Além das tarefas de rotina *versus* tarefas não definidas, os educadores fazem a distinção entre tarefas unidimensionais e multidimensionais. As tarefas unidimensionais concentram-se principalmente no desenvolvimento de habilidades acadêmicas tradicionais, tais como interpretar textos, preencher lacunas, memorizar datas e calcular de modo rápido. Tais tarefas são em geral realizadas individualmente com papel e lápis, em computadores ou dispositivos móveis. Como exigem uma amplitude limitada de habilidades e um arranjo limitado de capacidades, tarefas unidimensionais resultam, sobretudo, em sucesso uniforme para alguns alunos e fracasso uniforme para outros. Os alunos rapidamente tiram a conclusão de que alguns são "inteligentes" e outros são "burros". Essas percepções apresentam implicações graves para a criação de uma hierarquia de *status* rígida na sala de aula, que se mostrou capaz de afetar a participação e a aprendizagem, bem como a autoimagem acadêmica dos alunos (COHEN, 1997; ROSENHOLTZ; SIMPSON, 1984; ROSENHOLTZ; WILSON, 1980).

Em contraste, as tarefas multidimensionais exigem muitas habilidades cognitivas e sociais diferentes para a realização bem-sucedida. Permitem que os alunos façam contribuições significativas ao esforço do grupo e ao produto final utilizando sua capacidade intelectual e seu repertório diverso de estratégias de resolução de problemas. À medida que eles planejam experimentos e constroem modelos, criam murais e compõem baladas, representam cenas de peças e interpretam poemas ou envolvem-se em diálogos autênticos sobre assuntos que importam, mais alunos recebem oportunidades maiores de expressar competência e diversidade intelectual. Ao elaborar tarefas adequadas para o trabalho em grupo, você cria condições para que mais alunos demonstrem suas "inteligências".

À medida que mais alunos contribuem para os esforços do grupo, você, o professor, bem como os colegas deles serão capazes de vê-los e reconhecê-los como competentes do ponto de vista intelectual. Quando reconhecer publicamente a competência intelectual dos alunos e suas importantes contribuições para o sucesso do grupo, você estará abordando um problema de *status*. Como descrito no Capítulo 10, tais intervenções contribuem para alterar o sistema social da sala de aula, tornando-a um local mais igualitário (COHEN; LOTAN, 1995). Tarefas em grupo multidimensionais e de habilidades múltiplas são uma condição necessária para tais intervenções.

Tarefas adequadas ao trabalho em grupo dependem de recursos que incorporam e apoiam múltiplas representações do conteúdo acadêmico da tarefa. Múltiplas representações de informação apoiam as muitas formas de aprendizagem e o desenvolvimento de diversas especialidades, o que por sua vez leva a entendimentos mais profundos e sofisticados (EISNER, 1994). Diferentes recursos e materiais práticos atraem mais alunos e os estimula a participar, abrindo desse modo vias adicionais para obter acesso à tarefa de aprendizagem. Alguns alunos podem ser atraídos para a tarefa e podem responder mais prontamente quando utilizam varas algébricas, microscópios e sondas ou buscam informação e recursos na internet. Os alunos que ainda estão aprendendo a ler podem ser atraídos para a tarefa examinando e analisando uma fotografia, um mapa ou um vídeo. Um gráfico, uma matriz, uma charge ou um diagrama podem fornecer informação crucial que, de acordo com a tradição, seria veiculada exclusivamente por meio do texto relacionado à atividade. Tarefas multidimensionais fornecem muitas oportunidades para alunos que ainda estão aprendendo a linguagem de ensino terem acesso à tarefa, participarem ativamente do trabalho do grupo e demonstrarem o que sabem e são capazes de fazer. Utilizar objetos reais, materiais manipuláveis ou modelos tridimensionais ajuda o aprendiz da linguagem a participar da aula e compreender a informação verbal. Quando têm a oportunidade de acessar a tarefa e trabalhar nela com diferentes materiais e de diversas maneiras, muitos alunos que são desencorajados pelas tarefas tradicionais apresentam melhoras não apenas na compreensão e na análise, mas também em algumas das habilidades básicas de leitura e escrita (ver também DEAVILA, 1981; NEVES, 1983).

Carlson e Dumplis (2012), professores de história e licenciandos do Programa de Formação de Professores de Stanford, planejaram uma tarefa adequada a grupos para uma turma de história dos Estados Unidos da 2º ano do ensino médio. O projeto se concentrou na pergunta: "A imigração valeu a pena para chineses e irlandeses? Por que sim ou por que não?". Ela convidou os alunos a se envolverem com materiais históricos de uma maneira diferenciada, pesando as razões a favor da imigração e dos seus benefícios potenciais, em oposição a eventuais experiências dolorosas de imigrantes nos Estados Unidos. Os dois professores escreveram:

> A variedade de materiais (imagens, poemas, canções, charges, manifestos) forneceu vários pontos de partida e maneiras para os alunos utilizarem múltiplas habilidades e completarem a tarefa. Nós planejamos a atividades de modo que, ao longo da discussão, os alunos pudessem mostrar suas habilidades de diversos modos: imaginando a vida em outra época, fazendo desenhos detalhados, interpretando charges políticas, explicando ideias com clareza, analisando um tema a partir de várias perspectivas, fazendo

conexões entre ideias, trabalhando com outros para completar uma etapa...Também planejamos o produto final para assegurar que os alunos pudessem demonstrar conhecimento de duas maneiras distintas, criando um desenho detalhado ou escrevendo um texto curto para retratar a vida em outra época. (CARLSON; DUMPLIS, 2012, p. 3-4).

CONTEÚDO INTELECTUALMENTE IMPORTANTE, BASEADO NAS DISCIPLINAS

Atividades bem planejadas, adequadas ao trabalho em grupo, abordam uma ideia geral, invocam um conceito disciplinar central ou falam de uma questão essencial. O Currículo de Alteração Climática Global de Stanford*, desenvolvido por uma equipe interdisciplinar de professores de ciências, educadores e cientistas do clima, é um exemplo de um currículo organizado em torno de conceitos centrais e ideias gerais da ciência do clima, uma disciplina emergente. Um dos principais objetivos desse currículo é o de fornecer aos alunos dos anos finais do ensino fundamental e do ensino médio oportunidades de aprender sobre as mudanças climáticas e o aquecimento global. Ele se baseia não apenas no conteúdo da disciplina – o que sabemos sobre as mudanças climáticas – mas também em sua base epistemológica, isto é, como sabemos o que sabemos. Os alunos são apresentados ao fenômeno científico das mudanças climáticas e suas implicações sociais. Eles trabalham com dados reais, utilizam o discurso da ciência para examinar as evidências e os argumentos científicos, discutem sobre o consenso científico em torno desses argumentos e exploram os benefícios e custos das várias estratégias de mitigação e adaptação.

As descrições e os exemplos a seguir ilustram algumas das atividades incluídas no currículo. Trabalhando em grupos para entender o orçamento de energia da Terra, os alunos planejam e conduzem um experimento de laboratório para testar o efeito do dióxido de carbono na temperatura da atmosfera. Em outra atividade, os alunos analisaram dados que mostram os efeitos atuais e futuros da mudança climática nos sistemas físicos e biológicos. Eles examinam os dados da temperatura global de 1880 a 2000 (ver Fig. 6.1). Depois de trabalharem juntos para interpretar o gráfico, eles utilizam esses dados para construir um argumento baseado em evidências. Em outra atividade, os alunos examinam os dados da redução dos glaciares em todo o mundo. Eles analisam e interpretam as informações para responder às seguintes questões: baseado nos gráficos, que argumento (conclusão) você pode defender sobre o impacto das mudanças climáticas? Quais são as evidências para esse argumento?

A unidade de currículo termina com uma tarefa de desempenho que solicita aos alunos que examinem e proponham estratégias de mitigação para reduzir as emissões de dióxido de carbono, tanto em suas comunidades como globalmente.

---

* Para mais informações, acesse: pangea.stanford.edu/programs/outreach/climatechange

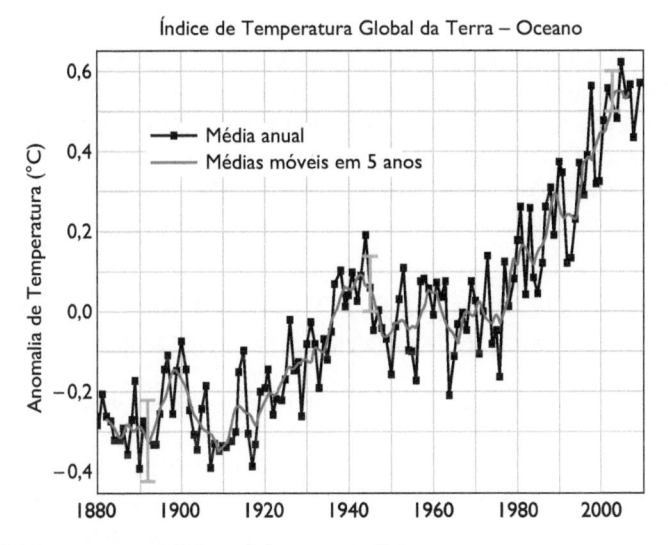

Figura 6.1. Temperatura global oceânica e atmosférica.
Fonte: National Aeronautics and Space Administration (2010).

Estudos documentaram os resultados positivos da implantação desse currículo em escolas dos anos finais do ensino fundamental e do ensino médio. Os pesquisadores descobriram de maneira consistente que as salas de aula com níveis mais elevados de interações entre os alunos apresentaram maiores avanços em avaliações pré e pós-currículo específico (HOLTHUIS et al., 2014).

INTERDEPENDÊNCIA POSITIVA E RESPONSABILIDADE INDIVIDUAL

Por definição, tarefas adequadas ao trabalho em grupo criam e apoiam a interdependência entre seus membros. Os proponentes da aprendizagem cooperativa concordam que a interdependência positiva é a essência da colaboração (JOHNSON; JOHNSON; HOLUBEC, 1998). Quando seus alunos trabalham em um produto bem definido e concreto, eles se tornam interdependentes. Além disso, quando você é capaz de gerar um sentido de urgência para terminar a tarefa a tempo e quando insiste que eles criem um produto de qualidade e preparem um relatório conciso e profundo, os alunos cada vez mais dependerão uns dos outros para entender e completar a tarefa.

Embora a interdependência incorpore ricas atividades adequadas para o trabalho em grupo, é essencial tornar cada aluno pessoalmente responsável por contribuir para o sucesso de sua equipe e pelo domínio dos conceitos envolvidos. Embora com frequência sejam desprezados ou esquecidos, os relatórios escritos, concluídos individualmente após uma atividade em grupo, podem assegurar tal responsabilidade. Além disso, quando trabalham em um produto concreto e têm acesso a conversas de qualidade sobre as ideias que levam ao produto, os alunos desenvolvem seu domínio sobre o conteúdo e são capazes de escrever as ideias nele envolvidas. Cohen et al. (2002) descobriram que a qualidade da discussão e do produto do grupo prevê o desempenho médio dos componentes da equipe nas tarefas escritas finais.

CRITÉRIOS DE AVALIAÇÃO PARA PRODUÇÕES DE GRUPO E RELATÓRIOS INDIVIDUAIS

Pensando em ideias sobre avaliação e aprendizagem desenvolvidas no capítulo anterior, como você avaliará a qualidade do produto do grupo? Como mencionado anteriormente, descobrimos que fornecer aos alunos critérios específicos sobre o que torna um produto exemplar irá melhorar a qualidade da interação do grupo bem como a qualidade de seu produto (ABRAM et al., 2002). Quando os alunos trocam ideias, se autoavaliam como grupo e como indivíduos e avaliam o trabalho de seus colegas, a qualidade do produto aumenta. Scarloss (2001) documentou a relação entre a melhora das interações dos alunos e o aumento do sentido, da qualidade dos produtos e, em última análise, dos ensaios finais escritos individualmente. Em outras palavras, discussões mais profundas e frequentes levam a melhores produtos e, para os alunos desses grupos mais interativos e produtivos, melhor desempenho nas tarefas individuais.

Os critérios de avaliação fornecem orientações específicas sobre o que torna um produto bom. Ao incluir os critérios de avaliação no cartão de tarefas e nos relatórios individuais, você estará dando aos alunos uma clara ideia de como eles serão avaliados e sobre como devem avaliar seus próprios esforços. Os critérios de avaliação são específicos para cada tarefa, mas não retire ou limite seu caráter aberto. Eles refletem a utilização de habilidades múltiplas e reforçam a utilização de materiais curriculares de múltiplas habilidades. Os critérios também chamam a atenção dos alunos para a conexão entre a atividade e a ideia geral ou o conceito central.

Por exemplo, em uma das unidades de estudos sociais do 7º ano planejada para o Programa de Ensino para Equidade, os alunos estudam o sistema de crenças do Antigo Egito sobre a vida após a morte. Uma das atividades da unidade se concentra em uma cerimônia chamada "Pesar o coração". Depois de ler e discutir a cerimônia e seus significados simbólicos, a atividade direciona os alunos a desenvolver uma encenação representando a jornada para a vida após a morte e a cerimônia de pesar o coração. Invocando importantes deuses e divindades, é solicitado aos alunos que discutam algumas das virtudes e algumas das encenações dos mortos que determinavam se ele passaria ou não para a vida após a morte.

Os critérios de avaliação para a encenação foram os seguintes:

- Inclui pelo menos 4 pecados, 2 virtudes e um feitiço.
- Oferece boas razões para os mortos entrarem ou não na vida após a morte.
- Foi bem pesquisada e é bastante convincente.

INSTRUÇÕES PARA A TAREFA EM GRUPO

A maior parte da dificuldade em explicar o que os alunos deveriam fazer está associada às instruções escritas na forma de cartões de atividades para todos, menos para os alunos menores, que ainda não sabem ler. Ser capaz de se referir às instruções escritas após ouvir as principais ideias na sua orientação permite que o grupo descubra o que fazer sozinho. O cartão de tarefas é uma representação da sua delegação de autoridade ao grupo. Ele transmite aos alunos a mensagem de que uma tarefa, um problema ou um dilema foi colocado, para o qual eles precisam fornecer uma resposta.

A elaboração dos cartões de tarefas exige um equilíbrio delicado. Por um lado, eles precisam ser claros o suficiente e incluir uma quantidade de detalhes capaz de fazer os alunos prosseguirem sem a sua ajuda. Por outro lado, as indicações precisam ser abertas e não determinadas a ponto de reduzir a riqueza das descobertas a serem obtidas pela discussão coletiva. A solução para o problema colocado aos alunos não pode ser óbvia. Ao recusar a oferta de uma resposta rápida aos pedidos de ajuda do grupo e ao encorajá-lo a resolver alguns dos problemas, você pode ajudar os alunos a aprenderem que têm a capacidade de lidar com a incerteza por conta própria.

O erro mais comum nas instruções escritas é o de fornecer detalhes demais, como se os professores estivessem ensinando um indivíduo a realizar uma tarefa técnica etapa por etapa. Essa abordagem, desenvolvida para fornecer o máximo de certeza possível, tem um efeito paralisante na discussão do grupo, pois sobra muito pouco para ser discutido. Confusão desnecessária também emerge da adição de muito texto ou de muitas maneiras alternativas de explicar as coisas. Você deseja fazer perguntas aos alunos que os estimularão a discutir, experimentar, descobrir, usar tentativa e erro e desenvolver soluções por conta própria. Em geral o fato de os cartões de tarefas apresentarem texto demais ou muitas orientações que envolvem as minúcias do processo, em vez de perguntas significativas, oprime os alunos. Mesmo os mais jovens respondem ao desafio. Não hesite em utilizar palavras grandes e interessantes. Desde que alguém no grupo possa lê-las e desde que alguém saiba o que elas significam ou possa procurar o seu significado, o grupo funcionará muito bem. Um excelente exemplo de instruções com o nível exato de incerteza produtiva é retirado da Unidade de Avaliação do currículo *Finding Out/Descubrimiento* (DE AVILA; DUNCAN, 1980). Um dos cartões de atividades acompanha um modelo inflável de um estegossauro, uma corda e uma régua métrica. Ele diz:

"Meça a cintura do dinossauro". Os alunos do 2º e 3º ano devem descobrir sozinhos onde se encontra a cintura do animal e perceber que a única maneira de medir é envolver a cintura com a corda e depois colocá-la na régua.

Ao trabalhar com alunos mais velhos, capazes de lidar com mais informação escrita, as unidades do currículo para Ensino para Equidade frequentemente apresentam alguns cartões de recursos ou referências a endereços específicos na internet além do cartão da atividade. Por exemplo, em uma unidade sobre o sistema visual, os alunos são ensinados a construir um olho melhor com capacidades superiores às do olho humano. Eles devem fazer uma apresentação para o potencial projetista desse olho, descrevendo suas vantagens e características especiais. No cartão de recursos, são encontradas informações sobre os olhos de animais e seres humanos que podem ser úteis. Entretanto, ele não contém as respostas às perguntas feitas no cartão da atividade, caso contrário, removeria toda a incerteza produtiva da tarefa.

Outros tipos de incerteza, no entanto, são improdutivos para os alunos. Suponha que você não tenha deixado claro sua expectativa para que o grupo prepare uma apresentação para a turma. Essa falta de clareza nas suas instruções levará a um sério erro. Os critérios para alguns dos produtos do grupo mais comuns (p. ex., um pôster, uma encenação, uma apresentação, um recurso visual) podem incluir alguns elementos padronizados, acompanhados por critérios específicos para a atividade proposta. De todo modo, evite microgerenciar a apresentação por meio do cartão de tarefas.

Os alunos, particularmente os mais novos, ficarão fascinados com os recursos e materiais manipuláveis fornecidos com a tarefa. A Figura 6.2 representa as diferentes partes de uma tarefa adequada ao trabalho em grupo. Sabendo disso, você precisa relembrá-los que ler e entender as instruções antes de mergulharem na tarefa será muito útil. Forneça um ou no máximo dois conjuntos de instruções; se houver um para cada pessoa, os alunos tentarão ler em silêncio e não haverá discussão.

O cartão de tarefas, o cartão de recursos e o relatório individual mostrados na Figura 6.3 são de uma unidade chamada "Descobrindo a Poesia". Desenvolvida no

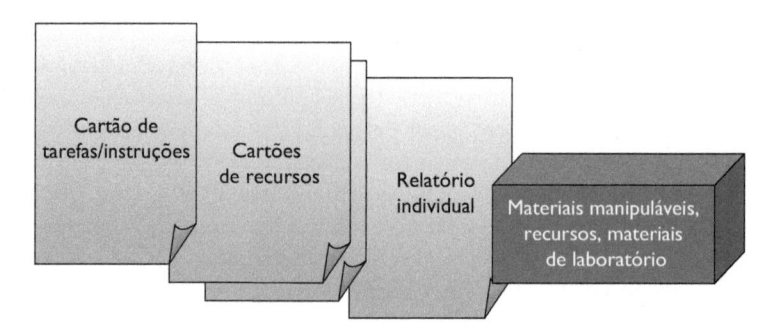

Figura 6.2. Componentes curriculares.

Programa de Ensino para Equidade, as atividades dessa unidade se concentram no poder e nos efeitos dos dispositivos poéticos. À medida que os alunos leem, explicam, interpretam e analisam diferentes poemas, familiarizam-se com alguns fundamentos da poesia: som, ritmo e repetição; metáforas e analogias; padrões visuais.

UMA OBSERVAÇÃO SOBRE O TEMPO

A lógica fornecida pelas características do planejamento bem como os exemplos descritos apresentam implicações para o trabalho dos professores. É evidente que o planejamento e a implantação de tais tarefas exigem especialização considerável e investimento significativo de tempo e esforço. Grupos de professores que ensinam matérias semelhantes e/ou para anos semelhantes precisam trabalhar juntos como colegas para criar tarefas em si mesmas adequadas para o trabalho em grupo. Os professores também podem utilizar as características do planejamento como critérios para analisar e avaliar os currículos publicados e as tarefas de aprendizagem propostas para o trabalho em grupo. Trabalhar juntos na elaboração de tarefas adequadas apresenta o potencial de ser uma poderosa atividade de aprendizagem profissional para professores interessados em expandir e reforçar seu repertório de estratégias pedagógicas, voltadas a salas de aula heterogêneas do ponto de vista acadêmico e linguístico.

Cohen & Lotan

Unidade: Descobrindo Poesia

Descobrindo Poesia

Metáforas e Analogias
Cartão de Tarefas

Leia o poema de Hughes, *Dream Deferred*, e discuta as seguintes questões

- Hughes escolhe imagens vivas para criar suas analogias e metáforas. Para qual sentido ele apela? Quais são alguns dos sentimentos gerados pela
- Qual a diferença entre uma a[nalogia e uma metáfora?] Quais imagens utilizam símile[s e quais utilizam] metáforas?
- Que tipos de sonhos Hughes

Crie uma colagem ou um móbi[le...] Utilize diferentes formas, image[ns...] Inspirado pelo poema, esteja pr[...]

Critérios de avaliação para o projeto do grupo:
- A colagem/móbile usa **pelo menos** quatro formas
- A explanação inclui a descrição de como cada colagem/móbile se relaciona ao poema

Unidade: Descobrindo Poesia

Descobrindo Poesia

Metáforas e Analogias
Relatório Individual

Dream Deferred

What happens to a dream deferred?

Does it dry up
like a raisin in the sun?

[...] meat?

Unidade: Descobrindo Poesia

Descobrindo Poesia

Metáforas e Analogias
Cartão de Poesia

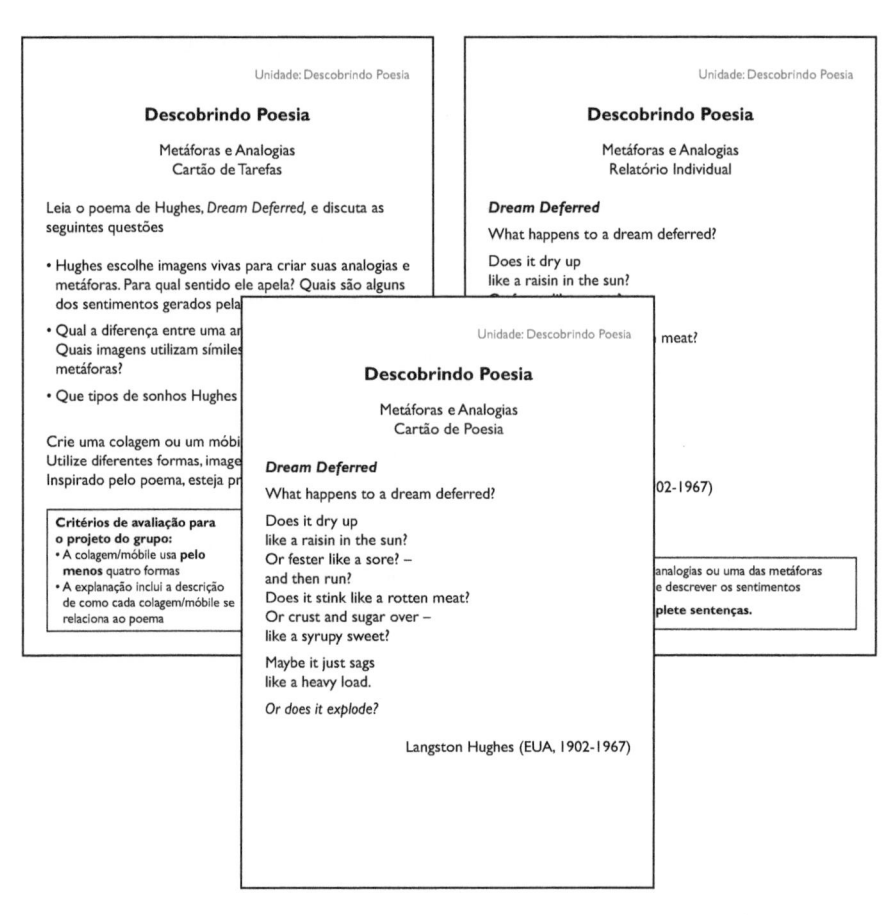

Dream Deferred

What happens to a dream deferred?

Does it dry up
like a raisin in the sun?
Or fester like a sore? –
and then run?
Does it stink like a rotten meat?
Or crust and sugar over –
like a syrupy sweet?

Maybe it just sags
like a heavy load.

Or does it explode?

Langston Hughes (EUA, 1902-1967)

analogias ou uma das metáforas
e descrever os sentimentos
plete sentenças.

Figura 6.3. Unidade de poesia: cartão de tarefas, cartão de recursos e relatório individual.

7

Trabalho em grupo e desenvolvimento da linguagem

Rachel A. Lotan

Neste capítulo, a ênfase na linguagem serve para lembrar que o desenvolvimento da proficiência oral e escrita dos alunos nas línguas é parte da manutenção das interações igualitárias. A introdução de novos padrões e de novas avaliações com exigências desafiadoras tornam o envolvimento em um discurso significativo e a produção de um trabalho escrito de alta qualidade atividades necessárias para a aprendizagem. Adotar esse procedimento é imperativo para alunos que ainda se encontram no processo de aprendizagem da língua em que as aulas são ministradas.

O que seus alunos saberão e serão capazes de fazer utilizando as línguas de ensino como resultado do seu trabalho em grupos? O que os alunos precisam saber e ser capazes de fazer do ponto de vista acadêmico e linguístico para realizar a tarefa em grupo e participarem ativamente de grupos pequenos e com toda a turma? Como os alunos demonstrarão o que aprenderam e o que realizaram? Como você irá desenvolver suas capacidades e habilidades de *escutar, falar, ler e escrever*? Como apresentado no Capítulo 5, essas perguntas orientam o planejamento, a implantação e a avaliação do trabalho em grupo em sua sala de aula.

PERSPECTIVAS SOBRE A LINGUAGEM EM SALAS DE AULA EQUITATIVAS

Assim como a amplitude de realizações acadêmicas ou do nível de habilidade dos seus alunos, suas proficiências nas linguagens oral e escrita são uma dimensão da heterogeneidade da sala de aula. Como resultados dos testes de língua oficiais, alguns dos seus alunos podem ser formalmente classificados como aprendizes de língua inglesa. Eles podem achar difícil a expressão do seu pensamento matemático em termos orais ou escritos utilizando o discurso matemático convencional, embora resolvam corretamente os problemas. Outros, embora sejam aparentemente falantes fluentes, ainda precisam desenvolver habilidades e usos produtivos da linguagem em sala de aula. Alguns alunos são falantes nativos de inglês, mas ainda assim apresentam um baixo desempenho em leitura e escrita. Vários estudantes, alguns deles bilíngues ou multilíngues, atingiram os padrões de conteúdo associados às nossas tarefas. Seu objetivo deve ser assegurar que todos os alunos, independentemente dos seus resultados acadêmicos e da sua proficiência linguística ainda em desenvolvimento, tenham acesso à tarefa de aprendizagem, possam participar ativamente e sejam capazes de demonstrar o que aprenderam. Você deve reconhecer que os alunos podem atuar como recursos acadêmicos e linguísticos uns para os outros, ao decidir utilizar o trabalho em grupo.

Primeiro considere o seguinte: os alunos na sua sala de aula são falantes competentes da língua e de suas variedades em suas casas e comunidades. Eles utilizam dialetos, registros, sotaques e significantes culturais com os quais estão familiarizados. Eles se conectam, comunicam, expressam seus pensamentos e sentimentos, descrevem seus interesses e expõem suas necessidades. Eles possuem linguagem. Eles se expressam por meio da linguagem.

Sua responsabilidade é expandir e aprofundar o repertório linguístico de seus alunos de modo que possam utilizar a linguagem para se comunicar efetivamente com vários públicos diferentes e com diferentes propósitos (ver também VALDÉS et al., 2005). Você conseguirá realizar isso elaborando e descrevendo explicitamente as formas e funções da linguagem utilizada em ambientes acadêmicos e disciplinas específicas. Você deve utilizar vocabulário adequado e tornar as "principais palavras" acessíveis aos alunos, por meio de expressões coloquiais do dia a dia e de explicações. Também deve ouvir atentamente e reconhecer os avanços de entendimento dos alunos, mesmo que no início não estejam utilizando o vocabulário técnico ou "acadêmico". Forneça *feedbacks* e reflita com seus alunos sobre as práticas de linguagem da sala de aula e dos indivíduos a quem você ensina. Você deve planejar ambientes e tarefas de aprendizagem nos quais alunos utilizem a linguagem acadêmica deliberada e incansavelmente. Eles *ouvem* as instruções e explicações; eles *falam* fazendo perguntas e justificando suas conclusões. Eles colaboram uns com os outros para reunir, avaliar e comunicar informações. Eles *leem* e interpretam textos complexos. Eles *escrevem* respostas convincentes diante de estímulos e demonstram seus pensamentos por meio de ensaios literários e relatórios científicos. Desse modo, todos os alunos são aprendizes constantes do conteúdo das matérias e da linguagem da sala de aula.

Segundo, considere sua perspectiva sobre a linguagem em geral e a linguagem da sala de aula em particular. Encarar a linguagem apenas como uma lista de vocabulário, um sistema de regras gramaticais e de convenções pragmáticas limita o ensino eficiente em salas de aula heterogêneas do ponto de vista acadêmico e linguístico. Isso dificulta a percepção de que os alunos estão aprendendo e tendo um bom desempenho. O uso da linguagem pelos alunos indica um envolvimento ativo uma vez que a aprendizagem e sua construção ocorrem por meio da interação com os colegas, com os adultos, com o texto e com objetos reais. Como a aprendizagem é uma atividade social, a língua é um veículo para avaliar o conteúdo da disciplina, uma ferramenta para participar intensamente e um recurso que faz a mediação do desempenho oral ou escrito. Desse modo, durante o trabalho em grupo, concentre--se mais no significado do que na correção gramatical.

Os pesquisadores concordam que os alunos adquirem proficiência linguística quando são expostos a ambientes ricos em linguagem, nos quais podem se envolver ativamente por meio de conversas e negociações autênticas com adultos e colegas que são falantes nativos da língua ou equivalentes (VALDÉS, 2011). O volume e a qualidade do que os estudantes escutam e leem influenciam o tipo de linguagem e a velocidade com a qual ela é a adquirida. Além de tal estímulo, os aprendizes precisam de múltiplas e diferentes oportunidades para que apresentem resultados significativos, isto é, na oralidade e na escrita. Como muitos outros acadêmicos, Cazden (2001) sugere que o ambiente ideal para a aprendizagem de uma língua pode ser um em que os alunos se envolvam na resolução de problemas e na realização de tarefas interdependentes, em que manipulam objetos reais e falam sobre eles. Gibbons (2002) exalta os benefícios de várias estruturas de participação, incluindo trabalho em grupo para aprendizagem e desenvolvimento da língua. Você cria um ambiente como esse à medida que seus alunos trabalhem em pequenos grupos envolvidos em tarefas adequadas a esse tipo de trabalho.

Bunch (2013, p. 299) propõe que os professores poderiam se beneficiar de "[...] um *conhecimento da linguagem pedagógica* que esteja integralmente ligado ao ensino dos conteúdos centrais da disciplina pela qual são responsáveis" em vez de conhecimentos formais sobre a língua como esperado de professores de idiomas. Recentemente, a importância de tais habilidades, práticas e conhecimentos pedagógicos foi reconhecida nas avaliações amplamente adotadas sobre o desempenho dos docentes necessário para o licenciamento inicial. Nessas avaliações sobre práticas de ensino, é solicitado aos candidatos que identifiquem e apoiem as exigências linguísticas das atividades de aprendizagem e também que analisem o uso da linguagem dos alunos à medida que desenvolvem a compreensão dos conteúdos das disciplinas.* Veja ell.stanford.edu para recursos gratuitos que ajudam o desenvolvimento da linguagem e da aprendizagem de conteúdos.

À medida que eles trabalham em grupos com tarefas que promovem a aprendizagem, os alunos utilizam uma linguagem que é tanto coloquial quanto formal. Algumas das características dessa linguagem são comuns para a maioria das áreas dos conteúdos das matérias; outras são específicas de cada disciplina. Por exemplo, Lee, Quinn e Valdés (2013) identificam características-chave da linguagem de ciências em sala de aula associadas às práticas de ciência e engenharia desenvolvidas nos *Next Generation Science Standards* (NGSS LEAD STATES, 2013) – Currículo de Ciências para a Próxima Geração. A professora utiliza a linguagem à medida

---

* Para mais informações, acesse: edtpa.aacte.org/ e pacttpa.org

que explica e faz a apresentação para toda a turma, comunicando-se com pequenos grupos de alunos, individualmente, e com os pais, utilizando termos tanto coloquiais quanto disciplinares. Ela age dessa forma quando fornece instruções, verifica a aprendizagem, facilita as discussões, descreve modelos e avalia as respostas dos alunos. Nas salas de aula de ciências, assim como seus professores, os alunos utilizam a linguagem para descrever, explicar, propor ideias ou construir argumentos baseados em evidências. Eles ouvem e compreendem as questões e explicações oferecidas pelos outros e pelos textos, pedindo esclarecimento, comunicando suas ideias oralmente e por escrito, respondem às críticas e criticam as explicações dos outros. Como *agimos* por meio da linguagem, utilizar verbos para enfatizar práticas bem como o discurso da disciplina esclarece os alunos sobre o que eles podem aprender, fazer, aperfeiçoar e, no momento certo, revelar de maneira bem-sucedida.

As práticas-chave associadas aos *Common Core State Standards* (Expectativas de aprendizagem dos estados americanos) (NATIONAL GOVERNORS ASSOCIATION CENTER FOR BEST PRACTICES; COUNCIL OF CHIEF STATE SCHOOL OFFICERS, 2010a) de matemática e a linguagem necessária para realizar as tarefas a elas relacionadas são estreitamente associadas àquelas que acabamos de descrever. Essas práticas incluem a modelagem matemática, a argumentação abstrata e qualitativa e, como na ciência e na engenharia, responder às críticas e criticar as explicações dos outros. Como nas salas de aula de ciências, nas de matemática o professor deve oferecer instruções, verificar a aprendizagem, orientar processos, fazer apresentações para toda a turma, facilitar o trabalho em pequenos grupos e orientar individualmente os alunos. Eles devem participar de discussões, interpretar os problemas cotidianos e descrever seu raciocínio. Trabalhar em grupos pequenos aumenta a frequência com que os alunos se envolvem nessas práticas, bem como a qualidade e a profundidade de tal envolvimento. O trabalho em grupo também coloca significativas exigências cognitivas, linguísticas e sociais. A identificação das demandas de linguagem associadas ao desenvolvimento dessas práticas no contexto do trabalho com colegas é uma tarefa inicial para o professor. Em conjunto com essas exigências, o trabalho em grupo também oferece oportunidades e possibilidades convidativas (GREENO, 1994; VAN LIER, 2000) que, quando trabalhadas, desenvolvem ainda mais a linguagem e aprofundam o conteúdo academicamente rigoroso. No resto deste capítulo, descreverei exemplos do que os alunos fazem em termos de linguagem para serem bem-sucedidos academicamente.

DEMANDAS E POSSIBILIDADES DA LINGUAGEM NO TRABALHO EM GRUPO

O que os alunos precisam fazer com a linguagem para entender instruções e o fluxo de atividades antes, durante e após terem trabalhado em grupos? Como o trabalho em grupo oferece oportunidades para *ouvir, ler, falar e escrever*? Como os alunos negociam o terreno, como eles obtêm e mantêm o tempo de comunicação? Como esclarecem seu pensamento? Como pedem mais informações? Como descrevem o trabalho em grupo? Como apresentarão suas habilidades e realizações?

Em que atividades os alunos se envolvem à medida que *escutam, falam, leem* e *escrevem* para:

- terem acesso à tarefa de aprendizagem,
- participarem do trabalho do grupo e
- demonstrarem o que conseguiram realizar?

Acesso à tarefa de aprendizagem

Os alunos precisam *escutar* e *compreender* as instruções dos professores para haver envolvimento com as exigências acadêmicas da tarefa de aprendizagem. Infelizmente, uma das principais razões para o engajamento limitado dos alunos é a dificuldade de compreender as instruções da tarefa. Durante o trabalho em grupo, à medida que os membros do grupo *leem* e discutem o cartão de tarefas em conjunto, esclarecem as informações, repetem as instruções, reapresentam as perguntas e estimulam a discussão, traduzem e organizam os dados de várias maneiras. À medida que os alunos escutam, essas fontes adicionais de estímulo de linguagem e a responsabilidade compartilhada por ler o cartão de tarefas e os recursos aumentam a probabilidade de compreender o que eles devem fazer.

Do ponto de vista estrutural, uma maior proporção de alunos tem oportunidade de *falar* durante o trabalho em grupo em comparação com cenários de discussão com toda a turma, nos quais, legitimamente, apenas um aluno fala por vez. Mais alunos têm oportunidades de fazer perguntas esclarecedoras ou buscar por explicações adicionais. Eles podem pedir as definições de novas palavras do vocabulário ou de expressões idiomáticas além de praticarem utilizando-as no engajamento intelectual e linguístico com a tarefa. Você pode modelar e incentivar os alunos a dizer:

- Você pode explicar de novo?... Por favor, repita o que você acabou de dizer...
- Eu tenho uma pergunta sobre o que (você/o professor/Tim) acabou de dizer.
- Não sei o que significa X. Vamos pesquisar...

Parafrasear e resumir são maneiras adicionais pelas quais os alunos podem entender a tarefa ou o que os seus colegas estão dizendo.

- Escutei você dizendo que... Entendi direito? Está certo?
- Em outras palavras, temos que... e então iremos...
- Você quis dizer...?

Além disso, os alunos podem anotar enquanto *escutam* ou *leem* as instruções. Eles podem *escrever* um resumo dos pontos principais abordados na discussão de esclarecimento.

Participação nas interações do grupo

A proximidade física, o contato olho a olho e uma sensação de familiaridade facilitam a *escuta* e a *fala*. Uma proporção conveniente de parceiros de conversação diminui o filtro afetivo (KRASHEN, 1985), o bloqueio mental que impede a produção da linguagem em situações estressantes, tais como ser chamado inesperadamente ou realizar testes de alto desempenho. Seguir regras ou procedimentos de discussão determinados pelos professores, estabelecendo quais erros são esperados e respeitados, contribui para reduzir a ansiedade e cria um nível confortável de segurança física e intelectual. Enquanto estão envolvidos no trabalho em grupo, os alunos atuam como fontes acadêmicas e linguísticas uns para os outros. Essas possibilidades multiplicam as taxas de fala, participação e contribuição.

Papéis da linguagem e do grupo. As funções da linguagem como fornecer direções, monitorar a participação dos outros e fornecer *feedback* estão associadas aos diversos papéis dos grupos e dão oportunidades para os alunos praticarem e desenvolverem sua proficiência linguística. Você pode introduzir e consolidar formas gramaticalmente adequadas por meio de iniciadores de sentenças e de estruturas frasais. Eles são particularmente benéficos à medida que os aprendizes da língua inglesa assumirem papéis específicos nos grupos. Por exemplo, o facilitador fala:

- Quem vai ler as orientações?
- Todo mundo entende o que precisamos discutir e fazer?
- De quanto tempo nós precisamos para cada parte da tarefa? O que mais temos de fazer?
- Vamos voltar ao trabalho!... Temos___ minutos para concluí-lo.
- Qual é a pergunta para o professor? Podemos respondê-la por conta própria?

O monitor de recursos pode falar:

- De que outras fontes de informação precisamos?
- De quais palavras eu devo procurar o significado?
- Esta é a definição de...
- De que mais precisamos para completar essa tarefa?

Como descrito no Capítulo 8, o relator organiza o relatório do grupo. Ele pode estimular o pensamento coletivo ao perguntar:

- Como deve ser o nosso produto final?
- O que queremos mostrar em nosso relatório? O que queremos dizer?

- Como iremos apresentá-lo para a turma? Eu farei as anotações.
- Qual é a ideia principal/pergunta essencial para essa atividade?
- Como estamos abordando a ideia principal/pergunta essencial/perguntas de discussão no nosso relatório?
- Como vamos reunir tudo isso?

O papel do relator pode ser particularmente desafiador, até mesmo intimidador, para alunos que possuam uma proficiência limitada na língua da sala de aula. Entretanto, à medida que os alunos reconhecem que o relatório é responsabilidade do grupo e não apenas do relator, eles estarão dispostos e prontos a contribuir para melhorar a linguagem do relatório à medida que escrevem seu conteúdo. Enquanto o grupo revisa o relatório sob a orientação do relator, surgem oportunidades adicionais para o desenvolvimento da linguagem. Ao trabalharem na tarefa, os alunos passam da conversa interpessoal menos precisa, frequentemente informal, para uma linguagem de apresentação mais formal quando redigem o relatório. Em sua análise da conversa dos alunos durante o trabalho em grupo, Bunch (2006, 2009, 2014) distingue entre a *linguagem das ideias* e a *linguagem de apresentação* para mostrar como os alunos utilizam diferentes registros linguísticos ao se dirigirem a diferentes audiências durante o trabalho em grupo. Em geral, o relator *escreve* os principais pontos do relatório elaborado coletivamente ou mesmo prepara um parágrafo ou dois para *ler* à turma. Preparar um relatório de alta qualidade é mais do que utilizar um novo vocabulário e estruturar sentenças gramaticalmente corretas. Essa tarefa oferece oportunidades frutíferas para que os alunos planejem e pratiquem o discurso acadêmico característico das apresentações formais. Mais importante, para os alunos que são aprendizes da língua, tal demonstração pública de crescimento em sua capacidade de *falar, ler* e *escrever* pode e deve ser reconhecida pelo professor e utilizada como uma oportunidade perfeita para reconhecer suas contribuições e competências intelectuais (ver Cap. 10).

Linguagem na interação dos grupos. Além da linguagem utilizada à medida que executam diferentes papéis, o trabalho em grupo é um cenário particularmente adequado para desenvolver a linguagem da interação. Os professores pedem com frequência para os alunos utilizarem uma linguagem específica quando

- explicam por que e como utilizam conectores lógicos (porque, consequentemente, como resultado de), temporais (primeiro, segundo, depois, em seguida) ou comparativos (mais...menos, preferencialmente, em vez de, também);
- estabelecem relações de causa e consequência ou conectam afirmações às evidências (como resultado de...; é por isso que...; como consequência de ...; uma razão para ... é; outra razão é ...; esse argumento é apoiado por/é baseado em ...; sabemos disso porque ...; quando olhamos para ...; podemos ver que ...);

- respondem analiticamente a textos e ideias complexas (ao afirmar que ... o autor implica ...; o protagonista sentiu ... porque ele ...; a história terminou abruptamente, consequentemente ...);
- persuadem (há pouca dúvida de que ..., portanto precisamos ...; vamos melhorar nosso relatório incluindo mais detalhes ...).

Outros exemplos de estruturas de linguagem importantes para a participação ativa em grupos são:

- reconhecer as ideias dos outros membros do grupo: minhas ideias são semelhantes às de ...; concordo com ...e gostaria de acrescentar ...;
- oferecer uma sugestão: talvez possamos ...; e se nós ...; podemos tentar...;
- discordar: não concordo porque...; entendo seu ponto de vista e penso que...

Examine as práticas disciplinares recomendadas nos principais padrões curriculares e liste as demandas de linguagem associadas a essas práticas. Por exemplo, que linguagem os alunos utilizarão para descrever um modelo em ciências, identificar parcialidade em uma fonte histórica ou oferecer justificativas para uma posição ou ponto de vista particular, comunicar seus argumentos enquanto resolvem um problema de palavras em matemática ou para interpretar e explicar a utilização de linguagem figurativa ou imagens poéticas por parte de um autor? À medida que você fizer a lista, preocupe-se em moldar a linguagem na sala de aula e explicitamente atrair a atenção dos alunos para o modo como você a utiliza nos diferentes contextos.

Holthuis et al. (2014) descrevem como os professores que participaram do projeto Mudança Climática Global financiado pela NASA identificaram os elementos de um argumento científico bem construído e moldaram seu discurso para construir um argumento específico e coerente utilizando evidências. O trecho a seguir documenta a discussão da professora (P) sobre um gráfico que mostra o aumento no nível de dióxido de carbono (CO_2) ao longo do tempo. Ela elabora o discurso para utilizar evidências e se envolve em uma conversa com um aluno (A) sobre os elementos de um argumento:

P: Qual evidência de mudança climática encontramos aqui?
A: O CO_2 aumentou.
P: (Se referindo ao eixo Y) Ele é de temperatura.
A: Ah, temperatura.
P: A temperatura média anual aumentou. Quanto?
A: 0,8.
P: 0,8º C. Em que período?
A: (Inaudível)
P: De 1880 a 2000. Então esse é um bom exemplo de evidência, certo? Eu disse o que o meu gráfico mostra, falei qual é a tendência, falei sobre o

período em que a tendência se manifestou e informei os anos que observei. Assim, quando [você] apresentar a evidência, esse é o tipo de declaração que espero. Quero uma afirmação muito concreta que tenha todos esses componentes, se possível.

Em outra conversa, o professor estimula seus alunos a terem maior especificidade e clareza:

P: Qual o seu argumento?
A1: Os eventos estão aumentando.
P: Estão aumentando igualmente em todas as partes do globo?
A2: Sim. Ah, não igualmente, mas todos estão aumentando.
P: Então, que partes parecem ser mais afetadas? (Breve silêncio). Vocês não estão defendendo um argumento, estão fazendo uma generalização... um argumento deve ser mais específico. Assim, diante disso, vocês devem fazer uma afirmação mais específica ... se vocês não tivessem recebido essa informação, que afirmação vocês poderiam fazer sobre isso para embasar aquilo ...?
A2: Mais extremos...
A1: Áreas mais povoadas.
A2: Áreas ocidentais mais povoadas.

Demonstrando competência intelectual e crescimento

Taxas elevadas de interação com os colegas são excelentes oportunidades para reconhecer o crescimento intelectual e acadêmico dos alunos e o aumento da competência para utilizar a linguagem da sala de aula. Aqueles que *escutam* apreciam as contribuições de que dependem para completar a tarefa. Aqueles que *falam* dão voz às suas ideias e opiniões. Escutar outros alunos lerem o cartão de tarefas e discutir a partir dos recursos disponíveis depois que alguém os leu melhora a capacidade de leitores em desenvolvimento e de aprendizes da linguagem. Quando alunos que estão aprendendo a língua tentam *ler* em situações de pequenos grupos, seu progresso é reconhecido pelos colegas. Frequentemente a discussão e o trabalho no grupo servem como uma base para *escrever* o relatório individual ou o ensaio da unidade final.

Durante o trabalho em grupo, você pode ouvir os alunos descreverem seu pensamento:

- Eu/ Nós descobrimos que ... ; Eu/nós constatamos que ...
- Lisa concordou comigo que ... Minha ideia é semelhante à de X ...
- Eu imagino/estimo/acho/admito a hipótese/prevejo que...
- Na minha/nossa opinião ...

Ao completar os relatórios individuais ou ensaios da unidade final, os alunos devem fornecer razões convincentes, apelar para os pensamentos e as emoções de uma audiência imaginária ou real e argumentar a favor ou contra uma posição. A seguir encontram-se o estímulo escrito e os trechos de um ensaio de unidade final de duas páginas e meia de uma aluna de 7º ano identificada como "de proficiência limitada em inglês" em sua escola.

Estímulo:
Desafiando a autoridade de instituições: A reforma — ensaio final
Você acabou de estudar a Reforma. Ao participar das discussões em grupo, preparar seu produto e fazer sua apresentação para a turma, você aprendeu sobre as maneiras como os indivíduos e os grupos desafiaram a autoridade das instituições. As pessoas que viveram durante a Reforma utilizaram novas formas de arte, tecnologias emergentes e apelos pessoais e coletivos para persuadir os indivíduos em posições de poder a fazerem mudanças. Escreva um ensaio no qual você tenta persuadir membros da sua família a se unir ou a se opor a Martinho Lutero e seus seguidores em sua campanha contra a Igreja. Você pode utilizar os relatórios individuais para escrever o ensaio.

Trechos
Precisamos desafiar a autoridade da Igreja. Agora, podemos estar em risco de sermos excomungados da Igreja por estarmos desafiando a Igreja, mas o Papa está errado e Martinho certo. Acredito que devemos segui-lo porque a venda de indulgências são (*sic*) errada, o dízimo é totalmente injusto em função da maneira como nós, camponeses, somos tratados.
Eu acho que a venda de indulgências são (*sic*) errada. Não devemos pagar pelo perdão. Deus é o único que pode nos perdoar. Martinho Lutero disse que [citação do texto de Martinho Lutero]... Ele também disse que [citação]... Então, veja, concordo com Martinho Lutero sobre as indulgências.
Em segundo lugar, acredito que o dízimo seja totalmente injusto! A Bíblia diz claramente que o dinheiro deve ser dado a Deus e entregue apenas ao próprio. Quero dizer, os padres, o Papa e a Igreja são os abastados e ricos da cidade, enquanto os camponeses são pobres e vivem em barracos velhos malcheirosos... Assim, o que concluo disso é que o dinheiro do dízimo deve ser dado a Deus e apenas ao próprio e o restante deve ser dado aos pobres.
Por fim, os camponês (*sic*) não estão sendo tratados corretamente. Muitos deles estão insatisfeitos com a pobreza pois são pobres. Eles deveriam ser capazes de caçar e pescar em suas próprias terras, cortar sua própria madeira e deveriam ser livres...
Devemos seguir Martinho Lutero porque ele está certo. Devemos segui-lo pelas seguintes razões: as indulgências são erradas, o dízimo é injusto e porque os camponeses estão sendo maltratados. Assim, minha família, precisamos seguir Martinho Lutero e precisamos desafiar a instituição e a autoridade da Igreja (18/06/0; Período 4).

A aluna escreveu de modo persuasivo, entusiasmado e corajoso. A professora reconheceu a forte defesa de uma posição por parte da aluna sobre o tema e as evidências fornecidas para apoiar essa posição. A aluna concluiu com um apelo bem fundamentado à família. Ela mostrou uma organização efetiva seguindo uma estrutura de cinco parágrafos. Ela apresenta um forte domínio geral da mecânica da escrita.

Em um estudo realizado na Escola de Ensino Fundamental de Gerona, no vale central da Califórnia, Bunch e Willett (2013) descreveram e analisaram com grande detalhe como o trabalho em grupo e em particular o Ensino para Equidade (COHEN; LOTAN, 1997a) oferecem oportunidades para que os alunos encontrem sentido nas demandas acadêmicas e linguísticas do seu trabalho escolar e desenvolvam suas habilidades de escrita para demonstrarem capacidade como "promotores de sentido produtivos" (BUNCH ; WILLETT, 2013, p. 158). É importante que os professores possam aprender a reconhecer esse tipo de produção de significado na escrita dos alunos, mesmo quando ainda estão em processo de desenvolver o seu inglês. Baseado em um estudo na mesma situação, Bunch et al. (2005) descreveram os tipos de suportes fornecidos aos alunos à medida que atravessam o currículo academicamente rigoroso e intelectualmente desafiador. Além do apoio textual para leitores e escritores com dificuldades, na forma de anotações nas margens do texto nos cartões de recursos, múltiplos rascunhos e revisões e consultas com os colegas e com o professor, os professores também explicitaram as características de uma explicação e persuasão acadêmicas (Quadro 7.1).

Após uma análise de modelo de ensaio, os professores levaram a turma como um todo a escrever um parágrafo introdutório e apresentaram iniciadores de sentenças. À medida que o ano avançou, esses apoios foram sendo gradualmente reduzidos de modo que, na unidade final, os alunos estavam escrevendo seu próprio texto, auxiliados por orientações e rubricas nas margens.

Como o trabalho em grupo aumenta o desempenho acadêmico e o desenvolvimento da linguagem, você verá que todos os alunos e especialmente aqueles que

---

QUADRO 7.1. Persuadindo (Enquanto falam OU escrevem)

Persuadir é defender uma posição e tentar fazer os demais concordarem com ela. Quando *persuadimos*, nós:
- Levamos em consideração as crenças e opiniões de nossa audiência.
- Incluímos argumentos suficientes em apoio às nossas opiniões.
- Respondemos ao "outro lado" do ponto de vista.

Para *persuadir* efetivamente utilizamos as seguintes técnicas:
- Fornecemos argumentos para nosso ponto de vista.
- Destacamos os fatos.
- Apresentamos exemplos.
- Apelamos para as emoções da audiência.
- Apresentamos o ponto de vista contrário ao nosso e destacamos os seus pontos fracos.

estão aprendendo a língua vivenciam mais casos de sucesso acadêmico. Como explicado no Capítulo 10, reconhecer a competência intelectual daqueles que aprendem uma nova língua, em vez de destacar suas limitações na utilização da linguagem em sala de aula, irá contribuir muito para promover as interações de igual *status* nos grupos pequenos. Isso tornará a sua sala de aula um local mais justo.

Desenvolvimento da linguagem e domínio do conteúdo das matérias

Arellano (2003) realizou um estudo investigando os processos pelos quais os estudantes bilíngues adquiriram o inglês acadêmico e aprenderam o conteúdo de estudos sociais em uma sala de aula utilizando o Ensino para Equidade. Ela descobriu que os alunos observados por ela apresentaram um aumento significativo no conhecimento do conteúdo de estudos sociais que haviam estudado, medido por meio do crescimento da pontuação nos testes de múltipla escolha e nas habilidades de linguagem oral e escrita na língua inglesa de que precisavam para demonstrar seu conhecimento. Em sua análise da conversa dos alunos durante as interações em pequenos grupos, Arellano descobriu que, ao longo do tempo, os que estavam aprendendo inglês aumentaram a utilização de funções textuais complexas, tais como explicações e justificativas. À medida que praticavam fazendo apresentações, esses alunos desenvolveram estratégias de comunicação oral que tornaram sua linguagem mais explícita e cada vez mais adequada para audiências formais. Ao examinar os trabalhos escritos, Arellano descobriu um aumento significativo da habilidade de escrever, tanto quando eles concluíram seus relatórios individuais, quanto em seus ensaios de final de unidade. Os estudantes se concentraram nas ideias centrais, incluindo os detalhes e as evidências de apoio, e apresentaram desenvolvimento na utilização de padrões organizacionais nos ensaios. Em sua discussão final, Arellano enfatizou o papel crucial do professor em criar um ambiente de sala de aula capaz de desafiar cognitiva e linguisticamente seus alunos.

Em seu estudo, Swanson (2010) descreve a utilização de tarefas em grupo adequadas ao desenvolvimento da escrita, para apoiar alunos dos anos finais do ensino fundamental, tanto em matemática quanto em termos de linguagem, no momento em que tentavam entender o conceito de números inteiros e escrever sobre a história desses números. Ao utilizarem materiais manipuláveis, pôsteres e palavras no quadro, os alunos construíram uma compreensão de conceitos matemáticos como positivo, negativo, sinal, operação e oposto, e desenvolveram sua capacidade de se envolver oralmente e por escrito com o discurso matemático.

Para examinar as condições nas quais os alunos cumpriram o duplo objetivo de desenvolver proficiência na linguagem e domínio do conteúdo da matéria, os pesquisadores do Programa de Ensino para Equidade em Stanford colaboraram com uma equipe de professores de 7º e 8º anos da Escola Gerona de Ensino Fundamental, no vale central da Califórnia, e lhes deram suporte na utilização do Ensino para Equidade em suas salas de aula principais, heterogêneas em termos linguísticos e acadêmicos (LOTAN, 2008). Descobrimos que ocorreram aumentos significativos na aprendizagem do conhecimento dos conteúdos e utilização da língua inglesa para propósitos acadêmicos por parte de alunos em quatro categorias de proficiência da língua: Falantes apenas de inglês, Proficientes fluentes em inglês renomeados, Proficientes limitados em inglês e Em transição. Para as quatro unidades do currículo de estudos sociais, as notas médias do final da unidade no pós-teste foram significativamente mais altas do que as notas médias no pré-teste para a amostra como um todo, bem como para os alunos nos quatro grupos diferentes de categorias de linguagem. Análises dos ensaios de final de unidade mostraram que os alunos haviam entendido a "ideia central" da unidade, dominado o conteúdo e utilizado estratégias persuasivas e vocabulário próprio da disciplina para comunicar em inglês suas tarefas acadêmicas.

Uma descoberta importante desse estudo fez a conexão entre o nível e a qualidade das interações dos alunos durante o trabalho em pequenos grupos e os desempenhos dos alunos em inglês, tanto no nível individual quanto no grupo. Nossas observações detalhadas em sala de aula documentaram uma interação contínua e consequente associada ao conteúdo das tarefas adequadas ao trabalho em grupo. Os alunos envolvidos em uma "conversa sobre estudos sociais" aprenderam e utilizaram vocabulário e termos específicos de arte associados à disciplina e elaboraram relatórios utilizando a linguagem de apresentação formal. A interação nos grupos serviu como uma ponte da linguagem oral para a escrita à medida que os alunos preparavam seus relatórios individuais bem como suas apresentações do grupo. Descobrimos que a proporção de conversas de apresentação nos grupos pequenos era um indicativo da utilização de estratégias persuasivas pelos alunos em seus ensaios de final de unidade. Além disso, na média, o número de relatórios individuais concluídos por cada aluno estava associado a todas as medidas de desempenho individual.

Fornecer aos alunos oportunidades para o desenvolvimento da linguagem e um conteúdo adequado à faixa etária e intelectualmente desafiador é uma preocupação importante de professores, legisladores e acadêmicos interessados em resultados educacionais mais equitativos. Embora ainda seja um tema político altamente polêmico e atual, este capítulo sugere que, para alcançar tal objetivo, é necessária uma abordagem detalhada da mudança das experiências educacionais dos alunos em salas de aula heterogêneas no âmbito acadêmico e linguístico (ver também MICHAELS; O'CONNOR; RESNICK, 2008). Currículos intelectualmente desafiadores, adequados à idade e à série dos alunos, avaliações significativas e ricas linguisticamente, ambientes de sala de aula densos em conteúdo e a participação de *status* igualitário em pequenos grupos e em contextos com toda a turma são condições necessárias. Seu planejamento cuidadoso do currículo e a instrumentalização profunda do sistema social da sala de aula podem capacitar todos os alunos a participarem de interações produtivas do ponto de vista acadêmico e linguístico – bem como justas.

8

Papéis e responsabilidades do grupo

São apresentadas duas ilustrações de trabalho em grupo em que os alunos apresentam diferentes responsabilidades no gerenciamento da atividade. A primeira é de uma equipe de cinco alunos do 5º ano de uma sala de aula heterogênea do ponto de vista acadêmico e étnico utilizando o Ensino para Equidade. O facilitador está lendo o cartão de atividades com as instruções para fazer um jardim de cristais de sal.

Facilitador: Que tipo de mudanças você observa? Escreva na sua planilha que tipos de mudanças você observa. Se a base secar, adicione 2 colheres de chá de água e 1 colher de chá de amônia. Certo? Você entende o que devemos fazer? [Os membros do grupo sorriem e acenam com a cabeça. O facilitador coloca o cartão de atividades voltado para baixo]. Certo. Qual é o nome do centro? [O grupo ri, vários membros levantam suas mãos e o facilitador aponta para uma menina].

Menina: Jardim de Cristais de Sal?

Facilitador: Você acertou [Coloca o cartão de volta na caixa de plástico e orienta o gerenciador de materiais para distribuí-los. O gerenciador dispõe os materiais e distribui os crachás de papéis para o facilitador, para a pessoa responsável pela limpeza e para o verificador, que se certifica se todas as planilhas foram preenchidas].

Gerenciador de Materiais: Quem é o relator?

Relator: Sou eu [ele pega o identificador de papéis oferecido pelo gerenciador de materiais. O grupo passa cerca de 5 minutos olhando para as imagens no cartão de atividades e trabalhando com os materiais]. Ei, antes de vocês começarem, tenho que escrever as respostas para essa pergunta na planilha do relator: o que vocês acham que vai acontecer nesse experimento de ciências? E não me digam apenas o que vocês preveem. Tenho que escrever por que vocês fizeram essa previsão [o grupo, hesitando no início, mas mais animadamente à medida que prosseguiam, começa a falar sobre como eles pensam que os cristais de sal irão se formar, do mesmo modo que na figura].

A segunda ilustração foi retirada de um relatório escrito de uma equipe de professores de ensino médio iniciantes. Um dos pares trabalhou como professor, e o outro funcionou como observador. O observador está fazendo o relatório da turma de geometria de Mike Leonard.

Esse é um grupo casual e amigável de alunos que parecem se relacionar bem uns com os outros e com seu professor. O Sr. Leonard começa a palestra com uma pequena revisão do dever de casa da última noite. Esse trabalho aborda as habilidades necessárias no trabalho em grupo de hoje. Ele utiliza um retroprojetor; a turma faz muitas perguntas. O Sr. Leonard revisa a tarefa. Cada membro tem pelo menos uma equação de reta para a qual deve encontrar três pares ordenados na relação, desenhar o gráfico das relações, descobrir a inclinação do gráfico e o ponto em que a reta intercepta o eixo y. O grupo tem a responsabilidade de escrever uma explicação para a pergunta y = ?. O Sr. Leonard havia colocado papel gráfico e uma régua de pedreiro em cada mesa antes do início da aula.

Ele agora lê e explica a informação escrita no quadro. Ela inclui uma lista dos comportamentos esperados para o facilitador: (1) se certificar de que todos participem; (2) garantir que a tarefa seja completada em 20 minutos; (3) obter ajuda do professor se todo o grupo não puder responder à pergunta.

Os grupos foram previamente arranjados de modo que os alunos saibam previamente seu grupo e sua localização. O papel do facilitador passa por revezamento, e os facilitadores de hoje recebem crachás para indicar sua função especial. Uma pessoa tem o papel de desenhar os gráficos, devendo representar graficamente todas as equações em um conjunto de eixos e identificá-las claramente.

Em seguida, o Sr. Leonard pede aos alunos que entrem em seus grupos e comecem a trabalhar. É evidente que ele treinou seus alunos previamente porque leva menos de 1 minuto para que todos os estudantes estejam nos grupos e envolvidos na tarefa. Uma vez em seus grupos, alguns alunos ainda não sabem claramente o que a tarefa envolve, mas outros membros a explicam para eles. Todos os alunos parecem estar definitivamente envolvidos em seu trabalho. Mesmo aqueles que o Sr. Leonard descreveu como "academicamente fracos" parecem envolvidos e ativos. Alguns alunos precisam de ajuda para entenderem como encontrar os pares ordenados e para representar graficamente as retas. Eles recebem explicações de outros membros do grupo. Os facilitadores começam liderando, mas à medida que o tempo passa os outros alunos passam a dirigir e "facilitar" tanto quanto a pessoa designada para esse papel.

Os alunos começam a esclarecer a tarefa entre eles e a escolher alguém para desempenhar o papel de desenhar os gráficos. Eles então passam para suas tarefas específicas, produzindo retas e pontos. Esses alunos estão interessados em estimular todos a completarem e lhes entregarem os gráficos para que possam terminar o seu trabalho. Na última fase, o grupo discute uma explicação, enquanto os alunos que se encarregam da representação gráfica produzem seu gráfico resumo. A tarefa é terminada em 20 minutos. O Sr. Leonard agora coloca os gráficos dos grupos no quadro – todos estão corretos. Ele escreve as equações no quadro e segue fazendo perguntas. De modo interessante, vários grupos são capazes de oferecer variações nas respostas corretas. Isso demora 10 minutos e ainda sobram 5 minutos para entregar uma planilha de revisão para o teste de amanhã e um questionário de avaliação do trabalho em grupo. (KINNEY; LEONARD, 1984, p. 9–12).

GRUPOS EFICIENTES E EFICAZES

Como os grupos nas duas ilustrações anteriores evitam problemas de não participação e de dificuldade interpessoal? O segredo do seu sucesso se encontra em parte no planejamento e na preparação séria dos professores e em parte no modo como os membros dos grupos têm algo específico para fazer. Quando o trabalho de cada pessoa recebe um nome e é acompanhado por uma lista de comportamentos esperados, os membros do grupo "recebem papéis específicos a serem desempenhados". Os membros se sentem muito satisfeitos com sua parcela no processo, em grupos com diferentes papéis e/ou com trabalhos a fazer. Tais grupos podem trabalhar de maneira eficiente, sem sobressaltos e de modo produtivo. A utilização de papéis minimiza problemas de não participação ou de domínio por um único membro. Os papéis, como as regras de cooperação, contribuem para o funcionamento tranquilo dos grupos, permitindo desse modo que os professores observem, forneçam *feedback* e estimulem os alunos a pensar colocando questões desafiadoras.

Nas salas de aula de Ensino para Equidade descritas anteriormente, os papéis que os alunos desempenham não estão incluídos nas instruções escritas porque eles não são parte da tarefa que o cartão de atividades descreve. Em vez disso, papéis como facilitador e relator estão associados a *como o trabalho é realizado*. Por exemplo, o facilitador está verificando se os membros do grupo entenderam o que deve ser feito; o relator está estimulando o pensamento e a discussão científicos sobre a tarefa. Esses são chamados de papéis "como". Além de desempenharem um papel "como", todo mundo participa totalmente da discussão, da criação do produto do grupo e da preparação do relatório. Todo mundo tem de completar um relatório individual. Pela atribuição de papéis "como", o professor delega a membros do grupo muitas das tarefas que ordinariamente são por ele realizadas: manter o grupo envolvido na tarefa, assegurar boas relações sociais, organizar a limpeza e resumir o que foi aprendido pela turma.

Quando cada membro do grupo estiver fazendo parte do trabalho, existe uma *divisão do trabalho*. A tarefa do Sr. Leonard é um exemplo de tal divisão: cada aluno tem de fazer uma equação, mas os resultados de todas as equações são necessários para o produto final. Quando uma parte especializada da tarefa atribuída possui um nome e expectativas específicas de comportamento, nós a chamamos de papel "o quê". "O quê" se refere à substância da tarefa do grupo em oposição a como o grupo realiza suas funções. O aluno que traça as retas é um exemplo de papel "o quê". Para completar a tarefa, esse aluno tem de pegar a equação de cada um e representá-la graficamente no produto final. Observe que o Sr. Leonard combina isso com o papel "como" de um facilitador que se certifica da participação de todos, acompanha o processo para que o trabalho seja realizado a tempo e procura a ajuda do professor se necessário. Alguns professores combinaram os papéis "como" com os papéis que os alunos assumem no ensino recíproco (PALINSCAR; BROWN; CAMPIONE, 1989), tais como questionador, alguém que faça o resumo ou alguém capaz de fazer previsões.

PAPÉIS "COMO"

Os papéis utilizados no Ensino para Equidade ajudaram a assegurar uma discussão de alta qualidade e um produto bem desenvolvido e no prazo. Ao ter um gerenciador de materiais, apenas uma pessoa se deslocava pela turma reunindo o necessário. A pessoa encarregada da limpeza orientou o grupo a limpar a mesa de modo que os professores não tivessem de retirar o lixo depois. O facilitador ajudou aqueles alunos que não podiam ler as instruções da tarefa e se certificou de que os membros do grupo desempenharam seus papéis. Finalmente, o relator organizou o relatório pedindo a todo o grupo que discutisse o que ele ou o grupo comunicariam à turma. Assim, ele garantiu uma apresentação consistente, baseada em um extenso intercâmbio de ideias.

Papéis de liderança

Existem vantagens em utilizar líderes. No mundo adulto do trabalho, há pouquíssimos grupos sem líderes. Quando uma pessoa é indicada para liderar, há menos disputas por influência entre os membros do que em grupos sem líderes, porque a hierarquia de *status* é clara (o líder está no comando); o líder é encarado como legítimo, ou seja, é apoiado pela pessoa no comando, o professor. Quando cada decisão do grupo tem de ser tomada por consenso, o funcionamento do grupo é mais rápido e eficiente. O professor tem como parte do seu poder a indicação dos líderes para cada equipe. Além disso, o professor tem a autoridade de dizer exatamente o que o líder de grupo tem o direito e a obrigação de fazer em relação aos demais.

Do ponto de vista educacional, a utilização de um líder forte apresenta algumas desvantagens. Os membros do grupo podem ter muito pouco a ver uns com os outros e podem simplesmente responder às orientações do líder. Se a tarefa envolver uma discussão em grupo, um líder forte tende a dominá-la. Os membros tenderão a escutar mais o líder a respeito do conteúdo da tarefa, mesmo que outros membros do grupo tenham ideias mais valiosas. Além disso, se o líder estiver constantemente dizendo de quem é a vez, o volume das trocas entre os membros do grupo é muito reduzido. Um líder com o poder de orientar a discussão e tomar decisões finais em geral fará o grupo desistir e deixar que o líder faça toda a tarefa. Tome cuidado com situações em que o papel de líder do grupo é retirado do membro legitimamente indicado. Nesse caso, o problema de uma dominação indesejada se torna ainda mais desagregador.

Técnicas de liderança limitada

Como um professor pode obter a eficiência de um líder sem sacrificar a aprendizagem ativa que ocorre durante o intercâmbio criativo? Se o papel de liderança for adequadamente estruturado, pode-se ter o benefício do intercâmbio criativo e a eficiência de um papel de liderança para uma tarefa de curto ou longo prazo.

Um facilitador que atue como um líder limitado não é um chefe com direitos executivos de tomada de decisão. Todos no grupo precisam entender que o facilitador não tem controle sobre a decisão ou o conteúdo da discussão. Em vez disso, seu papel se limita a funções tais como assegurar que todos participem, mantendo o grupo envolvido com a tarefa e longe de questões irrelevantes, e/ou certificando de que o grupo tome decisões claras no tempo alocado pelo professor. Papéis facilitadores podem ser adaptados para tarefas ou turmas particulares.

A utilização de tal papel de liderança claramente definido, embora limitado, tem a vantagem da eficiência porque um dos membros é responsável pelo processo do grupo. Essa utilização apresenta a vantagem adicional de impedir disputas de *status* e dominação por membros do grupo que apresentam posição acadêmica ou social elevada. Sem dúvida algo é perdido em relação a um grupo livre, sem líderes, bem treinado e com intercâmbio total entre seus membros, mas, como muitas outras decisões no planejamento do trabalho em grupo, existe uma troca nas vantagens e desvantagens relativas de cada estratégia.

Pesquisas sobre o Ensino para Equidade revelaram que a utilização de facilitadores aumenta a frequência das conversas e do trabalho conjunto no grupo (ZACK, 1988). Quando o facilitador pergunta se todos entenderam o cartão de atividades, os membros frequentemente se envolvem em uma boa discussão sobre o que devem fazer e sobre que estratégias devem utilizar. Além disso, as conversações ocorrerão se for oferecida ajuda de modo que as pessoas não sejam deixadas sozinhas ao se esforçarem para realizar a tarefa.

Moderador do grupo

Um moderador de grupo pode facilitar a resolução dos conflitos interpessoais, estar atento aos sentimentos dos membros individuais e incentivá-los ao comprometimento e à disciplina, a fim de ajudar a manter a unidade da equipe. Você pode adaptar o papel do moderador de maneiras diferentes para faixas etárias diferentes. Os alunos mais jovens podem ser capazes apenas de comentar favoravelmente as ideias dos outros. Uma versão do papel do moderador poderia incluir as seguintes responsabilidades: assegurar que os canais de comunicação estejam abertos; encorajar respostas positivas; desencorajar comentários "humilhantes". Com alunos mais maduros, o moderador do grupo deve aprender sobre como abordar muitas das necessidades socioemocionais que surgem durante o trabalho em grupo e utilizar as técnicas de resolução de conflitos apresentadas anteriormente.

Papéis para alunos mais velhos e mais jovens

Com grupos mais maduros que têm a tarefa de sintetizar as produções individuais em um relatório escrito ou oral, um excelente papel especializado é o daquele que elabora um resumo (ou sintetizador). Um sintetizador trabalha com um *laptop*, um *tablet*, um celular ou cartaz de papel na frente do grupo, anotando as ideias-chave que estão sendo discutidas. Ele não está apenas registrando; ela deixa de lado temas irrelevantes e destaca as discordâncias entre as ideias que terão de ser resolvidas. A vantagem desse papel é que ele tende a despersonalizar a discordância; o argumento é entre *ideias* em vez de entre indivíduos que propuseram as ideias. O grupo ganha em objetividade. Aqueles que não desejam fazer comentários negativos sobre as ideias dos outros quando estão cara a cara são capazes de criticar objetivamente quando estão diante de ideias separadas das pessoas.

Outro papel útil para os alunos mais maduros é o de uma pessoa que atua como fonte de informação. Esse aluno é responsável por ajudar o grupo a utilizar os materiais relevantes para discussão. Alguns professores introduzem materiais em uma pequena palestra acompanhada de um folheto ou de referências sobre os principais conceitos. Na tarefa de trabalho em grupo que ocorre após a palestra, são feitas várias perguntas aos grupos que exigem utilização e aplicação de conceitos. A pessoa que fornece informações utiliza o folheto ou o livro didático, ou procura na internet respostas para as perguntas levantadas pelo grupo durante a discussão.

Um registrador pode prover ao grupo notas, diagramas ou resumos da discussão. Isso é particularmente útil para ajudar a elaboração e a finalização do relatório do grupo. O registrador também pode se certificar de que todos terminem o relatório individual.

O papel de relator é frequentemente utilizado tanto para grupos mais jovens quanto para alunos mais velhos que cooperam. Infelizmente, ele poucas vezes alcança seu potencial total. A menos que o papel seja desenvolvido de modo adequado, o relator se esforça, nos minutos finais da atividade, para pensar no que dizer. O produto final pode ser tão reduzido que a turma não tenha uma ideia clara sobre o que esse grupo descobriu. Ou então o relatório pode apresentar pouca semelhança com a conversa real do grupo. Os professores reclamam com frequência de que os relatórios são entediantes e repetitivos e que a audiência se torna inquieta e desatenta.

Para preparar um relatório bem-sucedido, o relator sustenta uma discussão com o grupo sobre o que deve ser escrito. Ele esclarece aos alunos que o relatório como um todo é responsabilidade do grupo. O relator é apenas o porta-voz e o organizador do relatório. O grupo pode decidir que várias pessoas devem participar da redação final. O relator que tenha receio de falar em público ou cuja proficiência oral em inglês esteja em um nível inicial pode solicitar que outros membros do grupo o acompanhem ou ajudem a apresentar as conclusões. Se o produto for uma dramatização ou a apresentação de uma construção concreta, o relator pode atuar como um anunciador ou narrador, resumindo brevemente a atividade para introduzir a apresentação para a turma. Quando o relator tem a oportunidade de ensaiar o relatório com o grupo, a qualidade é muito maior. Você pode especificar um formato ou uma estrutura, esclarecer os elementos necessários e estabelecer um limite de tempo razoável para a realização de um relatório conciso e claro.

Em um estudo sobre o papel do relator, Ehrlich (1991) experimentou interromper o grupo para uma discussão formal semelhante àquela realizada pelo relator na primeira ilustração deste capítulo. Os relatores receberam um formulário especial e tiveram tempo para discutir com o grupo as respostas a um conjunto de perguntas durante o preparo do seu relatório para a turma. O trabalho do relator aprimorado foi o de encorajar o grupo a pensar e conversar junto e, como um grupo, responder às perguntas do formulário especial. Essas perguntas foram cronometradas no início da tarefa, na metade e ao final. Elas foram planejadas para estimular o pensamento científico. Por exemplo, foi solicitado ao grupo que especificasse suas previsões para o experimento, suas observações, as inferências feitas a partir delas e o grau com que as suas previsões foram apoiadas pelas observações. Turmas de 5º ano que receberam esse tratamento foram comparadas a turmas utilizando o mesmo currículo e técnicas para aprendizagem cooperativa, mas sem preparação especial ou formulário para o papel do relator. As observações em sala de aula revelaram que os alunos interagiram com mais frequência quando foi utilizado o formulário do relator do que quando não foi utilizado. Em uma tarefa de resolução de problemas baseada em critérios, os grupos de turmas que haviam vivenciado o papel de um relator aprimorado apresentaram mais comportamentos indicativos de um pensamento científico: fazer perguntas racionais, solicitar justificativas, fazer previsões, levantar hipóteses, inferir e concluir. Ehrlich considerou os alunos de 5º ano como os mais jovens capazes de gerenciar essas perguntas desafiadoras para discussão.

Em um estudo experimental sobre o uso de critérios de avaliação do produto do grupo e do relatório individual, Abram et al. (2002) descobriram que, em salas de aula que utilizam critérios claramente articulados, os alunos passaram mais tempo avaliando os seus produtos e discutindo os conteúdos do que os alunos em salas de aula que não utilizaram critérios de avaliação. Essa autoavaliação e as conversas durante a realização da tarefa foram, por sua vez, significativamente relacionadas à aprendizagem, como indicado por um ensaio de unidade final.

Crianças pequenas gostam de desempenhar papéis que envolvem a presença de responsabilidades evidentes. As crianças que preparavam um jardim de cristais de sal no início deste capítulo ilustram o conjunto de papéis utilizado por professores de 3º a 6º anos para Descoberta, um currículo bilíngue desenvolvido por De Avila e Duncan (1980) para desenvolver habilidades de pensamento no contexto de atividades de matemática e ciência. O sistema de gerenciamento da sala de aula que Cohen e seus alunos de graduação criaram para essa abordagem foi a versão inicial da educação complexa: grupos heterogêneos de quatro ou cinco crianças distribuídas entre cinco ou seis centros de aprendizagem. Todas as salas de aula utilizam facilitadores, selecionados pelos professores a partir dos outros papéis na lista a seguir, de acordo com suas próprias situações e para encaminhar as necessidades de uma tarefa em particular:

> *Facilitador:* Certifica-se de que todos obtenham a ajuda de que precisam para realizar a tarefa; é responsável por procurar respostas para as perguntas dentro do grupo; o professor é consultado apenas se ninguém no grupo puder ajudar.
>
> *Verificador:* Certifica-se de que todo mundo tenha completado seu relatório individual.
>
> *Organizador:* É responsável por organizar todos os materiais no centro de aprendizagem. Eles são armazenados de tal maneira que uma criança possa facilmente obter acesso àqueles de que precisa. Figuras ajudam a dizer às crianças quais materiais serão necessários e onde eles serão colocados.
>
> *Gerenciador de materiais:* É responsável por obter materiais e recursos e por retirá-los adequadamente.
>
> *Oficial de segurança:* É responsável por supervisionar os outros alunos durante tarefas que envolvam calor ou bordas pontiagudas e por notificar um adulto sobre situações potencialmente perigosas.
>
> *Relator:* É responsável por organizar o relatório do grupo e sua apresentação para a turma.

DIVIDINDO O TRABALHO

Existem tantas maneiras de dividir o trabalho dentro dos grupos e entre eles que o verdadeiro limite depende apenas da imaginação do professor. Para fornecer uma ideia das possibilidades, deixe-nos apresentar três exemplos.

A controvérsia construtiva, desenvolvida e avaliada pelos Johnsons (JOHNSON; JOHNSON, 1985, 2009b; SMITH; JOHNSON; JOHNSON, 1981), ilustra um método em que a utilização elaborada dos papéis "o quê" e uma mudança da divisão de trabalho promoveram de modo bem-sucedido discussões de alto nível, que levaram à compreensão de conceitos. Em um estudo sobre controvérsia construtiva, os alunos trabalharam em grupos de quatro pessoas ao longo de várias aulas. Primeiro, os pares de alunos que haviam recebido informações relevantes assumiram os lados opostos de um debate sobre conservação *versus* interesses econômicos, a respeito da proposta de reintrodução de lobos em Minnesota. Cada um dos alunos desempenhou papéis relevantes nos pares, tais como fazendeiro ou rancheiro. Depois, os pares apresentaram os pontos de vista opostos. O outro par foi motivado a escutar atentamente, porque a terceira fase exigiu que os pares trocassem de lado e debatessem o tema, utilizando a informação que havia sido apresentada. Na fase final, todo o grupo teve de chegar a um ponto de vista consensual sobre o tema e escrever um relatório de grupo. Esse método foi considerado superior tanto ao debate convencional ou a simples grupos de discussão, tanto no que se refere à qualidade dos argumentos quanto ao resultado de um teste de aprendizagem.

Uma segunda possibilidade é a técnica do especialista: divida a turma em grupos, solicitando a cada grupo que prepare as respostas a um diferente conjunto de perguntas de estudo. Diga aos alunos que eles devem garantir que cada pessoa no grupo seja capaz de funcionar como um especialista nas respostas ao seu conjunto de perguntas na segunda fase. Para a segunda fase, divida os especialistas de modo que exista um especialista para cada conjunto de questões em cada grupo. Em seguida, instrua o grupo a repassar todas as perguntas, com o especialista residente atuando como um líder das discussões para o seu conjunto de questões. Essa é uma adaptação do Método do Quebra-cabeça de Aaronson (1978). Nós o recomendamos apenas para turmas que sejam muito adeptas da leitura. Caso contrário um "especialista" pode experimentar um constrangimento público por ser incapaz de dominar os materiais de estudo no tempo disponível.

Como uma terceira possibilidade, divida a tarefa de modo que cada pessoa desempenhe um papel diferente e complementar. Um grupo técnico, como a tripulação de uma aeronave ou a equipe de um centro cirúrgico, funciona dessa maneira. As pessoas trabalham juntas de uma maneira muito próxima, mas cada uma delas tem um trabalho diferente a realizar – todos são exemplos de papéis "o quê". Cohen utilizou esse método com sucesso no Centro para Cooperação Inter-racial, uma escola de verão em que os estudantes fazem filmes em grupos inter-raciais (COHEN; LOCKHEED; LOHMAN, 1976). Os papéis foram divididos em câmera, diretor, escritor, ator e assim por diante. Durante as semanas de duração da escola de verão, todos os alunos desempenharam cada um dos papéis. Para a situação inter-racial, essa técnica tem a grande vantagem de ensinar os alunos que, se tiverem a chance de desempenhar um papel especializado, diferentes pessoas podem fazer contribuições muito diversas e criativas para o grupo.

As técnicas de dividir o trabalho e de utilizar os papéis "o quê" apresentam dois problemas especiais. O primeiro é obter ajuda para as pessoas que não conseguem desempenhar seu papel especializado sem auxílio. Muitos professores tentam resolver esse problema escolhendo aqueles alunos que já tiveram sucesso em desempenhar papéis específicos tais como escritor de histórias, ator ou ilustrador.

Entretanto, essa estratégia tem o efeito indesejável de classificar as pessoas e de não permitir que elas ampliem seu repertório por meio da vivência de novos papéis. O segundo problema é o de manter a interação do grupo e a troca de ideias. Se todos estiverem fazendo seu trabalho, pode ser que não exista uma base para a interação.

A técnica da controvérsia construtiva utiliza papéis como rancheiro e fazendeiro, mas cada lado da controvérsia trabalha em pares complementares para utilizar materiais escritos e construir uma argumentação. Desse modo, um leitor esforçado pode receber ajuda. Além disso, o grupo apresenta uma fase integradora final em que todos colaboram igualmente para propor um relatório definitivo, resolvendo assim o problema de assegurar a interação.

No segundo exemplo, o grupo de especialistas fornece assistência para qualquer membro que não esteja confiante em desempenhar um papel de especialista na segunda fase. O grupo ensaia com alguns dos seus membros se necessário. Assim, ninguém que deveria ser "especialista" é abandonado ao fracasso. Embora os alunos desempenhem papéis especializados em determinadas perguntas na segunda fase, eles trabalham juntos como um grupo sem líder em um primeiro momento, garantindo assim a troca de ideias.

No terceiro exemplo, o da equipe de filmagem, a tarefa envolve grupos que trabalham de maneira muito independente. Eles devem interagir extensamente enquanto trabalham e veem os resultados das suas tentativas de produzir um filme. Além disso, os papéis mudam, de modo que ninguém é classificado como ator, câmera ou diretor.

ATRIBUINDO PAPÉIS

Como você pode ter certeza de que os alunos irão aceitar os papéis que você atribuir e estarão dispostos a desempenhá-los? As recomendações a seguir podem ajudar a garantir a eficácia da atribuição de papéis:

- Torne pública a atribuição de uma tarefa para um membro específico do grupo. Os outros membros reconhecerão que você deu a essa pessoa a autoridade para atuar como facilitador, relator ou gerenciador de materiais.
- Faça um rodízio de papéis de modo que todos os membros do grupo ao final venham a desempenhar todos os papéis.
- Especifique detalhadamente o que cada pessoa que desempenha o papel deve fazer e quais são suas responsabilidades.
- Certifique-se de que todos os membros do grupo sabem quais são as responsabilidades de cada papel.

Muitos professores acharam útil descrever os comportamentos esperados para cada papel e os apresentaram com destaque na sala de aula. Isso ajudará a esclarecê--los. Também fará todos entenderem que o facilitador (ou qualquer um dos outros papéis) está apenas fazendo o que o professor orientou. Quando isso é feito, mesmo o mais tímido dos alunos deseja dar um passo à frente e ser um facilitador se você lhe pedir, e os membros do grupo irão tratá-lo com respeito.

Uma atribuição decidida e clara de papéis é particularmente importante para funções de liderança. Suponha que o facilitador tente acalmar alguém que esteja dominando a conversação: "acho que o grupo entendeu o que você falou; temos de ouvir outras ideias". A menos que o alvo desse comentário entenda que o trabalho de facilitador envolve dar a cada um a chance de contribuir, ele tende a encarar tal comentário como um insulto pessoal. O objetivo de toda essa clareza, especificidade e publicidade é fazer os membros do grupo compreenderem que o líder está se comportando de um determinado modo apenas porque se espera que ele aja dessa forma como parte do trabalho. Como descrito no Capítulo 7, as funções e formas de linguagem associadas a certos papéis auxiliam o desenvolvimento da linguagem em alunos que estão começando a aprender a língua ou que se encontram no início do nível intermediário.

Ao escolher alunos para posições de liderança, não tente selecionar pessoas que pretensamente possuem "características típicas de líder". Dê a cada um a chance de experimentar o papel de facilitador em algum momento. Como os professores em geral acreditam que alguns alunos têm a capacidade para papéis de liderança, eles tendem a escolher o aluno mais bem-sucedido em termos acadêmicos ou o mais popular. Líderes com elevado *status* social são às vezes escolhidos por uma razão prática: os professores frequentemente se preocupam que, a menos que conquistem tais alunos, eles podem ser uma fonte de problemas durante o trabalho de grupo.

É verdade que, nas condições comuns da sala de aula e do pátio, apenas alguns alunos são capazes de persuadir outros a agirem como pedem. Porém, as condições são diferentes no trabalho em grupo e de um modo muito importante. O facilitador não tem de afirmar a liderança em um grupo informal. Ao contrário, o facilitador foi *indicado* pelo professor para desempenhar um papel específico em um grupo específico. Em outras condições, um aluno com um *status* baixo ou intermediário na sala de aula teria dificuldade em orientar um grupo. Se o papel for definido de modo claro e publicamente, e se os alunos forem preparados para qualquer habilidade que lhes for exigida (ver a discussão a seguir), muitos podem atuar de forma excelente como facilitadores.

A oportunidade de desempenhar um papel como esse é um impulso muito necessário para o *status* de vários alunos que são encarados como tímidos, pouco firmes ou ineficazes. É especialmente importante que meninas tenham a chance de desempenhar papéis de liderança. Na média, menos meninas são espontaneamente encaradas como líderes pelos professores ou pelos colegas (LOCKHEED; HARRIS; NEMCEFF, 1983). Leal (1985) descobriu que, quando tiveram a chance de desempenhar o papel de facilitador na aprendizagem cooperativa, as meninas foram vistas como líderes tanto quanto os meninos. Quando existem poucos alunos de minorias na sala de aula, é importante indicar um deles para que desempenhe um papel de liderança, a fim de combater o sentimento de ausência de poder que eles podem experimentar em uma sala de aula com poucos alunos como eles, em uma escola com poucos professores ou administradores com sua origem racial ou étnica.

Quando um aluno com baixo *status* tenta desempenhar o papel de facilitador, às vezes você verá os membros do grupo desprezarem-no e desempenharem o papel por conta própria. Como mencionado anteriormente, fique atento a esse fato e tenha o cuidado de não deixar que aconteça. Torne os alunos responsáveis pelo desempenho de seus próprios papéis, sem a apropriação indevida dos papéis dos outros. É mais fácil agir assim quando todos estão utilizando um crachá indicando sua função específica no grupo. Assim, você e todos os outros sabem o que cada um deve fazer.

Se você deixar o grupo escolher seus próprios papéis, eles tenderão a dar aquele papel que percebem como mais desejável e poderoso para o aluno com o *status* mais elevado. Como você não quer reforçar a hierarquia de *status* que já existe na sua sala de aula, isso obviamente não é uma boa ideia. Deixe claro que todos terão a chance de desempenhar todos os papéis por meio do rodízio sistemático de funções. A maneira mais fácil de fazer isso é por meio do uso de uma tabela (ver Fig. 5.1) em que as legendas das linhas representam os vários papéis. Os alunos podem ver que você está sistematicamente deslocando seus nomes para baixo da tabela, a cada nova tarefa do grupo ou a cada dia, de modo que eles desempenham novos papéis sempre.

DESENVOLVENDO PAPÉIS

A utilização de papéis se tornou muito popular entre professores que promovem aprendizagem cooperativa. Entretanto, é comum descobrirmos que os alunos não estão desempenhando os papéis a eles atribuídos. Por que isso ocorre? À medida que se deslocam pela sala, muitos professores esquecem de verificar se os papéis estão sendo bem executados. Além disso, em geral os alunos não se sentem confortáveis ou capazes de se comportar de acordo com as novas e diferentes maneiras especificadas para sua posição. A utilização de papéis exige muito mais desenvolvimento e aprendizagem do que a maioria dos professores pode imaginar.

Quanto mais novo o aluno, mais tempo é necessário para desenvolver a clareza e as habilidades das tarefas do grupo. Crianças mais novas tiveram muito menos experiência em desempenhar uma variedade de papéis que alunos mais velhos e adultos. Desempenhar esses papéis é semelhante ao teatro e, portanto, é útil que os alunos tenham algumas frases padrão para começar. Por exemplo, um facilitador pode dizer: "todos entenderam o cartão de atividades?". Um moderador pode perguntar se todos se sentem bem sobre a decisão a que o grupo chegou. Em uma discussão inicial sobre papéis, a turma pode desenvolver alguns roteiros sob a sua orientação. Os alunos precisam de uma chance para praticar esses novos comportamentos e assim você pode simular que eles estejam em grupos e praticar esses papéis.

Alunos mais velhos podem apresentar alguma resistência à formalidade dos papéis, argumentando que inibem o fluxo livre do seu trabalho. Explique para eles que os trabalhos em grupo de adultos utilizam papéis semelhantes como forma de aprimoramento. Será um longo caminho até convencê-los de que será útil aprender como preencher as responsabilidades incorporadas a esses papéis.

Discutir os papéis durante o encerramento é uma boa maneira de reforçá-los e destacar para os alunos como eles podem contribuir para o bom funcionamento do grupo. Observe como as pessoas estão desempenhando seus papéis e faça anotações à medida que você se desloca pela sala de aula. Levante temas para discussão baseados em suas observações. Traga bons exemplos que ilustrem a necessidade de desenvolver algumas estratégias alternativas se as coisas não estiverem funcionando da maneira como você espera. Escreva as novas estratégias e ofereça oportunidades práticas. Não hesite em apontar se as pessoas não estiverem desempenhando seus papéis e de pedir ao grupo que cuide desse problema.

Preparando facilitadores

Suponha que você queira que um facilitador promova uma rica discussão. Os típicos alunos de 6º ano raramente têm uma ideia clara do que seja uma boa discussão e podem carecer de estratégias produtivas para persuadir os membros do grupo a mudarem seus comportamentos. Portanto, a menos que você esteja muito certo de que eles saibam como agir, é prudente treinar os facilitadores potenciais para desempenharem suas funções.

Wilcox (1972) pesquisou como preparar alunos de 5º e 7º anos de salas de aula de escolas de bairros pobres para atuarem como facilitadores bem-sucedidos. Em seu estudo, alunos em grupos conduzidos por líderes treinados eram significativamente mais ativos e apresentavam uma troca notavelmente maior de ideias que alunos em grupos com líderes não treinados. A interação em grupos com líderes não treinados era muito variável; alguns pareciam ser tão bons quanto os grupos com líderes treinados, enquanto a interação em outros grupos deixou muito a desejar.

Wilcox (1972) decidiu treinar os líderes que não eram nem os indivíduos mais populares socialmente nem os menos populares de suas salas de aula. Aqueles alunos escolhidos como líderes treinados receberam a tarefa de ajudar o grupo a alcançar os três critérios para uma boa discussão em grupo:

- Dar a cada indivíduo uma oportunidade justa.
- Fornecer argumentos para as ideias.
- Fornecer ideias diferentes.

Durante a sessão inicial de preparação, foi dito o seguinte aos líderes de grupo:

Existem maneiras diferentes de uma pessoa ser líder. Diferentes pessoas têm ideias diferentes do que significa ser um bom líder. Algumas pessoas pensam que ser um líder significa dizer a todos o que fazer praticamente a toda hora. Outras acham que um bom líder significa deixar todo mundo agir como quiser – sem interferir na sua diversão. E alguns pensam – e essa é a minha ideia também – que um bom líder se encontra entre essas duas situações. Creio que um bom líder significa ser parte de um bom grupo – conversando com os outros membros – deixando que todos coloquem suas ideias – sendo igual a todos os outros membros – desde que tudo esteja indo bem.
Porém, se as coisas não estiverem indo bem, um bom líder sabe como ajudar seu grupo. Quando as coisas não estão indo bem? (As crianças podem sugerir e, caso não o façam, o professor deve mencionar um grupo em silêncio, aquele que não participa, o monopolizador). Se alguém no grupo nunca dá a chance de falar a outras pessoas – ou se uma pessoa não fala – um bom líder pode ajudar fazendo perguntas – ou lembrando ao indivíduo muito falante que outras pessoas também precisam de uma chance para falar. Conversaremos sobre como fazer isso sem deixar os outros alunos irritados. Mas lembre-se: o bom líder utiliza essas ideias apenas quando são necessárias. Na maior parte do tempo, o bom líder é como qualquer outra pessoa no grupo, escutando e falando alternadamente. (WILCOX, 1972, p. 145).

Wilcox ensinou aos líderes como eles poderiam fazer o grupo aderir aos critérios. Os estudantes então ensaiaram uma discussão como a que deveriam liderar. Eles foram orientados a interromper a discussão do grupo após cerca de 5 minutos e pedir aos membros que avaliassem como estavam se saindo com base nos critérios do cartão de sugestões.

Observe o modo como Wilcox (1972) enfatizou um papel de liderança limitado, de modo que os líderes estudantis não se tornassem dominantes, particularmente na área da decisão final do grupo. Ela se certificou de que eles reconheceriam o comportamento de um líder indesejável fazendo um filme especial de treinamento, mas existem maneiras menos elaboradas de alcançar esse objetivo. Podemos desempenhar o papel de um líder que domina a discussão do grupo, pedir que um dos alunos desempenhe esse papel ou filmar uma sessão simulada com um facilitador excessivamente dominante.

Essa não é a única maneira de preparar facilitadores. Entretanto, ela realmente ilustra a importância de definir o papel e preparar de forma cuidadosa novas habilidades. Independentemente da idade dos alunos, o instrutor deve sempre tentar alcançar esse tipo de clareza e parar de analisar se os facilitadores indicados possuem ou não as habilidades necessárias para desempenhar esse papel.

PROJETOS DE LONGO PRAZO

Para projetos de longo prazo, é possível utilizar grupos sem líderes para etapas selecionadas. Tenha em mente que grupos de consenso com ou sem liderança formal e sem divisão de trabalho são muito dispendiosos em termos de relações interpessoais e dos níveis de habilidades sociais necessárias. Eles tendem a apresentar problemas de *status* em que uma pessoa domina o grupo ou disputas de *status* em que várias pessoas lutam pela dominância. Assim, é recomendado que tais grupos sem liderança sejam utilizados apenas a curto prazo.

Se o projeto for de longo prazo, uma possibilidade é a de retirar aquelas etapas ou fases da tarefa em que as trocas e a resolução de problemas sejam mais críticas. Essas etapas específicas podem ter uma estrutura de grupo sem liderança, enquanto todo o resto do projeto pode se beneficiar de combinações de divisão de trabalho e papéis especiais para diferentes membros do grupo, inclusive os de liderança. Lembre-se de que o intercâmbio criativo não será alcançado sem algum tipo de preparação especial e socialização de normas de comportamento durante a discussão em grupo.

Duas das etapas de um projeto de longo prazo que se beneficiam de um intercâmbio criativo são a sessão de planejamento inicial e a integração do produto final. Obviamente o resultado do projeto é em grande parte determinado pela profundidade da análise do problema e da qualidade das decisões. Se os alunos estiverem discutindo um projeto de estudos sociais sobre as habitações dos Pueblo, seu relatório ou apresentação final deve ser tão bom quanto sua análise sobre quais materiais importantes devem ser reunidos e quais atividades devem ser realizadas por membros individuais do grupo. Em um nível mais avançado de escolaridade, se for pedido ao grupo que faça uma pesquisa na biblioteca ou na internet sobre um aspecto de um tema específico a fim de escrever um artigo coletivo, a qualidade desse artigo depende da análise intelectual inicial e da subsequente síntese e organização do produto final.

Além dessa razão principalmente intelectual para desejar uma discussão detalhada e aberta dos planos iniciais do projeto, há uma importante razão sociopsicológica para fazer cada um participar igual e plenamente na fase inicial de planejamento. A menos que os membros sintam que têm uma forte participação nas decisões, eles tendem a perder motivação quando surgem as dificuldades em realizar suas tarefas. Se, ao contrário, todos sentirem que tiveram uma oportunidade justa de contribuir para os planos iniciais e aceitaram a decisão do grupo, após discutir o tema amplamente e se comprometer de alguma maneira razoável, existirão poucos membros que desapontem o grupo ao não cumprirem suas atribuições. Os outros se sentirão livres para dizer: "você participou e concordou que essa era uma maneira razoável de fazer o trabalho. Então agora você tem de fazer a sua parte!".

Quando as peças do produto final forem reunidas, o grupo estará pronto para outra etapa, que exige um intercâmbio aberto. Um grupo sem liderança pode ser mais uma vez utilizado nesse momento. A equipe precisa saber o que cada membro descobriu, particularmente se o grupo tiver passado por um período em que seus membros ficaram sozinhos, pesquisando ou criando materiais para o produto final. Embora uma parte desse processo possa ocorrer por meio da leitura e do exame da produção dos membros individuais, os principais benefícios intelectuais têm origem na avaliação, análise e síntese do que cada pessoa aprendeu. Essa discussão pode fazer o grupo encarar o problema de maneiras novas e diferentes. A integração é uma tarefa desafiadora tanto intelectualmente quanto em termos interpessoais. A crítica e a avaliação dos outros nunca são facilmente recebidas, mas são essenciais para um bom produto final.

Durante a fase média, quando o trabalho tiver sido dividido, as pessoas podem realizá-lo de maneira muito independente. Nessa etapa, é desejável haver um leitor que atue como um centro para a comunicação do grupo e que mantenha tudo avançando.

Investigação em grupo

A investigação em grupo, inicialmente desenvolvida por Sharan e Hertz-Lazarowitz (1980) e posteriormente refinada (SHARAN; SHARAN, 1992), é um método sofisticado para projetos a longo prazo utilizando unidades de planejamento, divisão de trabalho e papéis "como" para o gerenciamento do grupo. Avaliações repetidas em salas de aula heterogêneas mostraram que ela é particularmente efetiva no ensino de conceitos que exigem habilidades cognitivas mais elevadas e na produção de comportamento mais cooperativo e altruísta (SHARAN; HERTZ-LAZAROWITZ; ACKERMAN, 1980; SHARAN; SHACHAR, 1988; SHARAN; SHARAN, 1992). Na investigação em grupo, os alunos atuam como acadêmicos criativos, pesquisando e construindo seu próprio conhecimento. Para alcançar esses objetivos, eles devem trabalhar juntos em estreita colaboração. O processo do trabalho em grupo é assegurado de várias maneiras: construindo compromisso com o grupo e seu projeto, utilizando a divisão de trabalho e habilidades para cooperação. Se seu objetivo for o de capacitar os alunos a construírem seu próprio conhecimento e se você tiver sido bem-sucedido em tarefas de curto prazo com habilidades cooperativas, utilização de papéis "como" e divisão de trabalho, você pode desejar planejar tal projeto de longo prazo. Lembre-se de que a investigação em grupo exige uma combinação de todas essas estratégias, bem como um apoio habilidoso e supervisão por parte do professor.

9

O papel do professor: deixar os alunos livres e construir parcerias

Pergunta: Qual é sua percepção mais importante sobre o ensino que você gostaria de ter conhecido nos seus primeiros dois anos de experiência?
Resposta: Deixar que os alunos façam mais e eu menos. Essa foi uma lição difícil de ser aprendida ao longo dos anos. Eu utilizo muito a aprendizagem cooperativa, atividades práticas e questionamento na turma, e foi difícil aprender a recuar e deixar as coisas acontecerem.

(Paul Martini, professor de ciências da Escola de Ensino Médio de Woodside – Woodside High School, Woodside, Califórnia)

O trabalho em grupo muda drasticamente o papel de um professor. Com ele, você não é mais um supervisor direto dos alunos, responsável por garantir que façam seu trabalho exatamente como você os orienta. Não é mais sua responsabilidade buscar cada erro e corrigi-lo de imediato. Em vez disso, a autoridade é delegada aos alunos e a grupos de alunos, que são encarregados de garantir que o trabalho seja feito de maneira eficiente e eficaz e que seus colegas de turma recebam a ajuda necessária. Eles são empoderados para cometerem erros, descobrirem o que deu errado e explorarem o que pode ser feito a respeito. "Na minha sala de aula, os erros são esperados, respeitados e investigados", afirmam professores que se tornaram confortáveis em delegar autoridade.

Isso não significa que você tenha aberto mão de sua posição como uma autoridade na sala de aula. Ao contrário, você é quem fornece as orientações para a tarefa; estabelece as regras; treina os alunos para utilizar regras de cooperação; distribui os alunos pelos grupos; delega autoridade àqueles que devem desempenhar papéis especiais e, sobretudo, torna os grupos responsáveis pelo produto do seu trabalho. Na verdade, você não pode abrir mão da autoridade se você não a detém de antemão. Este capítulo discute o que significa para seu papel de professor deixar os alunos livres.

O trabalho em grupo é planejado e realizado mais facilmente com a ajuda de um colega de trabalho, um licenciando, um mentor ou outro auxiliar. Desenvolver e avaliar tarefas de trabalho em grupo é um caso clássico de resolução criativa de problemas em que "duas (ou mais) cabeças pensam melhor do que uma". Considerando que os professores têm responsabilidade por suas próprias salas de aula e em geral têm oportunidades limitadas de trabalhar em estreita colaboração com um colega de trabalho, você pode achar que essa é uma recomendação impraticável. Abordar esse problema é o segundo tópico deste capítulo.

DELEGANDO AUTORIDADE

Quando está de frente para a sala ensinando os alunos em uma situação com toda a turma, quando passa trabalhos escolares individuais e se desloca pela sala de aula supervisionando o desempenho ou quando divide a turma em grupos de leitura e senta com um grupo enquanto eles se revezam lendo alto ou respondendo às suas perguntas, você está utilizando a supervisão direta. Mesmo quando, durante a preparação para o trabalho em grupo, você reúne a turma e oferece uma orientação, você está utilizando supervisão direta.

Entretanto, quando uma atividade em grupo está em curso e as equipes trabalham e discutem, utilizando as instruções do cartão de tarefas que você preparou, sua autoridade foi delegada. Você não pode estar em todos os lugares ao mesmo tempo, tentando ajudar seis ou mais grupos diferentes. Além disso, fazer os alunos conversarem e trabalharem juntos é essencial como estratégia para gerenciar turmas heterogêneas. Quando os alunos são treinados para ajudar uns aos outros, às vezes por meio da leitura ou da tradução para os alunos que estão aprendendo a língua em que são ensinados, eles atuam como fontes acadêmicas e linguísticas e mobilizam os outros para entender e completar as tarefas.

Quando os alunos estão trabalhando em tarefas conceituais não determinadas, tais como pesquisa e resolução criativa de problemas, discutir e trabalhar coletivamente são atividades necessárias para o desempenho (COHEN; LOTAN; LEECHOR, 1989; COHEN; LOTAN; HOLTHUIS, 1997). Os alunos serão encorajados a trabalharem uns com os outros para lidar com todas as perguntas e problemas envolvidos nessas tarefas. Pesquisas mostraram que todos os alunos, especialmente aqueles que estão lendo em um nível abaixo do ano escolar em que se encontram, beneficiam-se da interação em tarefas desafiadoras (LEECHOR, 1988; SCHULTZ, 1999). A menos que você seja bem-sucedido em delegar autoridade aos grupos, seus alunos não obterão os benefícios de discutir e trabalhar juntos. Nesse caso, você verá que o trabalho em grupo é impossível de ser administrado.

Um sistema de gerenciamento eficaz

Os professores costumam ficar surpresos em descobrir quão facilmente os alunos podem atuar sozinhos em trabalhos em grupo planejados de modo adequado. O segredo do gerenciamento bem-sucedido deste Ensino para Equidade se baseia na clareza – a compreensão detalhada por parte dos alunos sobre como devem se comportar, o que devem fazer e com quem devem buscar ajuda para os problemas que aparecem. O mesmo vale para uma sala de aula tradicional. A diferença é que, no trabalho em grupo, os alunos têm de assumir mais responsabilidade por seu próprio comportamento e pelo comportamento dos outros membros do seu grupo. Eles não devem procurar o professor em busca de constante orientação, avaliação e assistência, devendo, em vez disso, contar com os seus pares.

A clareza é alcançada mantendo o sistema o mais simples possível, treinando os alunos previamente para o desempenho dos papéis e para a cooperação, bem como por meio de cuidadoso processo de planejamento e elaboração de currículo recomendados nos capítulos anteriores. Todas essas técnicas de gerenciamento funcionam para monitorar o comportamento dos alunos de uma maneira construtiva e produtiva sem ter de dizer a eles diretamente o que fazer. Não há necessidade de controlar o comportamento individual dos alunos com sistemas de pontos ou recompensas. O trabalho do professor é fazer grupos e instruções funcionarem para lidar com quaisquer problemas disciplinares que surjam.

As etapas para desenvolver tal sistema de gerenciamento são brevemente resumidas a seguir:

1. Devem ser ensinadas regras de cooperação como recomendado no Capítulo 4 para que os alunos saibam como devem se comportar e cobrar esses comportamentos dos outros.
2. Os alunos precisam saber em que grupo se encontram e onde aquele grupo deve estar. Uma quantidade mínima de tempo deve ser gasta para circular essa informação vital. Números nas mesas podem ser úteis.
3. Informações públicas e específicas sobre quem deve desempenhar qual papel e quais comportamentos específicos são esperados devem estar disponíveis como descrito no Capítulo 8. Tabelas com nomes e funções são úteis.
4. Cada grupo precisa ter instruções claras para a tarefa e critérios para avaliação do seu produto disponíveis à medida que trabalha; isso evitará que os alunos procurem por você como uma fonte de conhecimento.
5. Os alunos precisam compreender os objetivos de aprendizagem da atividade. Orientações breves e sinais visuais esclarecendo aqueles objetivos são úteis.

Para muitas situações de trabalho em grupo, essas cinco considerações serão suficientes para que quase tudo ocorra sem problemas. Você também pode querer escolher um conjunto de regras fundamentais e mantê-las impressas. Recomendamos a utilização das seguintes normas:

- Você deve realizar todas as atividades em grupo e redigir os relatórios individuais.
- Execute de maneira responsável o papel que lhe foi atribuído no grupo.
- Você tem o direito de pedir ajuda. Você tem o dever de ajudar.
- Ajude outros membros do grupo sem fazer o trabalho deles. Explique dizendo como fazer.
- Todos devem ajudar.

Quando você utiliza trabalho colaborativo em sala de aula, a planilha ou tarefa escrita orienta os alunos sobre o que você quer que eles façam. Quando as tarefas são conceituais e adequadas para trabalho em grupo, os cartões de tarefas ou cartões de atividade são altamente recomendados (ver Cap. 6). Os cartões de tarefas são uma representação física da sua delegação de autoridade. Ao fornecer o cartão aos alunos, sua mensagem se torna clara: "esse é o trabalho que vocês precisam fazer. Façam da melhor maneira!". Sem o cartão de tarefas, os alunos dependem das orientações do professor, que frequentemente interrompe o grupo para fornecer orientações e auxiliar o trabalho. O professor fica tentando fazer com que os alunos percebam o objetivo da atividade e evitar que o grupo cometa erros, enquanto se envolve diretamente na investigação ou em discussões acaloradas. Tal situação reduz em grande medida a quantidade de conversas produtivas, trabalho conjunto e, portanto, a aprendizagem. O grupo não tem chance de ter suas próprias percepções, e os indivíduos que estão perdidos são incapazes de utilizar outros membros do grupo como fontes.

"Não fique rondando os grupos"

Após uma curta orientação, você delega autoridade aos grupos para que desempenhem a sua tarefa. É extremamente importante deixar que eles tomem decisões *por conta própria*. Eles podem precisar cometer alguns erros por conta própria.

Eles são responsáveis perante você pelo trabalho que executam. Deixe os alunos livres e permita que os grupos trabalhem sem que você fique supervisionando cada etapa. Confie que eles estarão à altura da ocasião e resolverão alguns problemas por conta própria.

Muitos professores em salas de aula tradicionais, quando não estão dando aula, passam a maior parte do seu tempo guiando os alunos por meio de várias tarefas. Eles mostram e dizem como fazer os trabalhos. Redirecionam os alunos que parecem pouco envolvidos. Eles respondem a muitas perguntas feitas individualmente pelos alunos.

Esse tipo de supervisão direta irá enfraquecer o sistema de gerenciamento que você se esforçou tanto para implantar. Se você estiver disponível para resolver todos os problemas, os alunos não confiarão em si mesmos ou no grupo. Em função de experiências anteriores com supervisão, sempre que os alunos virem você rondando por perto, eles deixarão de falar uns com os outros e olharão para você em busca de orientação. Se o professor tentar dirigir o ensino enquanto os alunos estiverem engajados nos grupos, o resultado será uma redução das conversas e do trabalho conjunto e, portanto, menores benefícios de aprendizagem. Essas relações entre o gerenciamento da sala e os benefícios na aprendizagem foram documentadas em várias pesquisas sobre Ensino para Equidade (BOALER, 2006; COHEN; LOTAN, 1997a; SCHULTZ, 1999).

Evite correr para fornecer ajuda ao primeiro sinal de dificuldade de um grupo. Reoriente-o para seus próprios recursos, evitando responder a perguntas a menos que todo o grupo tenha sido consultado sobre possíveis soluções. Em muitas situações do trabalho em grupo, o facilitador faz uma pergunta em nome do grupo após se certificar de que ninguém no grupo sabe a resposta. Você pode pedir a confirmação: "a sua pergunta é uma pergunta do grupo?".

Enquanto os grupos trabalham

Quando é delegada a autoridade para que os grupos gerenciem a si mesmos, os alunos passam a fazer muitas das coisas que você costuma fazer: organizar os materiais, responder às perguntas uns dos outros, manter uns aos outros envolvidos na tarefa, ajudarem-se mutuamente a iniciar o trabalho e na limpeza do material. Depois que os professores descobrem que não são necessários porque tudo está se passando muito bem sem eles, frequentemente dizem: "me sinto como se tivesse perdido o meu trabalho; tudo funciona sem mim. O que eu devo fazer?".

Apesar da capacidade dos grupos de seguirem por conta própria, seu papel não é *laissez-faire*. Delegar autoridade não significa que você esteja abdicando do seu papel e das suas responsabilidades. Você agora está livre para um papel mais exigente e ambicioso como professor. Você tem a chance de observar os alunos cuidadosamente e escutar a discussão de uma distância discreta. Você pode fazer perguntas-chave para estimular um grupo que esteja operando em um nível muito baixo; você pode oferecer *feedback* formativo a indivíduos e grupos; pode estimular seu pensamento; pode procurar por comportamento de baixo *status* e intervir para tratar esse problema; e pode reforçar regras, papéis e normas naqueles grupos particulares em que o sistema não esteja funcionando da melhor maneira.

Existe um equilíbrio delicado entre evitar ficar rondando os grupos e intervir sabiamente em um deles. O preço a ser pago pela intervenção é a redução da interação no grupo. Pergunte a si mesmo se você está disposto a pagar esse preço. Embora deva ser permitido que os grupos cometam erros por conta própria, há momentos em que nada pode ser ganho ao se deixar um grupo prosseguir quando o grupo

- está desesperadamente distanciado da tarefa;
- não parece entender o suficiente para levar a cabo a tarefa;
- está vivenciando um conflito interpessoal profundo; ou
- está se desfazendo porque não consegue se organizar.

Não corra para fornecer ajuda ao primeiro sinal de problema. Fique próximo o suficiente para escutar, mas longe o suficiente de modo que sua presença seja discreta. Ouça atentamente e diagnostique o problema que o grupo está vivenciando. Os alunos do grupo com baixo *status* estão sendo silenciados? É um problema do funcionamento? É alguma incapacidade de entender as orientações? É um problema de como proceder? É falta de base ou de conhecimento dos conteúdos, falta de habilidades acadêmicas ou falta de proficiência linguística? Talvez você decida, após observar e ouvir, que o grupo resolverá seus próprios problemas e não precisa de você.

Se você decidir prosseguir, o que fizer ou falar depende da sua hipótese sobre qual deve ser o problema. Alguns cenários possíveis são:

- Um grupo tem dificuldade de se organizar. Você lembra das regras e pergunta se todos estão desempenhando os seus papéis. Você sugere que o facilitador discuta o que eles têm de fazer, elabore uma lista e ajude o grupo a priorizar o que precisa ser feito primeiro e quem pode fazê-lo. Você diz ao grupo que estará de volta para ouvir os resultados das suas discussões. Em seguida você deixa o grupo.
- Um grupo "ficou preso" em um problema e parece não chegar a lugar algum. O nível de frustração aumenta. Você faz algumas poucas perguntas abertas em uma tentativa de redirecionar a discussão do grupo. Você sugere que o grupo lide com suas perguntas nas deliberações – e se afasta.
- Um grupo não está compartilhando os materiais de maneira cooperativa. Você poderia pedir que interrompessem por alguns momentos o que estão fazendo e falar sobre o modo como estão lidando com algumas das normas cooperativas (de maneira ideal impressas em algum lugar da sala). Em seguida você pode pedir que digam, após discutirem brevemente, quais foram as suas conclusões e o que acham que devem fazer a respeito disso. Não demore supervisionando a discussão.
- Um grupo está tendo dificuldade com um texto difícil e não sabe como analisar o documento. Ele precisa de alguma ajuda intelectual. Você destaca algumas das partes principais. Você verifica se eles compreenderam o que foi pedido. Você pode até preencher as lacunas que existam no seu conhecimento. Isso não significa que você esteja fazendo a tarefa por eles ou orientando-os diretamente sobre como fazê-la. Você está apenas direcionando-os para o ponto em que podem lidar com as demandas acadêmicas e linguísticas da tarefa.
- Um grupo de alunos do 3º ano mergulhou na tarefa sem ler as instruções. Você diz ao grupo que não quer que trabalhem com os objetos manipuláveis até que sejam capazes de lhe dizer o que devem fazer. Você diz que voltará ao grupo e pedirá a qualquer membro que explique. Se aquela pessoa puder explicar, então eles poderão começar a manipular os materiais. Caso contrário, terão que continuar lendo e discutindo.

Em nenhum desses exemplos você está utilizando supervisão direta. Em vez disso, está utilizando o sistema de papéis e normas para fazer os grupos funcionarem. Você está direcionando o grupo de volta para seus próprios recursos – assumindo uma maior responsabilidade por sua própria aprendizagem e funcionamento. Em cada caso, você entra no grupo e em seguida se retira.

Além desses casos de grupos que passam por grandes dificuldades, você pode querer intervir para aprofundar ou estender o pensamento sobre o tópico especificado. Perguntar e fazer conexões são maneiras excelentes de alcançar esse objetivo, desde que não fique por perto para responder às suas próprias perguntas ou pedir a vários membros do grupo que adivinhem o que você está pensando. Sem dar uma resposta, você pode ajudar os alunos a analisar um fenômeno ou um problema em termos de suas partes e inter-relações. Por exemplo, um grupo de alunos de ciências está tendo problemas em construir uma lanterna. O professor responde dizendo: "nem todas as lanternas estão funcionando. Vocês testaram cada uma das suas partes para ver se estão funcionando? Compartilhando uns com os outros as partes que estão funcionando, vocês podem descobrir como fazê-la funcionar". As perguntas que começam com "por que" ou "como" são boas para estimular o pensamento analítico. Você pode perguntar a um grupo de alunos que examina o Guia dos Cruzados: "por que vocês acham que os cruzados tentaram desumanizar o inimigo?".

Sua atenção também será necessária se um grupo terminar seu trabalho muito rapidamente enquanto outros ainda precisarem de mais tempo. Você pode mobilizar a tarefa mais uma vez fazendo algumas perguntas sobre como analisar adicionalmente o problema ou sobre generalizar as conclusões para outra situação. Por exemplo, você pode perguntar: que outras maneiras existem de...? Como podemos utilizar o que aprendemos em...? Você acha que isso é verdadeiro em relação a todos...? O que aconteceria se vocês fizessem as coisas de outra maneira? Você também pode pedir ao grupo que consulte referências adicionais para ampliar sua atividade e seu pensamento. Perguntas como essas podem ser difíceis de serem articuladas na hora. Em geral, os professores produzem com antecedência uma lista de perguntas conceituais de alto nível de extensão e a guardam em uma prancheta, *tablet* ou outro dispositivo para ser acessado quando precisarem.

Gerenciamento do conflito

Discordância sobre as ideias é um sinal saudável, desde que não degenere em um profundo conflito interpessoal. Algum confronto é inevitável e não deve ser considerado como um sinal de fracasso. Nem deve ser uma oportunidade para que você intervenha e assuma as rédeas imediatamente, atuando como árbitro, jurado e juiz.

O que você pode fazer? Pergunte ao grupo qual é a dificuldade. Em seguida, peça que pensem em algumas estratégias alternativas para lidar com o conflito. Se você preparou sua turma com estratégias para a resolução de conflitos, como descrito no Capítulo 4, eles serão capazes de encontrar maneiras alternativas de se comportar. Se você tiver realmente delegado autoridade, então o grupo deve assumir a realidade de resolver seus problemas interpessoais. Mesmo alunos mais novos são capazes de desenvolver estratégias viáveis para gerenciar o conflito quando desafiados a fazê-lo e quando o professor persiste em exigir que eles falem sobre as coisas até encontrarem uma solução.

Se o problema se deve a uma combinação instável de alunos, faça uma observação para evitar colocar juntos esses alunos em um futuro próximo. Mudar a composição dos grupos regularmente e fazer um rodízio dos papéis ajudará a dispersar problemas interpessoais de modo que o conflito não se torne crônico. Se, entretanto, você acha que está tendo o mesmo problema em vários grupos, pode estar ocorrendo alguma dificuldade no modo como você preparou os alunos e/ou na natureza da tarefa. Esteja preparado para fazer ajustes na sua tarefa, realizar um novo tratamento e reforço das regras e dos papéis ou desenvolver algumas estratégias com toda a turma que sejam capazes de resolver o problema.

Tornando os alunos responsáveis

Muitos professores gostariam de dar nota para o trabalho em grupo e utilizar sistemas de pontos ou recompensas extrínsecas por comportamento aceitável porque sabem que é importante tornar os indivíduos e os grupos responsáveis. Entretanto, como explicado antes, essas estratégias são desnecessárias e possivelmente deletérias quando o sistema de gerenciamento que acabamos de descrever funciona. Existem múltiplas alternativas no sistema que você pode utilizar com esse propósito. Quando você intervém enquanto os grupos estão trabalhando e exige que eles se mantenham unidos e funcionando, você está responsabilizando-os.

Você também torna o grupo responsável ao exigir a apresentação do produto final durante a fase de encerramento. Quando um grupo não conseguiu trabalhar bem e não abordou as perguntas levantadas no cartão de atividades, ele precisa saber que você está consciente do que ocorreu e que espera melhorias no futuro. Você pode escolher dar esse *feedback* ao grupo enquanto os alunos ainda estiverem trabalhando nas estações de aprendizagem e guardar seu comentário mais geral sobre o que deve ser aprendido a partir dessa experiência para o resto do grupo durante a fase de encerramento. Por exemplo, você poderia enfatizar que o próximo grupo a fazer essa tarefa deve assegurar o trabalho com as questões de discussão omitidas. Se, entretanto, você começar uma sessão de aplausos a cada desempenho independentemente da sua qualidade, os alunos perceberão que não existe responsabilização. A Srta. S., uma professora de química experiente, escreveu sobre os problemas encontrados quando um grupo de alunos se recusou a trabalhar produtivamente e foi incapaz de fazer a apresentação final para a turma. Seu *feedback* foi o seguinte:

> [...] é muito desapontador que o grupo não tenha sido capaz de dar a aula de hoje. Depois que encerrarmos todas as outras apresentações, gostaria que a turma discutisse o que pode ser feito quando um grupo não é capaz de trabalhar sozinho. Será necessário que cada um aprenda o conteúdo que teria sido abordado por esse grupo. (SHULMAN; LOTAN; WHITCOMB, 1998, p. 29).

Em seguida, ela chamou a próxima apresentação.

Ao fornecer *feedback* aos grupos a respeito do seu funcionamento, você pode mostrar que pretende que eles assumam responsabilidade pelo que ocorre enquanto trabalham. Simultaneamente você pode corroborar suas realizações, recomendar a utilização de estratégias efetivas utilizadas em outros grupos ou destacar as dificuldades que exigirão alguma atenção. O *feedback* pode ocorrer enquanto o grupo está trabalhando ou durante o encerramento. Enquanto ajuda os grupos a aprender estratégias mais efetivas, seu *feedback* também tem a função de fazer os alunos perceberem que você está acompanhando atentamente seu comportamento e os responsabilizando pelo que ocorre.

A responsabilidade individual é mantida ao verificar os relatórios individuais, os bancos de dados que registram os trabalhos individuais dos alunos ou os produtos do grupo. Se os membros do grupo acharem que você não sabe se terminaram ou não um relatório ou se eles tiverem a certeza de que você nunca leu esses documentos, podem passar a "pegar carona" nas atividades.

Papel do professor para orientação e encerramento

Durante a orientação, você é claramente o responsável pelos alunos. O trabalho deles é ouvir e fazer as perguntas se não entenderem. Isso não significa que uma longa preleção seja necessária. Os alunos, particularmente os mais jovens, irão "desligar" depois de vários minutos. Aqueles professores que utilizam recursos visuais, modelos ou demonstrações e que conduzem uma discussão interativa sobre o que os alunos estão prestes a vivenciar são mais bem-sucedidos em manter a atenção da turma do que aqueles que tentam dizer tudo o que os alunos precisam saber.

Durante o encerramento, você deve escutar atentamente os relatórios dos grupos, fornecer *feedback* e aprofundar a discussão. Fazer perguntas de nível mais elevado nesse momento estimulará o pensamento dos alunos. Após as apresentações, você deve comentar sobre o que foi aprendido com o exercício. É necessário fazer conexões entre as atividades e os conceitos centrais que elas deveriam ilustrar. Caso contrário, os alunos se perdem nos detalhes interessantes e concretos dos produtos e esquecem o objetivo da aula.

O encerramento também é um momento para fornecer *feedback* e informar sobre o que você observou enquanto os alunos trabalhavam em seus grupos. Se você interromper constantemente para fornecer *feedback* enquanto estão trabalhando, você corre o risco de ficar rondando e reduzir a interação. Muitos professores consideram melhor circular entre as equipes, ouvir e fazer anotações. Em seguida, durante o encerramento ou durante a orientação do dia seguinte, eles fornecem *feedback* para grupos ou indivíduos. O *feedback*, nessas circunstâncias, tem a dupla função de tornar os grupos responsáveis e de ajudar os alunos na compreensão das tarefas intelectuais em que estão envolvidos. Trata-se de uma oportunidade valiosa de oferecer reconhecimento público aos que tiveram uma boa atuação – particularmente aqueles que não apresentam um bom desempenho nas tarefas acadêmicas convencionais.

TRABALHANDO COMO UMA EQUIPE

Uma das experiências mais gratificantes para um professor é planejar e desenvolver arranjos de trabalho em grupo com colegas de confiança. Assim como os alunos utilizam uns aos outros como fontes, os professores podem fazer o mesmo. Com a riqueza conjunta de experiências anteriores sobre quais tarefas funcionam bem com os alunos e sobre como as instruções podem ser esclarecidas, os professores podem ser altamente criativos à medida que trabalham juntos. Eles também podem fornecer *feedback* honesto e construtivo à medida que as ideias se desenvolvem.

Quando o ensino é complexo, ter colegas trabalhando junto significa que eles são capazes de ser muito úteis uns para os outros à medida que elaboram as tarefas adequadas para o trabalho em grupo. Ter a opção de atuar juntos durante as aulas é um dos melhores cenários possíveis. Talvez um professor possa parar para trabalhar com um grupo que precisa de intervenção enquanto o outro se ocupa da turma como um todo. Enquanto um prepara a orientação, o outro pode fazer o encerramento.

Outra vantagem de trabalhar com um colega é o benefício resultante quando dois ou mais professores mantêm encontros formais agendados. Nesses encontros (mesmo quando são relativamente breves), existe uma chance de pensar sobre os vários problemas à medida que surgem, levantar possíveis alternativas, escolher uma delas e falar uma vez mais no próximo encontro sobre quão boa ou ruim foi a decisão. Esse tipo de tomada de decisão reflexiva e avaliadora é muito difícil de ser feito sozinho. Em uma pesquisa com professores, Cohen e Intili (1982) verificaram repetidamente que aqueles que mantinham encontros de equipe regulares são mais capazes de implantar um Ensino para Equidade e sofisticado do que aqueles que dependem de breves encontros pouco antes ou durante a aula. Um tempo de preparação comum durante o dia letivo é uma oportunidade altamente benéfica para os professores.

A última grande vantagem de trabalho com um colega reside em ter alguém para fazer uma observação e avaliação sistemática do seu trabalho. É quase impossível realizar o trabalho em grupo e ao mesmo tempo avaliar o que está acontecendo. O Capítulo 11 inclui várias técnicas simples para serem utilizadas por um colega para ajudar a avaliar o seu trabalho em grupo. Mesmo professores iniciantes podem fornecer *feedback* útil com essas técnicas. E você pode retornar o favor observando a sala de aula do seu colega.

Encontrando maneiras de construir parcerias

Existem dois tipos de parcerias, um dos quais requer uma mudança mais organizacional do que o outro. O primeiro tipo é o ensino conjunto, em que o seu colega na verdade ensina junto com você na sua sala de aula. Parcerias bem-sucedidas podem incluir um professor de educação especial trabalhando com um professor de sala de aula por um período no dia; um professor e um professor assistente ou licenciando; ou um professor e um pai voluntário muito bem preparado. Se a sua turma for difícil de controlar e pouco acostumada ao trabalho em grupo, você pode precisar do apoio de outra pessoa, especialmente no início. Se as suas tarefas forem complexas – tais como utilizar diferentes experimentos em ciência em diferentes estações de aprendizagem ou trabalhar com equipamentos sofisticados, tais como câmeras de vídeo – e se você tiver diferentes grupos de alunos jovens realizando tarefas muito diferentes, outra pessoa se torna uma necessidade. Isso é tão verdadeiro para salas de aula como para qualquer outra organização: tecnologia complexa é mais eficaz quando os funcionários e profissionais colaboram de maneira mais próxima, isto é, quando a tecnologia complexa coincide com estruturas complexas (PERROW, 1961; SCOTT, 2013).

Se você tiver na faculdade um colega com quem você gostaria de tentar realizar algumas dessas atividades em grupo, fale com o diretor ou chefe de departamento sobre a possibilidade de encontrarem maneiras pelas quais vocês possam trabalhar juntos. Se uma sala grande estiver disponível, como uma sala de multimídia, é possível juntar duas turmas. Se as turmas forem de anos escolares diferentes ou se você estiver incluindo um grupo de alunos com necessidades educativas especiais, você ficará surpreso em ver quão bem os alunos de diferentes idades e níveis de desempenho acadêmico trabalham juntos nesse cenário. Se você estiver combinando grupos com idades diferentes, é especialmente importante escolher uma tarefa que os alunos mais velhos possam ampliar e desenvolver, mas também uma que os alunos mais novos serão capazes de administrar com ajuda. Também será necessário incluir treinamento especial para mostrar aos alunos como ajudar uns aos outros sem fazer o trabalho no lugar deles.

Se você decidir trabalhar com um assistente, um licenciando ou um voluntário, invista um tempo para orientar essa pessoa de acordo com suas expectativas para o processo de ensino. Se você não a treinar, ela irá intervir, tentará supervisionar diretamente e até mesmo rondará os grupos. Assistentes ou voluntários podem se tornar recursos valiosos se você deixar que façam sugestões e avaliações sobre o que está ocorrendo. Nessas circunstâncias, você ainda é o tomador de decisões. É papel do seu assistente observar e reunir dados sobre quais são os problemas durante o curso do trabalho em grupo. Você também espera que eles façam sugestões construtivas durante os encontros da equipe.

Se você não conseguir organizar um ensino conjunto, a melhor coisa a fazer é formar grupos para planejar e avaliar objetivos. Seria útil reservar tempo para encontros breves com um colega, um licenciando ou um tutor para objetivos de planejamento. Além disso, seria particularmente benéfico reservar um tempo para que aquele colega visite a sua sala de aula e você possa retornar o favor. É durante essas visitas que as ferramentas de avaliação podem ser utilizadas. Após observação e avaliação, a equipe pode discutir os resultados e decidir o que deve ser feito para melhorar a implantação do processo. Muitos diretores apoiam esse tipo de esforço dos colegas para melhorar o ensino. Alguns administradores até se voluntariam para assumir turmas por 1 hora enquanto as visitas ocorrem.

A interação desse tipo entre colegas é altamente recompensadora. As avaliações de programas que exigem interações entre colegas revelaram de modo consistente que os professores consideram o trabalho com outro no planejamento, na observação e na avaliação uma das experiências profissionais mais satisfatórias e estimulantes. Apesar de dúvidas iniciais e estremecimentos sobre o fato de ter outro professor observando o seu trabalho, eles descobriram que é muito útil o *feedback* construtivo e específico de um colega que esteja enfrentando os mesmos tipos de problemas práticos em sala de aula. Eles reconheceram que há muito tempo queriam e precisavam desse tipo de *feedback*. Uma das maneiras pelas quais as escolas facilitam as interações entre colegas é por meio da formação de comunidades de aprendizagem profissional (MCLAUGHLIN; TALBERT, 2006). Educadores e legisladores também veem como uma grande promessa os sistemas profissionais que apoiam a ajuda entre pares por meio de professores tutores ou professores em projetos especiais (GROSSMAN; DAVIS, 2012).

10

Tratando as expectativas relacionadas à competência

Agora é hora de retornar ao dilema do trabalho em grupo discutido no Capítulo 3. O que foi feito sobre o problema de os alunos de *status* elevado dominarem a interação e os de baixo *status* deixarem de participar do grupo? Existe uma questão ainda mais fundamental: fizemos algo para transformar as baixas expectativas relativas a competência, causa subjacente à não participação dos alunos de baixo *status*?

Lembre-se de que, em geral, é esperado que alunos de alto *status* se saiam bem em novas tarefas intelectuais, e os de baixo *status* se saiam mal nessas mesmas tarefas. Quando o professor introduz uma atividade em grupo, as expectativas gerais entram em jogo e produzem uma profecia que se autoconcretiza, na qual os alunos de alto *status* falam mais e tornam-se mais influentes do que os de baixo *status*. O resultado final da interação é que estes últimos são uma vez mais percebidos como incompetentes. Isso ocorre mesmo se forem dadas aos grupos tarefas multifacetadas e de habilidades múltiplas, que exigem mais do grupo do que o simples reforço das habilidades acadêmicas normais. Tarefas pertinentes a grupos são uma condição necessária, porém, insuficiente para criar interações de *status* igualitário.

Duas estratégias terão algum impacto sobre esse problema: (1) estabelecer normas de cooperação, tais como "todos participam" e "todos ajudam", e (2) dar uma função ou papel para cada aluno desempenhar. As duas estratégias irão aumentar as taxas de participação de alunos de baixo e alto *status* e impedirão que apenas os de *status* elevado dominem a fala. Além disso, só o fato de falar e trabalhar em conjunto fará com que os alunos de baixo *status* melhorem seu desempenho.

Isso resolve o problema do *status*? Bem, não completamente, porque nada foi feito no sentido de transformar as expectativas relativas a competência dos alunos. Imagine um grupo bem preparado, com diferentes alunos desempenhando diferentes papéis; na média, os alunos de baixo *status* poderiam falar tanto quanto os alunos de alto *status*. No entanto, os membros do grupo ainda consideram os primeiros como aqueles que têm ideias menos expressivas e menor número de sugestões úteis do que os outros. Os alunos de baixo *status* podem ser ativos, mas provavelmente ainda são menos influentes e menos ativos que os de alto *status*. Os alunos de baixo *status* ainda sentem que suas contribuições para o grupo são menos valiosas e menos competentes do que as contribuições dos de *status* elevado. Além disso, ao ir de uma experiência de grupo bem-sucedida para outras tarefas de grupo, não haverá nenhuma melhoria das expectativas de competência.

Para impulsionar um comportamento ativo em alunos de baixo *status*, de modo que sejam percebidos como competentes, e gerar expectativas de competência que serão transferidas para outras tarefas, é imperativo mudar a essência dessas expectativas. Sem essa mudança, as expectativas permanecem invariáveis e consistentemente negativas. É necessário criar expectativas de competência intelectual positivas, que vão se associar ao conjunto preexistente das negativas.

Se você resolver de maneira eficiente o problema das expectativas consistentemente baixas, os alunos que antes foram malsucedidos em sua sala de aula poderão demonstrar suas capacidades e suas habilidades, além de adquirir um senso de competência que será reconhecido por seus colegas. Conforme você avança para outras tarefas pertinentes aos grupos, os alunos podem esperar de si mesmos, e seus colegas podem esperar deles, que façam contribuições úteis e relevantes para cada nova atividade. Planejar situações em que alunos previamente considerados de baixo *status* possam demonstrar um desempenho de sucesso é fundamental para elevar as expectativas a seu próprio respeito e mudar a percepção que seus colegas têm deles.

DE BAIXO *STATUS* PARA RECURSO INTELECTUAL

Uma maneira de transformar as baixas expectativas de competência é criar uma situação na qual o aluno de quem se espera ser incompetente atuará de fato como um especialista. Uma maneira relativamente simples e provavelmente a mais segura de fazer isso é encontrar uma tarefa na qual o aluno já seja um especialista. Por exemplo, quando apropriado e relevante, um aluno de língua espanhola poderia ensinar uma música ou um poema em espanhol aos colegas; um aluno de língua chinesa poderia introduzir caracteres chineses e explicar aos colegas um pouco do sistema de escrita chinesa; um aluno imigrante pode compartilhar com seus colegas eventos históricos importantes passados e atuais do seu país natal. No entanto, mesmo essa estratégia um tanto óbvia requer uma análise cuidadosa. Não presuma que, pelo fato de ter um sobrenome espanhol ou chinês e falar um pouco dessas línguas, um aluno saiba como ensinar alguma coisa em chinês ou espanhol. Ensinar alguém é uma habilidade independente de recitar um poema, cantar uma música ou escrever em um idioma diferente. Você precisa preparar cuidadosamente o aluno para o papel de ensinar e certificar-se de que ele tem as ferramentas para ser bem-sucedido.

Falar espanhol é um tipo de habilidade que todos, com ou sem razão, esperam que os alunos latino-americanos tenham. Essa é uma expectativa de competência restrita e específica, quase como um estereótipo[*]. É pouco provável que a experiên-

---

[*] Contexto de imigrantes latino-americanos na Califórnia.

cia de ser proficiente em espanhol altere as expectativas de competência em outros tipos de tarefas, pois se trata de uma expectativa estereotipada associada à condição de pertencer a um grupo étnico. Uma situação semelhante envolvendo estereótipos seria esperar que uma mulher demonstre habilidade em cozinhar ou que um afro--americano demonstre destreza em jogar basquete. Embora as pessoas tendam a conferir habilidades às mulheres e aos afro-americanos nessas duas áreas, as expectativas de competência *não se transferem* para outras tarefas de valor.

Apesar dessas limitações, mesmo uma marca de competência restrita tem alguma importância, se for dada à criança de baixo *status* uma oportunidade de assumir um papel de liderança, como o de um professor. No entanto, a menos que você mostre para os alunos que o ato de ensinar à turma é um tipo especial de competência, e é uma habilidade importante, o grupo nunca vai perceber que "ensinar a canção em espanhol" é uma habilidade diferente de "cantar a canção".

Cada aluno em sua turma é um especialista em alguma habilidade intelectual relevante, adquirida e desenvolvida em experiências de aprendizagem anteriores dentro e fora da sala de aula. Observe seus alunos e pergunte a eles quais são seus interesses e experiências fora da sala de aula. Atividades pertinentes a grupos permitem que você veja habilidades e talentos que as atividades comuns em sala de aula raramente permitem. Tome nota das áreas de competência e encontre formas de permitir que diferentes alunos atuem no grupo como especialistas, particularmente aqueles de baixo *status* acadêmico e social. Essa técnica é viável desde que os membros de fato tenham indícios de que o aluno é conhecedor de recursos intelectuais; em outras palavras, conquanto o aluno seja verdadeiramente competente. Em seguida, vamos explorar de modo mais pleno como alterar as expectativas de competência dos alunos para si mesmos e para seus colegas.

TRANSFORMANDO EXPECTATIVAS: EVIDÊNCIAS DE PESQUISAS (*EXPECTATION TRAINING*)

Com seus alunos de pós-graduação e colegas, Elizabeth Cohen realizou uma série de experimentos para demonstrar se, e como, as expectativas de competência podem ser transformadas. Nessas experiências, as expectativas foram tratadas ao fazer com que o aluno de baixo *status* se tornasse um professor, um especialista e um recurso intelectual para alunos de alto *status* em uma nova tarefa desafiadora e valorizada. Esse método é chamado de formação para a mudança de expectativa (*expectation training*). As tarefas de formação para a mudança de expectativa (*expectation training*) não são culturalmente específicas ou estereotipadas para nenhum grupo. Os pesquisadores utilizaram tarefas como: construir uma maquete com varetas com base em um princípio matemático, construir um rádio de dois transistores e resolver um quebra-cabeça complicado e engenhoso.

A força da intervenção está no modo com que ela muda as expectativas de competência que os alunos de baixo *status* têm de si mesmos, bem como as que outros têm sobre seu desempenho. Teoricamente, tornar alunos de baixo *status* especialistas em uma nova tarefa e torná-los professores propicia duas novas fontes de expectativas de competência positivas. Os alunos colhem expectativas positivas ao demonstrarem competência na tarefa e serem professores bem-sucedidos. Essas novas expectativas associam-se ao conjunto mais antigo de expectativas negativas e, ao criarem um conjunto misto, elevam o nível geral das expectativas de competência. O resultado muito bem-vindo é o aprimoramento da participação e da capacidade de influir em novas atividades em grupo.

Em experimentos controlados, a formação para a mudança de expectativa (*expectation training*) produziu consistentemente um aumento na participação e na influência das crianças de baixo *status* social; os grupos tratados apresentaram um padrão de comportamento de *status* igualitário. O tratamento funcionou para afro-americanos e grupos de brancos (COHEN; ROPER, 1972), para grupos de mexicanos e anglo-americanos (ROBBINS, 1977), para grupos de indígenas-canadenses e anglo-canadenses (COOK, 1974) e para judeus ocidentais e orientais em Israel (COHEN; SHARAN, 1980).

Em um experimento de campo conduzido em um curso de recuperação com alunos de 5° e 6° anos, brancos e afro-americanos, Cohen, Lockheed e Lohman (1976) puderam mostrar que, quando a formação para a mudança de expectativa (*expectation training*) foi implementada a partir da primeira semana, foi possível manter uma interação de *status* igualitário durante seis semanas. Alunos afro-americanos ensinaram aos brancos uma série de tarefas acadêmicas e não acadêmicas. Para essa finalidade, os alunos afro-americanos começaram o curso de recuperação uma semana antes para a preparação de seu papel de professores. No final do programa, estavam tão ativos e influentes, se não mais ativos e influentes do que os brancos, na clássica tarefa de grupo Atire na Lua. Nesse estudo de campo, os afro-americanos eram de uma classe socioeconômica notadamente mais baixa que os brancos. No entanto, no contexto do curso de recuperação, a grade curricular não exigia habilidades escolares convencionais como pré-requisito para executar as tarefas com sucesso.

A formação para a mudança de expectativa (*expectation training*) é um tratamento poderoso. O aluno de baixo *status* não só exibe uma competência impressionante, mas fica em posição de direcionar o comportamento do aluno de alto *status*, como todo professor faz – uma oportunidade rara para alguém que está na parte inferior da ordem de *status* da sala de aula. Mesmo com uma tarefa não acadêmica, tal como um quebra-cabeça complicado, as expectativas favoráveis daqueles que podem visualizar a solução e ensinar os outros serão transferidas para uma ampla variedade de tarefas de grupo que requerem diferentes habilidades intelectuais.

Uma das coisas mais difíceis de alcançar nesse ou em qualquer outro tipo de tratamento de *status* é convencer os alunos de baixo *status* da sua própria competência. Na verdade, é mais difícil mudar as expectativas que esses alunos têm de si mesmos, do que alterar as expectativas que os colegas de classe têm deles. Infelizmente, alunos de baixo *status* viveram muitas situações em que não tiveram sucesso e foram, portanto, percebidos como incompetentes por seus colegas. É possível observar que os alunos de baixo *status* podem desempenhar a tarefa e ensiná-la com considerável habilidade. Mas você ficaria surpreso de perceber que eles ainda assim não se veem como qualificados. Sua percepção de incompetência está profundamente enraizada.

Esse fenômeno é semelhante à "ameaça do estereótipo" primeiramente conceituada e introduzida por Claude Steele e seus colegas, no início dos anos 1990 (STEELE, 2010; STEELE; ARONSON, 1995). Desde então, a ameaça do estereótipo tem sido amplamente reconhecida como um fator potencial que contribui para deficiências de longa duração no desempenho acadêmico de membros de grupos estereotipados de modo negativo, tais como minorias étnico-raciais e mulheres. Pesquisas relativas ao impacto sociopsicológico da ameaça do estereótipo e intervenções criadas para atenuar seus efeitos ganharam amplo reconhecimento recentemente (COHEN et al., 2006).

A formação para a mudança de expectativa (*expectation training*) nunca deve ser realizada sem uma reflexão e um planejamento cuidadoso e de modo algum deve ser executada se o professor não tem os recursos (assistentes de sala de aula, alunos mais velhos, voluntários) para dedicar um tempo a cada aluno de baixo *status* que vai assumir o papel de especialista. O perigo é que se esse aluno falhar como especialista, você deliberadamente o exporá a outra avaliação negativa devastadora. *Não se deve permitir que isso aconteça.* A preparação individualizada é indispensável para garantir que o aluno esteja altamente confiante e possa demonstrar sua competência a contento para você, antes de seguir para atuar como especialista e ensinar.

A formação para a mudança de expectativa (*expectation training*) não é o mais prático dos tratamentos em sala de aula. A maioria dos professores não tem tempo ou oportunidade de preparar os alunos para seu papel como professores ou especialistas, de modo a garantir um desempenho de sucesso. Mesmo que essa tarefa seja atribuída a outro adulto, ele terá de ser cuidadosamente treinado para que cada aluno atinja um nível específico de competência, antes que ocorra qualquer demonstração de habilidades de ensino. Embora, por vezes, possa não ser prático para muitos professores tão ocupados, experimentos de pesquisa controlada e subsequentes experimentos de campo demonstram a necessidade e o valor potencial das intervenções concebidas para mudar as expectativas em relação ao desempenho dos alunos de baixo *status*.

Ao longo dos anos, temos trabalhado com muitos professores enquanto caminham no sentido de alterar as expectativas de competência dos alunos, usando dois tipos de tratamento de *status*: estratégia de habilidades múltiplas e atribuição de competência para os alunos de baixo *status*.

A ESTRATÉGIA DE HABILIDADES MÚLTIPLAS

Quando você vê os alunos trabalhando juntos, é possível ver todas as habilidades que alguns deles têm que não haviam sido vistas antes. Havia um garoto que era muito tímido. Ele estava sempre meio fora de tudo: nunca fazia as coisas nem dizia o que pensava, até que tivemos um projeto de arte para fazer, e ele, tipo assim, simplesmente visualizou, pegou um lápis e uma folha de papel, tipo, agiu e desenhou várias coisas que as pessoas nunca viam nele, até aquela ocasião em que vimos outra parte dele. (Maria, aluna do 7º ano, Campbell, Califórnia, EUA)

Maria é aluna de uma turma em que o professor tem utilizado um tratamento de habilidades múltiplas para os problemas de *status*. Maria não considera seus colegas como "inteligentes" ou "burros". Vê seus colegas como tendo diversas habilidades intelectuais, e o trabalho em grupo como uma oportunidade para descobrir essas habilidades especiais.

Além disso, Maria percebe que as tarefas de trabalho em grupo designadas pelo professor demandam muitas habilidades intelectuais, aptidões e competências diferentes. Depois de listar e descrever muitas delas, seu professor diz repetidamente: "nenhum de nós possui todas essas habilidades. Cada um de nós tem uma ou outra dessas habilidades". Assim, no início de uma nova tarefa, Maria espera de cada aluno uma contribuição importante: nenhum deles saberá ou será capaz de fazer tudo. Como resultado, ela e outros membros do grupo estão preparados para ouvir as contribuições de cada um e menos dispostos a esmorecer e deixar que uma só pessoa faça a maior parte da tarefa.

A efetividade do tratamento está em alterar o conjunto de expectativas com que os alunos começam uma nova tarefa. Em vez de altas expectativas uniformes, espera-se que os alunos de alto *status* mostrem pontos fortes e fracos como todos os outros. O mesmo vale para os alunos de baixo *status*, de quem agora se espera, e eles esperam de si mesmos, que sejam competentes em algumas das habilidades e aptidões importantes. O professor criou um conjunto misto de expectativas para todos. Assim, quando os alunos trabalham juntos, a diferença nas expectativas de competência entre alunos de alto e baixo *status* é menor do que nas salas de aula onde os professores não usam tal tratamento de *status*.

Resultados de pesquisas

O tratamento de habilidades múltiplas foi desenvolvido por Tammivaara (1982) em um estudo experimental. Os alunos participantes foram selecionados com base em avaliações altas e médias de suas próprias capacidades de leitura. Seu tratamento consistiu em explicar as diferentes habilidades necessárias para uma tarefa de sobrevivência do Perdidos na Lua (ver HALL, 1971) antes de os grupos começarem as discussões. O pesquisador disse: "nenhuma pessoa será boa em todas essas habilidades, mas cada pessoa vai ser boa em pelo menos uma" (TAMMIVAARA, 1982, p. 216). Além disso, os alunos foram informados de que leitura não tinha nenhuma relevância para essa tarefa específica, porque todos os objetos estavam representados em cartões. Os grupos que ouviram as introduções de habilidades múltiplas mostraram comportamentos de *status* igualitário, enquanto aqueles que não ouviram tais introduções exibiram um padrão de dominância por parte dos leitores de grande habilidade. O estudo demonstrou que é possível interferir efetivamente nos processos de *status*, ao definir as habilidades múltiplas como relevantes para uma tarefa, impedindo assim que os alunos assumam que o *status* acadêmico seja a única base relevante para prognósticos de competência.

Rosenholtz (1985) criou uma programação de uma semana de habilidades múltiplas para turmas de 5º ano, com alunos que se conheciam há algum tempo e que tiveram muitas oportunidades de fazer avaliações uns dos outros na habilidade de leitura. Nesse experimento, Rosenholtz criou um conjunto misto de expectativas, não falando aos alunos sobre as habilidades, mas fazendo-os experimentar três novas habilidades no contexto de pequenos grupos, cada um supervisionado por um adulto. As três novas habilidades eram pensamento visual, raciocínio e pensamento intuitivo. As tarefas de grupo foram cuidadosamente projetadas para que os leitores de alto desempenho não assumissem o comando e que leitores com dificuldades recebessem mais avaliações favoráveis por sua competência. Conseguiu-se isso fazendo com que os alunos se revezassem para adivinhar as respostas e utilizando tarefas em que todos contribuíram com algo diferente para o produto final. Os grupos eram recompostos entre as tarefas, para que os alunos trabalhassem com uma ampla variedade de colegas.

Em relação ao jogo clássico Atire na Lua, os resultados mostraram que os leitores de baixo aproveitamento, que tinham passado pela programação, foram significativamente mais ativos e influentes na nova tarefa do que os leitores de uma turma não tratada com os quais foram comparados. O comportamento não equalizou totalmente o *status* nos grupos, em que ainda havia uma tendência de os leitores fortes serem mais ativos e influentes. Mas a vantagem dos leitores de alto desempenho foi significativamente reduzida pelo tratamento.

A programação de habilidades múltiplas proporcionou aos alunos de baixo *status* a oportunidade de desenvolver autoavaliações favoráveis e de serem avaliados favoravelmente por seus colegas em tarefas consideradas exigentes quanto a novas e diferentes capacidades – tarefas em que a divisão de trabalho e o revezamento previnem que o fenômeno de *status* aconteça. Uma vez que as avaliações favoráveis foram formadas, elas se associaram ao antigo conjunto de expectativas de competência e modificaram os efeitos do *status* em uma tarefa nova e diferente.

Em salas de aula multilíngues, academicamente heterogêneas, onde pequenos grupos trabalhavam em tarefas de investigação em matemática e ciências, Cohen (1984) demonstrou fortes influências do *status*. Quando os professores utilizaram um tratamento de *status* de habilidade múltipla para o mesmo contexto, semelhante ao usado por Tammivaara (1982), as influências do *status* nas interações foram reduzidas, porém não suprimidas (COHEN; LOTAN; CATANZARITE, 1990). Indivíduos de alto *status* ainda estavam mais propensos a oferecer assistência do que os de baixo *status*, sugerindo que o *status* está associado a expectativas para níveis mais elevados de competência. Uma estratégia adicional tornou-se necessária para fortalecer o impacto dos tratamentos de *status*, conforme será descrito neste capítulo.

O que são habilidades múltiplas?

O uso da estratégia de habilidades múltiplas significa pensar de uma maneira nova sobre a inteligência humana. Em vez de pensar sobre o quanto um aluno é inteligente ou não, genial ou burro, competente ou incompetente, consideram-se os diferentes tipos de inteligência, habilidades intelectuais e "espertezas" que são evocados em diferentes tipos de situações e aspectos de uma dada tarefa. Aqui a palavra "habilidades" adquire seu significado básico de "ser capaz de (fazer uma atividade)". Tomemos, por exemplo, a tarefa de ensinar. Entre muitas outras capacidades intelectuais, ensinar requer inteligência interpessoal, perspicácia organizacional, habilidades acadêmicas convencionais, agilidade verbal, bem como criatividade. Os professores planejam aulas interessantes, formulam questões intrigantes, fornecem *feedbacks* válidos aos alunos, comunicam-se com as famílias – a lista é interminável. Todos os dias, durante o dia todo, os professores usam suas diversas capacidades intelectuais.

Quando pensamos sobre o mundo do trabalho adulto, pode ser mais fácil reconhecer que muitos tipos diferentes de habilidades são essenciais para qualquer profissão ou qualquer emprego, assim como o de ensinar. Muitas vezes, porém, quando pensamos sobre a inteligência dos alunos, automaticamente restringimos o conceito para critérios acadêmicos convencionais – ser bom em leitura, escrita e fazer cálculos com rapidez. Essa restrição é, em parte, um reflexo da limitação dos currículos escolares focados apenas em competências básicas e dos sistemas de responsabilização, que contam apenas com resultados de testes padronizados de desempenho. Em vez de refletir a forma como adultos usam suas mentes, tais currículos escolares e sistemas de avaliação refletem uma conceituação limitada e contraproducente daquilo que é para ser aprendido e demonstrado como "inteligência" e o que é necessário para ser visto como inteligente na escola.

A visão restrita das tarefas e avaliações acadêmicas convencionais é uma das características das salas de aula que ajudam a criar uma ordem de *status* unidimensional, na qual os alunos classificam uns aos outros por uma única dimensão de capacidade. Alguém é bom, médio ou "ruim" nas tarefas escolares. Além disso, um dos primeiros indicadores de habilidade acadêmica da criança é seu desempenho em leitura. Habilidade de leitura torna-se um índice de inteligência geral.

A abordagem de habilidade múltipla está alinhada ao trabalho vigente de reconceituar a inteligência humana. Durante muito tempo, a inteligência humana foi considerada como unidimensional; poderia ser caracterizada por um único número; pessoas (e raças inteiras) poderiam ser classificadas de geniais a estúpidas. Em seu importante livro, *The Mismeasure of Man* (1981) [*A falsa medida do homem*], Stephen Jay Gould fez um grande serviço ao campo da educação ao traçar a história dessa ideia às suas raízes profundamente arraigadas na cultura ocidental. Sua análise dos vieses presentes em sua pesquisa do conceito de inteligência suscita dúvidas fundamentais quanto a podermos continuar pensando na inteligência como unidimensional. Com a introdução de inteligências múltiplas em seu livro *Frames of Mind* [*Estruturas da mente*], Gardner (1993, 2011) redefiniu e reconceituou a inteligência humana como múltipla e enraizada em áreas específicas do cérebro. Ele distingue diferentes tipos de inteligências (p. ex., linguística, musical, lógico-matemática, espacial, corporal-cinestésica, interpessoal). Sternberg (1985) vê inteligência como um conjunto de processos que os indivíduos trazem para lidar com as situações em que se encontram. Para Sternberg, inteligência é tanto multidimensional quanto eminentemente treinável. *Abilities Are Forms of Developing Expertise [Habilidades são formas de desenvolver competências]* é o título de um de seus artigos seminais (STERNBERG, 1998). As pesquisas de Sternberg (2007) acerca das relações entre cultura, inteligência e educação são esclarecedoras. Diferentes culturas têm diferentes visões de inteligência. Ações que demonstram comportamento inteligente também variam de cultura para cultura. Dweck (2008) reconheceu que a teoria implícita ou explícita de inteligência que uma pessoa tem a respeito de si própria desempenha um papel importante em seus comportamentos e ações. De acordo com Dweck (2008), um modelo mental de crescimento, ou seja, o reconhecimento de que a inteligência é multidimensional e maleável, leva a um desempenho potencialmente mais bem-sucedido por meio de maior motivação e esforço extra.

O tratamento de habilidade múltipla exige que você convença os alunos de que diversas habilidades intelectuais são necessárias para realizar com sucesso as tarefas pertinentes a grupos. Antes que possa convencer os alunos, no entanto, você deve analisar se a tarefa proposta requer múltiplas habilidades intelectuais. Não há uma lista oficial nem exaustiva dessas habilidades múltiplas. Trata-se de uma nova maneira de olhar para algo que sempre soubemos – que usamos a nossa inteligência de diversas de maneiras para resolver problemas e realizar tarefas importantes na vida profissional e familiar. Tenha em mente que os adultos se envolvem na solução de problemas de alta complexidade em suas vidas diárias. Algumas dessas atividades são acadêmicas, outras são técnicas ou políticas, e muitas são tarefas interpessoais, sociais. Exemplos de tais atividades adultas são administrar, coordenar, colocar-se no lugar do outro, ensinar, aprender, pesquisar, orientar, supervisionar, escrever, desenhar, construir, desenvolver, investigar, negociar, avaliar, enumerar, calcular e agir. Todas são atividades que podemos encontrar em tarefas multifacetadas pertinentes a grupos.

Se pudéssemos ver os alunos da mesma maneira que nos vemos como adultos, cada um com pontos fortes e fracos para fazer tudo o que é necessário para viver e trabalhar com sucesso, muitos dos problemas de *status* anteriormente descritos desapareceriam. Pensar dessa maneira não requer que cada pessoa seja rotulada como tendo habilidades específicas e especiais e, portanto, não lhe é permitido adquirir e desenvolver novas habilidades. Em vez disso, recomendamos pensar nas habilidades intelectuais como sendo *específicas e relevantes* para determinadas atividades, de modo que qualquer pessoa possa ser vista como tendo muitas habilidades diferentes e úteis. Os alunos devem ter a oportunidade de se envolver em uma ampla variedade de atividades, de modo a poder continuar desenvolvendo suas habilidades intelectuais.

Passos da estratégia de habilidades múltiplas

Existem dois passos para uma estratégia bem-sucedida de habilidades múltiplas: (1) convencer os alunos de que muitas habilidades intelectuais diferentes são necessárias para a tarefa; (2) criar um conjunto misto de expectativas para cada aluno.

O melhor momento para usar esse tratamento é durante a orientação para o trabalho em grupo. Você pode convencer seus alunos que diversas habilidades são necessárias quando fizer sua análise da atribuição das tarefas. Sugira algumas das habilidades ou aptidões *específicas* que você acha que essas tarefas exigem. Você pode pedir aos alunos para sugerirem habilidades que imaginam ser necessárias. Destaque como essas habilidades são úteis para situações de solução de problemas de adultos. Durante o fechamento, indique quais das habilidades múltiplas identificadas na orientação foram usadas durante a realização das tarefas nas estações de aprendizado. Você poderá solicitar aos alunos que compartilhem habilidades adicionais que acabaram se revelando indispensáveis. Muitos alunos, assim como Maria, que conhecemos no início deste capítulo, aprendem a analisar tarefas e pensar dessa nova maneira muito rapidamente.

Alguns alunos podem ter excelente capacidade de raciocínio. É aconselhável falar sobre essa habilidade geral de maneiras bem específicas. Por exemplo, analisar logicamente ou resolver um problema por meio de um experimento, descobrir como algo funciona em termos mecânicos, analisar uma questão sob várias perspectivas ou fazer conexões entre ideias e conceitos: todas são formas específicas de descrever como o raciocínio é exigido em determinadas tarefas de grupo. Em vez de descrever os alunos em termos gerais como, por exemplo, criativos, aborde como eles podem escrever ou representar um papel dramático em um esquete, criar múltiplas alternativas, pensar novos usos para objetos familiares, compor uma canção, conceber uma ideia para uma ilustração, imaginar como deve ter sido viver há muito tempo ou assumir o papel de outra pessoa muito diferente de si mesmo. Algumas das tarefas pertinentes a grupos descritas anteriormente exigem habilidades espaciais e visuais. Mais uma vez, para ser mais específico, você pode abordar como diagramar conceitos matemáticos, desenhar uma ideia como um filme de animação, criar um modelo ou observar como um mecanismo sofisticado pode ser construído. Observe que o uso de verbos para descrever e introduzir essas habilidades múltiplas torna a mensagem global mais concreta e sinaliza aos alunos que essas atividades podem e devem ser aprendidas, desenvolvidas e demonstradas.

A segunda etapa é fundamental, embora muitas vezes omitida. Depois de explicar que essas tarefas demandam diversas habilidades diferentes, insira os seguintes argumentos: *nenhum de nós tem todas as habilidades; cada um de nós tem algumas delas*. Ajude os alunos a ver por que é provável que isso seja verdade. Se as tarefas forem verdadeiramente pertinentes a grupos, é muito improvável que uma única pessoa consiga ser excelente em todas as habilidades exigidas. E, certamente, cada aluno será capaz de dar alguma contribuição intelectual. Tal mensagem é o cerne do tratamento de habilidade múltipla porque ela ajuda os alunos a ver que não existe algo como ser bom ou ruim no trabalho em grupo, mas que a posição mais sensata é manter expectativas de competência mistas. Os professores que são altamente hábeis em usar o tratamento afirmam em geral que, para o melhor resultado possível do grupo, é necessário que os alunos reconheçam e usem as habilidades de todos e disponibilizem seus recursos intelectuais para os outros.

O que fazer e não fazer para ter sucesso nos tratamentos

Concentre-se em habilidades que os alunos consideram intelectuais. Alguns deles (bem como alguns adultos) valorizam, mas não veem certas aptidões sociais como habilidades intelectuais. A menos que você possa convencer os alunos de que existe inteligência interpessoal, não se refira a "se dar bem com os outros" ou "ser legal" como uma das habilidades múltiplas.

Evite falar sobre habilidades que sugerem que alguns são bons com a cabeça, enquanto outros são bons com as mãos. Em geral, a cultura ocidental raramente considera trabalhar com as mãos, ou o trabalho artístico, como trabalho intelectual. Ao discutir habilidade artística, seja específico da maneira que Maria foi; diga "visualizar ou criar um esboço" ou "usar representações artísticas".

Seja bem específico sobre como essas habilidades são importantes para determinadas tarefas. Incentive os alunos a analisarem por si mesmos as habilidades necessárias. Incentive-os a desenvolverem novas habilidades. Evite sugerir que as pessoas têm apenas habilidades inatas.

O programa de habilidade múltipla

Obviamente, você não pode usar o tratamento de habilidade múltipla a menos que as tarefas sejam pertinentes a grupos e realmente exijam múltiplas habilidades intelectuais. São tarefas multifacetadas pertinentes a grupos aquelas descritas no Capítulo 6. Se as atividades de grupo forem um trabalho tradicional rotineiro, os alunos nunca vão acreditar que diversas habilidades diferentes são necessárias nem terão oportunidade de usar e reconhecer as diferentes habilidades.

Atividades pertinentes a grupos envolvem por definição tarefas de habilidade múltipla. Os alunos podem discutir questões desafiadoras antes ou como parte da criação do produto final. Vê-se prontamente que as atividades de ciências exigem múltiplas habilidades intelectuais: fazer observações e registrá-las com precisão, manipular o equipamento científico com cuidado, levantar hipóteses acerca de causas e efeitos e escrever o relatório de forma clara e concisa. Os programas curriculares vigentes refletem muitas dessas práticas e usos de linguagens necessárias do ponto de vista acadêmico e intelectual.

Ler, escrever e calcular

Aptidões básicas ainda são parte das tarefas de habilidade múltipla. Por exemplo, alguém tem que ler o cartão de atividade. Todos têm que preencher um relatório individual, mesmo que seja apenas uma frase, no caso de uma criança pequena, ou um desenho que sirva como atividade preparatória para os que ainda estão desenvolvendo a escrita. Operações aritméticas muitas vezes são parte integrante de interessantes tarefas pertinentes a grupos.

No entanto, aptidões básicas não são pré-requisito para participação bem-sucedida na tarefa. Leitores com dificuldades podem receber a assistência dos membros do grupo. Podem ouvir a discussão do grupo a respeito do que está envolvido na realização do objetivo. Podem interpretar as imagens e os diagramas nos cartões de atividade. Os que ainda estão desenvolvendo a escrita serão motivados a expressar suas próprias ideias depois de participarem da criação dos produtos que empregam os conceitos centrais. Podem receber assistência dos colegas para expressar e registrar as suas próprias ideias. Também podem ser motivados a escrever sobre as ideias com que contribuíram ou ouviram na discussão. Muitas vezes, criar desenhos colaborativos ou ensaiar a apresentação dos relatórios aprimorará a compreensão da ideia central ou a questão principal, por parte dos membros do grupo.

Na orientação de habilidade múltipla, você e os alunos certamente poderão listar as aptidões básicas necessárias à tarefa. Como fazem parte das exigências necessárias, elas serão vistas como importantes, mas, como acontece em muitas salas de aula tradicionais, não terão o poder de fazer com que alguns alunos que têm dificuldades nessas áreas se sintam como se nunca pudessem se sair bem na sala de aula. Depois de você preparar o terreno com a estratégia de habilidade múltipla, atribuir competência aos alunos de baixo *status* é um segundo tratamento que pode ser usado para modificar expectativas.

ATRIBUIR COMPETÊNCIA AOS ALUNOS DE BAIXO *STATUS*

Del Rio, professora do 5º ano do ensino fundamental de uma turma bilíngue e autora de relato de caso sobre as experiências de Miguel, um aluno de baixo *status* (SHULMAN; LOTAN; WHITCOMB, 1998, p. 69-70), descreve o que aconteceu quando ela observou, identificou e tornou públicas as habilidades utilizadas pelo menino:

> Miguel era uma criança tímida e retraída, que não falava inglês e gaguejava ao falar espanhol. Suas habilidades de leitura e escrita em espanhol eram muito fracas e, embora a matemática fosse seu ponto forte, ninguém parecia notar. Recém-chegado de uma pequena comunidade no México, Miguel vivia com os parentes, mais de dez adultos e três crianças em um apartamento de dois quartos. Vinha para a escola faminto e cansado, vestindo roupas sujas. Evitado por seus colegas de turma, que diziam que ele

tinha piolhos, Miguel era deixado de fora das atividades em grupo. Mesmo quando tinha um papel específico, outros membros do grupo tomavam as rédeas e diziam-lhe o que fazer. Miguel era, obviamente, um aluno de baixo *status*.

Quando observei o grupo de Miguel, vi que os outros membros simplesmente não lhe davam uma chance. A aprendizagem cooperativa não o estava ajudando de forma alguma. Diariamente, Miguel isolava-se mais. Os alunos caçoavam cada vez mais dele, que terminava entrando em brigas e representava para a escola um problema de comportamento. Percebi que a única maneira de mudar a visão dos alunos sobre Miguel era mostrar-lhes que ele tinha certas habilidades para contribuir com o grupo. Meu desafio era identificar seus pontos fortes e mostrar aos seus colegas que ele era competente.

Um dia de maio, estávamos trabalhando em grupos cooperativos construindo diferentes estruturas com varetas, pinos, argila e arames. Eu estava observando o grupo de Miguel e o vi pegar discretamente algumas varetas e pinos e começar a construir uma estrutura de acordo com o diagrama desenhado nos cartões de atividade. Os outros membros do grupo estavam tentando descobrir como começar a sua estrutura e, como de costume, não estavam prestando muita atenção em Miguel. Observei que Miguel tinha usado varetas duplas para tornar a base mais firme. Ele sabia exatamente o que fazer, porque tinha examinado o diagrama representado no cartão. Em outras palavras, Miguel sabia que a tarefa era construir uma estrutura o mais resistente possível e entendeu o princípio de tornar a base mais forte usando varetas duplas.

Entendi que essa era a chance que eu estava esperando; ficou claro que Miguel tinha a habilidade de construir coisas seguindo um diagrama. Decidi intervir, falando espanhol e inglês, já que nem todos no grupo falavam espanhol. Eu disse ao grupo que Miguel havia entendido a tarefa muito bem e que seria um recurso importante, porque ele tinha uma grande habilidade de construir algo olhando uma representação gráfica. Disse que Miguel poderia se tornar um arquiteto quando crescesse, uma vez que construir edifícios resistentes com base na leitura de plantas é uma das coisas que arquitetos precisam fazer. Eu também disse ao grupo que eles tinham que contar com seu tradutor, de modo que Miguel pudesse explicar o que estava fazendo.

Continuei observando o grupo de longe e, de fato, poucos minutos depois o tradutor estava pedindo ajuda a Miguel. Ele explicou aos membros do grupo o que tinha feito e por quê. Era óbvio que tinha habilidades que poderiam ajudá-lo a ter sucesso em grupos de aprendizagem cooperativa, e seu grupo finalmente percebeu isso. Mas eu queria que todos na sala de aula soubessem que Miguel era muito bom em construir estruturas. Então, quando o grupo apresentou o relatório do seu trabalho, eu disse que tinha notado que eles tiveram alguns problemas para entender a tarefa, e perguntei ao relator quem tinha ajudado a completar a tarefa com êxito.

Ele disse à turma que Miguel havia entendido o que fazer e explicado ao grupo. Então reforcei a explicação do relator, acrescentando que Miguel havia demonstrado habilidade para construir coisas ao examinar um diagrama e que sua contribuição havia ajudado seu grupo a resolver o problema com êxito. Ao atribuir competência a Miguel na frente de seu grupo e de toda a turma, garanti que todos soubessem que Miguel tinha muito a contribuir para com seus colegas. Esse foi um excelente exemplo para todos de como é importante explorar as habilidades múltiplas de todos os membros do grupo na execução da tarefa. Depois disso, as coisas mudaram para Miguel. Os membros de seu grupo não apenas o reconheceram como um membro ativo, mas começaram a usá-lo como um recurso para ajudá-los a equilibrar suas estruturas.

Tratamentos de *status* como esse tiram proveito do poder do professor como avaliador. Os alunos tendem a acreditar nas avaliações que os professores fazem deles e a valorizá-las. Assim, se o professor avalia publicamente um aluno de baixo *status* como sendo competente em uma determinada habilidade múltipla, aquele aluno tenderá a acreditar na avaliação. Os outros alunos que por ventura a ouvirem provavelmente aceitarão também sua validade. Uma vez que a avaliação tenha sido aceita, as expectativas de competência para essa tarefa possivelmente resultarão em aumento da atividade e da influência do aluno de baixo *status*. O sucesso nessa tarefa específica refletirá no sucesso em tarefas futuras, como no caso de Miguel.

Atribuir competência é uma intervenção poderosa. Pode contribuir muito para impulsionar a participação de alunos de baixo *status*. É comum o professor observá-los apenas para ver se estão confusos ou evitar que se envolvam em encrencas. Você e os outros alunos do grupo podem nem notar quando o aluno de baixo *status* faz algo muito bem. Para atribuir competência, você deve apontar quando ele faz contribuições intelectuais relevantes. Talvez esses casos sejam raros quando você começa com trabalho em grupo. Você precisa ter certeza de que está criando oportunidades para o aluno de baixo *status* demonstrar competência, em vez de apenas ficar esperando que isso aconteça. É uma boa ideia tomar notas enquanto os alunos realizam o trabalho em grupo, registrar suas observações sobre o que os de baixo *status* estão fazendo e como estão demonstrando sua competência.

Uma atribuição de competência efetiva tem três características essenciais:

1. As avaliações são públicas.
2. As avaliações são específicas e referem-se a determinadas aptidões ou habilidades intelectuais.
3. As habilidades/aptidões do aluno de baixo *status* são apresentadas como relevantes para o sucesso da tarefa de grupo.

O reconhecimento público da competência é um fator fundamental. Atribuir competência não é simplesmente um tratamento para o aluno de baixo *status*, é um tratamento para o grupo; o problema reside, em parte, nas expectativas que os outros têm em relação ao aluno de baixo *status*. Portanto, expectativas do grupo em relação a esse aluno também devem mudar. Reconhecimento público significa que você está trazendo ao conhecimento de todos que você considera aquele aluno competente em aptidões ou habilidades específicas. Isso ajuda a mudar as expectativas do aluno em relação a si mesmo e dos colegas em relação a ele.

Conforme os alunos passam para os últimos anos do ensino fundamental e para o ensino médio, existe o risco de que muito alvoroço em cima de um único aluno cause constrangimento a ele e eventual reprovação por parte de seus colegas. Basta afirmar de uma maneira objetiva o que você está de fato observando a respeito das habilidades do aluno; não os vanglorie. Seja honesto; não invente histórias sobre habilidades e desempenhos do aluno que você não viu de fato ou que não sejam habilidades intelectuais valorizadas. Além disso, você não tem de reservar esse tratamento apenas para os alunos de *status* mais baixo da turma. Muitos alunos das zonas médias a mais baixas na estrutura de *status*, e a maioria dos alunos, se não todos, beneficiam-se sobremaneira desse tipo de *feedback*. Ele contribui para a criação de uma cultura positiva em sala de aula, porque todos se sentem reconhecidos e valorizados.

Se você for bem específico sobre a capacidade ou habilidade que o aluno está demonstrando, ele e todo o grupo saberão exatamente o que ele fez bem. Não é difícil ser específico se você, como a professora Del Rio, falar em termos concretos sobre as habilidades envolvidas na construção de uma estrutura firme seguindo um diagrama.

Finalmente, destacar a habilidade relevante à tarefa tem o efeito de tornar as expectativas de competência desenvolvidas especialmente importantes para a atividade em vigor. Para apontar a habilidade relevante, os professores muitas vezes dizem algo semelhante a: "Rosita é um recurso importante para este grupo. Ela pode ajudá-los a montar seus tangrams" (ou qualquer habilidade ou capacidade relativa à tarefa que você esteja discutindo).

Atribuir competência é uma estratégia sofisticada e difícil de executar. Não é um simples elogio. Exige que você observe os alunos em termos de desempenho em múltiplas habilidades. Também requer que você analise o que eles estão fazendo, de modo que sua intervenção seja específica e possa mostrar como aquela habilidade é relevante para a tarefa. Muitos professores consideram útil tomar notas enquanto os alunos estão em seus grupos e apresentar as atribuições de competência no dia seguinte, quando tiverem a oportunidade de rever e estudar as suas anotações em paz e tranquilidade. Atribuições de competência podem ser combinadas com um *feedback* para os grupos a respeito da cooperação e desempenhos do dia anterior. Em qualquer caso, as atribuições de competência são sempre bem-vindas.

Quanto mais os professores utilizarem o tratamento de habilidade múltipla e atribuírem competência, maior será a taxa de participação de alunos de baixo *status* (COHEN, 1988). Nas salas de aula onde os professores usaram os tratamentos com mais frequência, houve menos diferença entre a participação dos alunos de alto e baixo *status*, do que em salas de aula onde os professores os utilizaram com menos frequência. Encontramos evidências de que o uso combinado dos dois tratamentos de *status* estava relacionado a maiores taxas de participação dos alunos de baixo *status* e que não tinha efeito na participação de alunos de alto *status*. A análise no âmbito da sala de aula foi associada a uma maior interação de *status* igualitário e, portanto, à diminuição da diferença entre a participação dos alunos de *status* elevado e de baixo *status* (COHEN; LOTAN, 1995).

Assim, essas estratégias combinadas para tratar problemas de *status* são decisivas para um trabalho de grupo equitativo: elas vão aprimorar o envolvimento e a participação dos alunos de baixo *status*. Também vão melhorar as expectativas de competência de uma forma que será transferida para novas e diferentes tarefas de grupo. No entanto, não há razão para supor que expectativas de competência favoráveis recém-adquiridas se transfiram para lições de leitura e matemática conduzidas de forma tradicional. Se usar grupos de habilidades e se essas lições utilizarem apenas uma gama restrita de habilidades, você poderá reconstruir rapidamente a ordem de *status*. Se enfatizar a avaliação e a pontuação competitiva como a principal forma de *feedback* para os alunos, você também agravará os problemas.

Com algumas alterações em tarefas e práticas de avaliação e com o tratamento adequado dos problemas de *status*, você pode criar uma sala de aula mais equitativa. Tal sala de aula tem muitas dimensões de competência intelectual. Nenhum aluno será potencialmente bem avaliado em todas as dimensões. Cada indivíduo é passível de ser positivamente avaliado em pelo menos uma dimensão. Assim, não se espera que haja alunos superiores, independentemente da natureza da tarefa. A competência deles será avaliada pelas habilidades que demonstram, e não com base em dados demográficos e características de contexto, tais como sexo, raça, língua nativa, condição socioeconômica ou patrimônio cultural.

Para criar uma sala de aula equitativa, utilize mais tarefas pertinentes a grupos que apresentem pensamento de ordem superior e integrem habilidades básicas. Os alunos podem ser temporariamente agrupados de acordo com habilidades básicas específicas nas quais têm dificuldades. Desde que os alunos vejam que matemática, leitura e outras matérias necessitam uma variedade de aptidões e habilidades, você pode evitar reconstruir uma ordem de *status*. Essas mudanças permitem que você ensine em um alto nível intelectual apesar da variedade de habilidades acadêmicas tradicionais. Além disso, diminuirá a diferença em várias medidas de desempenho, conforme mais alunos tenham acesso a programações desafiadoras e atuações de *status* igualitário, tendo mais oportunidades para demonstrar competência intelectual.

11

Avaliando o trabalho em grupo na sua sala de aula

Drew e Wofsey (2012), dois professores de inglês graduados pelo programa de Formação de Professores de Stanford (Standford Teacher Education Program), trabalharam como uma equipe no planejamento, na implantação e na avaliação de uma tarefa adequada ao trabalho em grupo. Em seu trabalho, incluíram a seguinte avaliação do trabalho em grupo realizado na sala de aula de Zach em uma escola pública de ensino médio sem seleção prévia, diversificada, mas monitorada, na Área da Baía de São Francisco.

> Nosso objetivo nessa tarefa foi fazer os alunos aplicarem seu conhecimento de caracterização a um novo contexto e, agindo assim, explorarem como a caracterização funciona em um cenário dramático. Também queríamos motivar os alunos a pensar sobre a natureza performática do teatro, uma vez que eles leriam uma peça, que é realmente feita para ser vista e não lida. Ao se envolverem nesse ato de tradução – movendo-se de uma imagem para um roteiro e para uma atuação – esperávamos que os alunos estivessem mais bem preparados para entender "Fences" (em português, "Cercas") como drama e não apenas como palavras em uma página. Além disso, esse processo de tradução se espelha naquele de August Wilson, que menciona as colagens de Romare Bearden como profundamente influentes na sua escrita. Desse modo, ao concluir essa tarefa, os alunos são colocados na posição do autor que estão prestes a ler. (DREW; WOFSEY, 2012, p. 3).

Os dois colegas prosseguem descrevendo suas observações.

Como observador, Kevin assumiu a responsabilidade de monitorar os níveis de engajamento por meio do formulário de Observações entre Pares. Durante os 45 minutos em que os alunos trabalharam nos seus projetos de grupo, Kevin fez quatro excursões pela sala de aula em intervalos regulares... Em retrospecto, esse processo se revelou

particularmente valioso, porque de um ponto de vista qualitativo parecia que os níveis de envolvimento eram muito elevados. A sala estava agitada com discussões ao longo do bloco de 45 minutos de trabalho, como se demonstra mais detalhadamente a seguir e, assim, seria tentador supor que o engajamento geral fosse de 80% ou mais.
Uma leitura mais detalhada dos dados confirmou que nem todos os grupos apresentaram o mesmo grau de envolvimento. Os Grupos 1 e 7, por exemplo, tenderam fortemente para Falar ou Falar/Manipular, enquanto os Grupos 3 e 5 se inclinaram mais para Observar/Escutar e Desmotivado... Assim, no geral, a comparação entre as observações qualitativas e os dados quantitativos serve para mostrar por que é tão importante incluir ambos os tipos de análises nesse trabalho. (DREW; WOFSEY, 2012, p. 10-11).

Uma análise de um vídeo documentando o trabalho de um dos grupos produziu o seguinte resultado:

Embora estivéssemos inicialmente desapontados com o fato de a nossa câmera ter filmado o grupo que teve mais dificuldade, decidimos por fim que era importante observar esse grupo com atenção e refletir sobre o que deu errado... Esse grupo levou quase 10 minutos para começar a comentar a imagem, enquanto muitos outros começaram esse trabalho em poucos minutos [...]. (DREW; WOFSEY, 2012, p. 20).

Zach e Kevin refletiram sobre alguns dos resultados da sua colaboração. Em primeiro lugar reconheceram as muitas experiências positivas de seus alunos:

Como essa tarefa não dependia fortemente de trabalho acadêmico tradicional, com muito texto, todos os alunos, independentemente do domínio atual da linguagem/leitura, podiam se juntar ao trabalho de observar as imagens e surgir com interpretações imaginativas. Além disso, aqueles com um talento mais dramático podiam contribuir com ideias para o roteiro e a encenação. A partir do que observamos, muitos dos alunos que se destacam nessa área com frequência têm dificuldade em demonstrar competência na atmosfera formal de uma sala de aula em que há menos oportunidade para movimento. Ao mesmo tempo, os que preferem atividades mais tradicionais poderiam utilizar mapas conceituais para coletar e organizar ideias e evidências e contribuir para o produto final. Ao longo do trabalho em grupo, observamos exemplos de todos esses tipos de contribuições: anotações meticulosas, orientação, treinamento e criação de propostas artísticas.
Em termos de cooperação dos alunos, a expectativa de que todos fariam parte das cenas levou a uma participação de 100% no palco, embora não tenhamos alcançado a participação de 100% falantes que gostaríamos. No entanto, em grupos de quatro alunos que receberam uma imagem com apenas três personagens, vários encontraram uma maneira de criar um papel com fala para o quarto aluno, seja como narrador ou criando outro personagem que se juntou à cena.
Estamos particularmente orgulhosos da mistura de criatividade e autenticidade que essa tarefa forneceu aos alunos na sala de aula de Zach [...] Os relacionamentos entre

os membros do grupo e os produtos individuais se somaram ao rigor e à relevância acadêmicos da tarefa. Trabalhando juntos para criar uma curta vinheta, os alunos tiveram a oportunidade de considerar outra imagem individualmente e escreveram uma história curta sobre os personagens representados na imagem. Uma vez que quase todos os alunos se lançaram nessa tarefa individual imediatamente e com grande concentração, é muito provável que o trabalho em grupo os tenha ajudado a se preparar para serem bem-sucedidos nas tarefas acadêmicas mais tradicionais de análise escrita e interpretação.

Alegria e entusiasmo – a agitação na sala de aula foi em grande parte positiva. Ouvimos muitas vozes, eram tantas que foi difícil isolar os comentários individuais em meio à excitação geral. Além disso, mesmo os alunos que demoraram mais para encontrar o seu ritmo no funcionamento do grupo por fim chegaram a um produto que gostariam de compartilhar com a turma. Os alunos também observaram as cenas uns dos outros com atenção e interesse, aplaudindo com entusiasmo uns aos outros por seus esforços. Por fim, mantivemos o nosso cartão de atividades com poucas informações, o que permitiu que os alunos mergulhassem no trabalho imediatamente sem se sentirem atolados por instruções complexas ou intimidadoras. (DREW; WOFSEY, 2012, p. 25-27).

Em seguida os dois professores refletiram sobre o que poderia ter sido planejado de maneira ainda melhor.

Embora haja muito a celebrar nessa atividade, existem também muitas oportunidades para melhoras... O vídeo que fizemos do Grupo 1 aponta para uma variedade de etapas concretas que poderíamos adotar no futuro para aliviar algumas das questões que surgiram. Em primeiro lugar, se tentássemos novamente essa ou outra atividade de trabalho em grupo similar, refletiríamos seriamente se grupos aleatórios seriam a abordagem mais efetiva e justa. Talvez valesse a pena explorar uma "aleatoriedade controlada". Isto é, poderíamos fazer listas aleatórias e depois analisá-las para verificar se algum dos grupos apresentava desvios excepcionais de gênero ou *status*, fazendo pequenos ajustes quando necessário. Tal abordagem poderia ter poupado ao Grupo 1 algumas frustrações que enfrentaram ao tentarem entender a tarefa e avançar com suas interpretações [...] Em seguida, reconhecemos que todos os grupos provavelmente se beneficiariam de uma formatação de papéis, estratégias de interpretação e maneiras de elaborar uma cena mais explícita... Finalmente, em termos das intervenções de *status*, acreditamos que poderíamos ter feito um trabalho melhor ao observar os grupos com um olhar específico para a resolução de questões sutis de *status* antes que elas se transformassem em problemas maiores. No Grupo 1, por exemplo, se tivéssemos prestado mais atenção, poderíamos ter percebido que ninguém escutava A quando ele lia o cartão de atividades. Em vez de termos deixado isso escapar, poderíamos ter feito um pequeno lembrete sobre escutar uns aos outros, talvez lembrando o facilitador para que prestasse atenção nisso. Mais uma vez, essa é uma área em que uma explicação mais cuidadosa dos papéis poderia ter sido útil. (DREW; WOFSEY, 2012, p. 27-28).

Na sua avaliação, Kevin e Zach utilizaram ferramentas específicas tais como um guia de observação e uma câmera de vídeo para coletar e analisar os dados e para fazer planos sobre como melhorar as experiências dos alunos enquanto trabalhavam em grupos. A análise e a avaliação sistemáticas da implantação do trabalho em grupo são atividades válidas que apresentam uma compensação significativa. Assim como ocorre com muitas estratégias e abordagens pedagógicas complexas, você vivenciará sucessos e desafios. Apresentamos aqui algumas ferramentas que lhe ajudarão a coletar e analisar dados e a adotar um olhar crítico, porém lúcido, sobre o planejamento e a implantação da tarefa. O mais importante é que você será capaz de aferir a qualidade das experiências de seus alunos utilizando outras medidas além das avaliações de desempenho acadêmico. Se, como recomendado, você for capaz de encontrar um parceiro para planejar e avaliar com você, pode confiar nele para oferecer um olhar amigo, porém crítico.

FERRAMENTAS PARA AVALIAÇÃO

Algumas ferramentas eficientes e relativamente simples utilizadas para avaliar seu próprio trabalho em grupo são apresentadas nesta seção e no Apêndice B. Professores experientes e novatos as consideraram práticas e úteis. Estão incluídos neste capítulo modelos de guias de observação e uma planilha de pontuação por participação. Um modelo de questionário para os alunos e um guia para analisar os dados por ele gerados estão incluídos no Apêndice B. A argumentação a seguir descreverá essas ferramentas de observação em sala de aula e como utilizá-las. Dependendo de que aspectos são mais importantes para você, elas podem ser utilizadas juntas ou separadamente. Sem dúvida, você terá perguntas e possivelmente preocupações: os alunos participarão? Serei capaz de delegar autoridade e abordar problemas de *status*? Os alunos serão capazes de cooperar? Qual será o desempenho dos alunos de baixo *status*? Reveja os vários documentos e selecione as partes ou questões específicas que mais lhe interessam. Para os iniciantes, concentrem-se em alguns poucos aspectos importantes da avaliação. À medida que você ganhar mais experiência, será capaz de ampliar e aprofundar seu objetivo.

Guia para um observador

Estamos assumindo que você foi capaz de arranjar um colega, um tutor ou um licenciando para visitar sua sala de aula no dia em que você planeja começar o trabalho em grupo. Você discutiu com o observador sobre o que pretende fazer, quais podem ser os desafios e quais alunos podem precisar de atenção especial. Como resultado, o plano de avaliação é uma decisão conjunta sobre o que observar e a quem prestar atenção.

Enquanto os alunos começam a trabalhar em seus grupos, o observador pode se mover pela sala observando e escutando. Se você indicar para ele os alunos com os quais você está mais preocupado, ele pode observar de forma cuidadosa seus com-

Planejando o trabalho em grupo **153**

portamentos. Podem ser os alunos com baixo *status*, os que estão aprendendo a língua em que são ensinados, aqueles que dominam a conversação ou os que têm dificuldades com suas tarefas escolares. O observador também pode observar você em ação.

O Quadro 11.1 apresenta um modelo de guia para o observador. Ao utilizar essas orientações, ele oportunamente fará anotações. No caso de não ter conseguido obter um observador, você pode utilizar um dispositivo de gravação e gravar a atividade.

QUADRO 11.1 Modelo de guia para o observador

Orientação
1. Como o instrutor introduz a tarefa?
2. Como o instrutor utiliza tecnologia, recursos visuais e materiais manipuláveis para apresentar a informação, dar instruções e obter a atenção dos alunos?
3. Como o professor esclarece normas, papéis e a tarefa para os grupos?
4. *Para tarefas de habilidades múltiplas:* como o professor desenvolve uma orientação de habilidades múltiplas?
5. Quais são as reações dos alunos à orientação?

Alunos trabalhando em grupo
Visão geral
1. Quantos grupos estão envolvidos com a tarefa? Existem grupos em que os alunos estejam trabalhando individualmente e não como parte do grupo?
2. Quantos alunos não são parte de um grupo? Quantos estão esperando pelo professor?

Grupo a grupo
3. Os alunos parecem confusos a respeito do que deveriam fazer? Se for o caso, o grupo está funcionando para resolver o problema?
4. Considere as normas cooperativas introduzidas pelo professor. Existem evidências de que os alunos seguem essas normas? Alguns não estão conseguindo observar as normas cooperativas? Descreva.
5. Considere os papéis e os comportamentos esperados associados a eles. Existe alguém desempenhando cada um dos papéis no grupo? Existe algum papel que não esteja em evidência? O facilitador (se houver um) está dominando o grupo?
6. Você observa qualquer evidência de conflito interpessoal? Descreva.
7. Algum aluno está dominando um grupo? Há algum aluno que esteja falando pouco?

Foco em alunos escolhidos
O professor escolheu os alunos de quem ele deseja mais informações. Observe e anote sobre o que está acontecendo com cada um deles.
1. Alguns dos alunos de baixo desempenho entendem a tarefa? Se estiverem tendo dificuldade, alguém os está ajudando?
2. Os alunos com baixo *status* estão participando? Estão desempenhando os papéis que lhe foram indicados? Como os membros do grupo estão interagindo com eles?

O professor
1. À medida que os alunos estão trabalhando nos grupos, como o professor fornece informações e coloca os alunos de volta na tarefa?
2. Se surge um problema, o professor faz os membros do grupo resolverem-no por conta própria?
3. Como o professor oferece *feedback* aos grupos e aos indivíduos?
4. O professor foi capaz de atribuir competências e, se assim o fez, qual foi a reação do grupo?

O Quadro 11.1 lista possíveis perguntas para o observador. Pense em rever esse protocolo com ele durante a sessão de planejamento e escolha ou adicione perguntas que queira incluir. A Parte A se concentra na orientação do professor. É especialmente importante que o observador chegue na hora para ver e ouvir você nessa etapa. Muitos problemas começam com confusão na orientação. Por outro lado, em um esforço para deixar todos os detalhes claros, o professor se arrisca a perder a atenção dos alunos tentando lidar com informações em excesso.

A Parte B direciona a atenção do observador para os grupos que trabalham. Um bom procedimento é olhar para toda a turma e contar quantos alunos estão perambulando, desligados de qualquer grupo, e quantos alunos estão esperando pelo professor. O observador percorre a sala de aula e tenta determinar quantos grupos parecem estar trabalhando em suas tarefas da maneira que deveriam estar fazendo (Questões 1 e 2). Em seguida, ele pode se mover para ficar próximo o suficiente de cada grupo a fim de escutar e observar, mas não tão próximo a ponto de os alunos estarem conscientes de que estão sendo observados. As Questões 3-7 na Parte B devem ser consideradas para cada grupo. Um mapa dos assentos com os números dos grupos ajuda mais tarde no interrogatório entre observador e professor.

A Parte C lida com os alunos escolhidos que podem estar encontrando dificuldades no cenário dos grupos. É importante investir 5 minutos observando e ouvindo a cada um desses alunos, anotando as perguntas de cada um.

A Parte D aborda você, o professor. As primeiras duas perguntas levantam problemas comuns que os professores têm quando começam a realizar trabalho em grupo: rondar os grupos inibindo as suas interações, gastar tempo demais mantendo os alunos na tarefa em vez de deixar os alunos assumirem a responsabilidade e tentando fazer os alunos realizarem a tarefa em vez de deixá-los ajudar uns aos outros.

Mesmo que você consiga evitar esses problemas, sua preocupação principal pode ser o mecanismo para fazer todos realizarem a tarefa. Em primeiro lugar, pode ser desafiador fornecer *feedback* efetivo para os grupos e fazer perguntas estimulantes para encorajar seu pensamento. Essa habilidade vem com o tempo e a prática. Garanta que o observador tenha tempo suficiente para observar você em ação bem como para ter uma visão geral da situação. A última pergunta se refere à sua utilização do tratamento de *status* para atribuir competências. Quando você estiver realizando esse tratamento, um observador registrará um reconhecimento específico e público da competência intelectual de uma aluna e a relevância da sua contribuição para o trabalho do grupo.

O questionário dos alunos

Você pode coletar dados importantes ao solicitar que os alunos completem um questionário. Para alunos mais jovens, você pode ler os itens da pesquisa em voz alta. Questões de múltipla escolha podem ser feitas com cliques ou aplicativos em dispositivos móveis. Um modelo de questionário para estudantes está incluído no Apêndice B. Essas perguntas foram bem-sucedidas com crianças de apenas 9 anos. Alguns dos itens permitem que você examine as experiências de alunos com baixo *status*. Ao pedir que os alunos coloquem seus nomes no questionário, você pode se concentrar nas respostas dos alunos em que você está particularmente interessado em determinado momento. Você pode ver se algum aluno com baixo *status* foi escolhido entre aqueles com as melhores ideias ou entre os que mais conversaram ou que menos conversaram no grupo. Existe geralmente uma relação confiável entre os relatórios dos alunos e a pontuação sistemática de um observador.

Se você houver empregado estratégias de múltiplas habilidades, então os alunos devem ser capazes de listar uma ou mais habilidades que acreditam ter utilizado durante o trabalho em grupo. Além disso, eles provavelmente serão capazes de listar algumas das habilidades múltiplas que você introduziu além da leitura e escrita.

O resultado do treinamento nas normas cooperativas pode ser confirmado com esse questionário. Os alunos relatam problemas em não serem ouvidos ou em falar menos do que gostariam? As pessoas tinham dificuldade em se relacionar no grupo? Eles gostariam de trabalhar com esse grupo de novo? Você pode escolher perguntas de acordo com suas principais preocupações e adicionar outras.

Um guia para analisar o questionário dos alunos também está incluído no Apêndice B. Esse guia está organizado de acordo com os tipos de perguntas que muitos professores querem ver respondidas sobre o seu trabalho em grupo. Análises dos dados são sugeridas para fornecer algumas respostas para cada questão.

Nanor Balabanian e Diana Dean, professoras de história/ciências sociais e graduadas pelo Programa de Formação de Professores de Stanford, utilizaram um questionário para avaliar o interesse dos alunos pela tarefa que haviam planejado e implantado em uma escola independente (*charter school*) na Área da Baía de São Francisco. Nanor era a professora, e Diana, a observadora.

> Quando perguntamos aos alunos quão interessante eles haviam considerado o trabalho do seu grupo, 22% deles responderam "muito interessante", 48% responderam "interessante", 26% responderam "não muito interessante" e apenas 6% disseram "nada interessante". Percebemos que três quartos dos nossos alunos consideraram nosso projeto interessante. Acredito que essa era uma força importante da nossa aula, porque os alunos estavam em sua maioria envolvidos na tarefa e estavam realmente interessados em participar dela. Importante também ressaltar que a maioria dos alunos que classificou o projeto como "muito interessante" era geralmente de baixos resultados. Consideramos isso intrigante, porque isso pode ter acontecido em função do fato de esse projeto ter lhes oferecido múltiplos estímulos iniciais nos quais eles poderiam ser bem-sucedidos e ter um bom desempenho. (BALABANIAN; DEAN, 2012, p. 11).

Observações sistemáticas quantitativas

Além da sua observação qualitativa e do questionário, você ou um observador podem realizar uma pontuação sistemática para aferir a participação dos alunos. Essas observações podem se concentrar na proporção geral de alunos que estão realizando/não realizando a tarefa ou na taxa de participação/tempo ocioso de cada aluno em um grupo.

Observações colegiais (toda a turma). Quando utiliza a ferramenta de observações colegiais, você ou o observador tiram uma foto do nível geral de participação em uma turma. Após observar grupo após grupo atenta e discretamente, podem registrar o número de alunos em cada grupo que está

1. conversando e trabalhando juntos na tarefa por meio da manipulação de materiais e recursos (p. ex., calculadoras, tubos de ensaio, retângulos algébricos, etc.);
2. manipulando materiais sem conversar;
3. lendo ou escrevendo sem falar;
4. olhando ou escutando, mas não estão participando ativamente da conversação;
5. desmotivados e
6. esperando pelo professor.

Leve em conta todos os alunos em sala de aula e assinale a participação deles na categoria adequada à medida que você fizer um registro mental do grupo. Garanta que "você os marque assim que os vir" naquele momento específico. Somando o número de alunos nas quatro primeiras categorias, você é capaz de estimar a proporção dos que estão realizando a tarefa. O número de alunos fora da tarefa é detectado na categoria "Desmotivado". A sexta categoria indica aqueles que podem estar confusos ou esperando que o professor resolva os seus problemas.

A Figura 11.1 é um exemplo de uma observação feita durante a realização de uma atividade de trabalho de grupo em uma turma de 6º ano de ciências. Os alunos estavam construindo um experimento que testasse os efeitos do dióxido de carbono na temperatura do ar em um recipiente fechado.

O percentual de alunos na primeira categoria – Falar ou Falar e Manipular Objetos – é particularmente significativo. Os pesquisadores do programa de Ensino para Equidade da Universidade de Stanford registraram que, quanto maior fosse a proporção de alunos nessa categoria, maior o aumento médio de pontos em várias medidas de desempenho. Essa descoberta se repetiu em diferentes anos escolares e áreas do conhecimento do 2º ano ao ensino médio (COHEN; LOTAN, 1997a).

Meloy, Beans e Cheng (2012, p. 30), cujo trabalho apresentamos anteriormente, utilizaram essa ferramenta para avaliar a implantação do seu projeto. Elas escreveram:

> Ao longo da implantação dessa tarefa, os alunos mantiveram altos níveis de participação. A Figura 11.2 mostra o percentual de alunos que se envolveu em seis tipos de

Observação Colegial – Toda a Turma

Nome do Professor **E.C.** Data da Observação **Oc**
N° Total de Alunos **31** Hora da obs. **11:40**
Ano **6°** Unidade Alteração Climática **Cl**
Nome do Observador **N.H.** N° tarefas de grupo dif. **1**

Grupos pequenos	Falar ou falar/ manipular	Apenas manipular	Ler/escrever	Olhar/ escutar	Desmotivado	Esperando pelo professor	N para as linhas
1	//			/		/	4
2	///	/			/		5
3	/	//		/			4
4	///		//				5
5		//	/		/		4
6	//	/		/			4
7	////						4
8							
9							
10							
N para as colunas	15	6	3	3	2	1	30

N Total nos Grupos Pequenos **30**

Longe do centro:
Em transição na tarefa **/**
Perambulando, brincando, desmotivado ____
Em outro trabalho acadêmico ____

N Total, Longe do Centro **/**

Figura 11.1. Instrumento de observação colegial.

atividades enquanto trabalhavam em grupo. Os observadores registraram a participação dos alunos em três momentos diferentes ao longo de cada dia da implantação. Cada momento durou aproximadamente 10 minutos e foi registrado em uma planilha de observação de dados. O número de envolvidos em cada tipo de participação foi somado e o percentual de alunos envolvidos em cada atividade foi calculado dividindo o número total de pessoas realizando cada atividade pelo número de alunos na turma. Finalmente, uma média de cada momento foi calculada para cada tipo de participação.

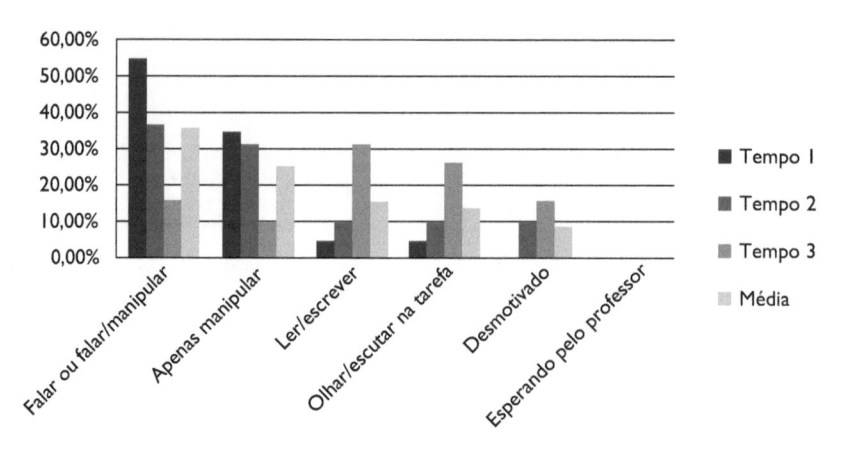

Figura 11.2. (Dia 1) Dados mostrando o envolvimento e a participação geral dos alunos em três diferentes momentos durante a realização da tarefa em grupo.

Os professores utilizaram os dados para buscar padrões, identificar melhoras necessárias na tarefa e levar em conta outras mudanças.

Baseado na alteração nos níveis e tipos de participação ao longo do primeiro dia, parece que houve mais pontos na avaliação durante a primeira parte da atividade porque um alto percentual de alunos estava conversando e manipulando os materiais e nenhum foi observado desmotivado. Por volta do meio do período, quando os grupos passaram a fazer seus pôsteres, o nível de participação geral caiu. Houve uma queda no número de alunos manipulando os materiais, provavelmente porque os grupos começaram a resolver o problema e completaram ou quase completaram a transformação do Dia das Bruxas para Ação de Graças. No terceiro momento do primeiro dia, os alunos estavam principalmente lendo, escrevendo e ouvindo. Nesse momento, todos os grupos trabalhavam em seus pôsteres, assim os pontos na avaliação foram limitados. Isso sugere que, enquanto a conclusão da transformação *gummi* é uma atividade adequada ao trabalho em grupo, fazer um pôster não é. Vale a pena registrar que, embora os níveis de discordância tenham aumentado posteriormente na tarefa, os níveis gerais de participação ainda foram altos, com aproximadamente 85% dos alunos realizando a tarefa de uma maneira ou de outra. (MELOY; BEANS; CHENG, 2012, p. 31).

Observações de participação individual

Escolha os "alunos-alvo" que você tem interesse em observar. Eles podem ser alguns ou todos os listados a seguir: alunos com baixo *status* acadêmico; alunos que tendem a dominar as discussões; alunos que apresentam pouca influência social entre seus colegas de turma; alunos calados que geralmente não participam; alunos que apresentam baixa proficiência na língua e/ou que perturbam a sala de aula. Em seguida, construa uma planilha de pontuação, como a mostrada na Figura 11.3, na qual você desenha um retângulo para representar cada aluno em cada grupo. Destaque a localização do aluno-alvo no grupo quando o observador estiver pronto para pontuar. Faça o observador nomear os retângulos em cada grupo representando os alunos-alvo.

O observador deve passar pelo menos 5 minutos pontuando cada grupo. Estamos assumindo que haverá cinco ou seis grupos com cinco alunos cada. O observador simplesmente faz um traço dentro do retângulo apropriado para cada discurso relevante em relação à tarefa que um aluno faz. Esse discurso pode ser apenas um "OK" ou pode ser longo. Um discurso termina quando a pessoa para de falar, começa uma fala social ou não relacionada à tarefa ou é interrompida por outra pessoa. Conversas não relacionadas à tarefa não são anotadas. É importante registrar a contribuição do aluno-alvo. Às vezes os erros serão provocados por membros do grupo que se movem e entram e saem dele. Se o aluno-alvo sair de um grupo e deixar de participar, isso deve ser registrado. O observador deve ficar perto o suficiente do grupo para escutar e observar, mas não perto demais a ponto de deixar os alunos conscientes do que ele estejam fazendo.

A tabulação e a análise desses dados são muito simples (ver Quadro 11.2). Quantos alunos-alvo de baixo *status* nunca foram vistos participando? Quantos alunos em toda a turma nunca foram vistos participando? Se os alunos de baixo *status* representam metade ou mais dos alunos não participantes, você está observando um problema de *status*. Cálculos mais precisos podem ser feitos examinando o número de vezes que os alunos-alvo pontuaram em comparação ao número de vezes que outras pessoas em seus grupos também pontuaram. A maneira mais simples de fazer isso é comparar o número médio de falas dos alunos-alvo com o número médio de falas dos outros membros dos seus grupos (ver o segundo modelo de cálculo no Quadro11.2).

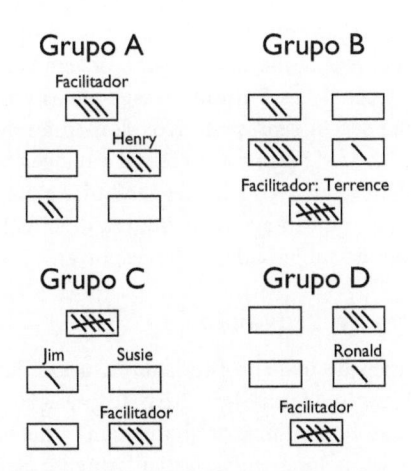

Figura 11.3. Modelo de planilha de pontuação por participação.

QUADRO 11.2 Modelo de cálculos de pontos de participação

Quantos dos não participantes na turma (i.e., alunos que nunca falaram) eram alunos com baixo *status*?

a. Total de não participantes	6
b. Não participantes de baixo *status*	1
Percentual de baixo *status* (a ÷ b X 100)	17%

Conclusão: Pouquíssimos não participantes eram alunos com baixo *status*.
Como a taxa de participação dos alunos-alvo é comparável à taxa média dos seus grupos?
(O exemplo de cálculo apresentado aqui se refere ao Grupo A; os cálculos para os outros grupos devem ser feitos da mesma maneira.)

	Alunos-alvo	Outros alunos
Número de alunos	1	4
Número total de discursos	3	5
Média de discursos por aluno	3	1,25

Conclusão: Henry falou mais do que a média do seu grupo.

Compare então os valores dos alunos-alvo com o valor médio para o grupo. Eles estão abaixo da média? A maioria dos alunos-alvo está abaixo da média nos seus respectivos grupos? Se a tarefa de trabalho em grupo foi eficiente para moderar os efeitos de *status*, alguns dos alunos-alvo devem estar abaixo da média, alguns próximos da média e outros acima. Esse método de observação também permite que você diga com apenas uma olhada se um membro está dominando a interação ao falar mais do que qualquer outra pessoa. Se você está preocupado com o fato de os facilitadores estarem realizando a maior parte da conversação, faça o observador registrar os facilitadores na tabela, de modo que você possa acompanhar sua taxa de conversação em comparação com a taxa média dos outros membros do grupo.

Os valores para qualquer aluno-alvo isolado devem ser encarados com cautela, porque pode acontecer de os 5 minutos específicos em que foi registrada a pontuação do grupo não serem representativos do padrão de interação do grupo como um todo. Esse método de pontuação tem a vantagem da objetividade, mas a desvantagem de permitir apenas conclusões limitadas a partir dos números. Já o questionário dos alunos tem a vantagem da riqueza de inferências que podem ser feitas, mas a desvantagem da subjetividade das respostas.

Uso de dispositivos de gravação

A fim de obter uma percepção mais profunda da natureza das interações e do discurso nos grupos, a utilização de um dispositivo de gravação é muito útil. Ouvir e/ou observar uma gravação pode iluminar alguns temas que você não havia percebido durante a agitação de qualquer aula, particularmente de uma aula em que seis a oito grupos estão funcionando de maneira simultânea.

Chris Alger, professora e autora, ocasionalmente registrou as interações dos seus alunos (SHULMAN; LOTAN; WHITCOMB, 1998). Ao escutar a gravação, ela chegou a uma constatação decepcionante sobre uma interação específica com um grupo que incluiu Dennis, um dos alunos com baixo *status* e baixo desempenho de sua turma. Dennis não estava participando nem estava envolvido com a tarefa. Mesmo quando Chris, a professora, perguntou aos outros membros do grupo se eles estavam tentando incluir Dennis, eles disseram que sim. Entretanto, Chris percebeu que era tudo fingimento:

> Vários meses depois, comecei a refletir e escutei a gravação daquela interação. Tive de ouvir três vezes antes de perceber o que realmente ocorreu naquele dia e uma quarta vez antes de perceber as implicações do meu papel.
> Vi com meus próprios olhos que Dennis não estava envolvido com o grupo. Todos haviam mentido para mim sobre a sua participação. Eu sabia que era uma mentira, mas não confrontei Dennis porque achei que ele se fecharia ainda mais. (SHULMAN; LOTAN; WHITCOMB, 1998, p. 63).

A análise de Alger a levou a considerar as implicações éticas de suas ações na sala de aula:

> Em uma sala de aula centrada no professor, o comportamento afastado de um aluno como Dennis é um assunto entre ele e o professor. Seus colegas estão conscientes do comportamento, formam opiniões sobre o colega em função desse comportamento e podem, por sua vez, reforçar suas baixas expectativas sobre ele, mas são geralmente pouco afetados. Ao contrário, em situações de trabalho em grupo, o silêncio de um aluno – o ato pouco saudável e a invisibilidade de Dennis – impacta seus colegas. Eles dependem uns dos outros para ajudar o grupo a obter uma boa nota, e o silêncio de um aluno se torna uma ausência perceptível [...]. Ao final, foi difícil mudar as percepções das pessoas sobre Dennis, tanto as de seus colegas de turma quanto as dele próprias – e como agora eu reconheço, as minhas. Todos nós participamos do ato de deixá-lo afastado e nosso fracasso coletivo em assumir a responsabilidade por ajudar Dennis é em si imoral. O que se tornou claro após minha quarta revisão da gravação foi minha própria colaboração para o silêncio de Dennis. Percebi que me dirigi aos outros membros do grupo como se Dennis estivesse invisível. Em vez de atribuir competências eu fiz o oposto. Desmaterializei, tratei como um objeto e em última análise desempoderei Dennis. Nem é surpreendente que as expectativas de seus colegas tenham sido menores do que eu gostaria. Do meu próprio jeito, sem querer, eu o havia silenciado. (SHULMAN; LOTAN; WHITCOMB, 1998, p. 63-64).

Obviamente a maioria dos professores ocupados não terá a oportunidade de ouvir ou observar uma gravação várias vezes e de se envolver em uma análise tão profunda. Entretanto, tais reflexões podem ser particularmente valiosas ao pensar sobre as sutilezas e implicações das interações em sala de aula.

Dispositivos de gravação são cada vez mais utilizados em programas de aprendizagem profissional para apoiar o desenvolvimento de estratégias ambiciosas de aprendizagem. Muitos professores fazem parte de "clubes de vídeo", analisam e observam juntos os eventos que ocorrem nas salas de aula. Brittany Leknes e Lily Xu, professoras de matemática e graduadas pelo Programa de Formação de Professores de Stanford, resumiram sua análise de um curto trecho de vídeo gravado em uma turma de álgebra com alunos de diferentes anos escolares. Sua atenção para questões de desigualdade de *status* entre os membros do grupo é particularmente interessante.

> Os alunos dessa turma realizam trabalho em grupo como parte das atividades diárias de sala de aula e, assim, essa atividade não foi um problema para seu comportamento normal. Não observamos quaisquer áreas de conflito durante a realização da tarefa. Os alunos tiveram bom relacionamento e se preocuparam em incluir uns aos outros. Entretanto, observamos as questões de *status* que surgem a cada dia perpetuarem-se nessa atividade.
> Escolhemos analisar um trecho do vídeo que exemplifica as questões de *status* de um grupo com desempenho elevado [...] Esse grupo consiste de duas meninas novatas com *status* acadêmico elevado. A outra metade era formada por dois meninos, um dos anos finais do ensino fundamental e outro do ensino médio, que apresentam elevado *status* social e *status* acadêmico médio.
> No vídeo, uma das meninas de *status* elevado, Sarah, perguntou enfaticamente aos outros colegas do grupo: "Garotos, vocês entenderam?". Após essa pergunta, ela prosseguiu explicando etapas que propunha para resolver um problema de divisão sintética aos demais membros do grupo, enquanto eles acompanhavam seu raciocínio e copiavam as respostas. Ao analisar essa interação, ficamos divididas sobre o fato de essa ser ou não uma interação positiva. Esse grupo costuma se relacionar bem. Nesse trecho do vídeo, eles colaboravam e pareciam felizes. Entretanto, Sarah, a aluna de *status* elevado que geralmente explica como fazer a tarefa aos outros alunos da turma, permaneceu fiel ao seu papel e explicou aos outros membros do grupo como resolver o problema. Depois que ela terminou sua explicação, os outros três alunos pareciam ter entendido melhor o problema. Eles disseram "Ah, entendi" e fizeram perguntas de acompanhamento ao longo da sua explicação. Olhando de novo os dados da planilha de observações, esse grupo sempre teve pelo menos duas pessoas que falavam e interagiam entre si. Essa foi uma interação positiva? Os alunos parecem ter compreendido a matéria de matemática e melhoraram seu conhecimento. Foi suficiente manter o *status quo*? Essas são algumas questões com as quais ainda nos debatemos quando analisamos esse vídeo. (LEKNES; XU, 2012, p. 16-17).

Meloy, Beans e Cheng (2012, p. 34-37), os professores de ciências que mencionamos anteriormente no capítulo, registraram alguns momentos de trabalho em grupo bem-sucedido e produtivo:

O trecho do vídeo se concentra em um grupo de três alunos. Nessa turma, os grupos são determinados por um mapa de assentos distribuídos aleatoriamente. Os alunos, nesse trecho específico, tiveram a oportunidade de trabalhar juntos como um grupo em duas tarefas anteriores em sala de aula. Um membro desse grupo, uma aluna de elevado *status* acadêmico e *status* social médio, estava ausente no dia da proposição da tarefa, mas esteve presente nas ocasiões anteriores em que esse grupo trabalhou. Os níveis de participação dos alunos nesse vídeo foram impressionantes mesmo para um observador externo que não sabe nada sobre o *status* acadêmico ou social dos alunos envolvidos. Ao levar em conta o fato de que Noah e Johnny, especialmente Johnny, possuem taxas de participação muito baixas na turma, esse trecho é ainda mais impressionante. Ao vermos esse vídeo pela primeira vez, Henrietta parece dominar a conversação. De fato, ela conduziu cerca de 50% das conversas, enquanto Noah e Johnny participaram igualmente. Isso posto, Henrietta tendeu a fazer perguntas gerais, menos específicas, enquanto Noah e Johnny tenderam a fazer perguntas que ajudaram o grupo avançar. Henrietta respondeu às perguntas dos seus colegas com afirmações que resumiam o pensamento coletivo em resposta à questão. É significativo que, embora Henrietta tenha dominado a conversa durante a tarefa, ela não determinou a direção que o grupo seguiu. Em vez disso, ela resumiu o pensamento coletivo.

Os três alunos foram capazes de participar da conversação porque todos foram incluídos na discussão. Isso é evidente em função de cada pergunta ter sido feita a todo o grupo em vez de a um indivíduo específico, uma prática que permitiu uma oportunidade igual para que os alunos demonstrassem competência. Apoiando suas perguntas inclusivas, os comportamentos não verbais dos alunos também sugerem inclusão. O foco de Noah e Johnny não pôde ser determinado em função do ângulo em que o filme foi feito. Entretanto, ficou claro no vídeo que Henrietta olhou principalmente para baixo, para os objetos manipuláveis. Quando olhou para cima, ela envolveu os dois colegas de grupo. Do mesmo modo, todos os alunos estavam envolvidos com os materiais e mantiveram uma postura que os colocaram em contato com todos os membros.

O vídeo também mostra alguns comportamentos importantes da parte do professor que ajudaram a estimular uma interdependência positiva entre os membros do grupo. Por exemplo, Henrietta afirmou que se sentiu confusa, uma informação que foi ignorada pelo professor, embora no vídeo ele estivesse claramente na frente. Em vez disso, Henrietta foi forçada a trabalhar sua confusão com seus colegas de grupo. Mais tarde, quando perguntado o que os alunos deveriam saber, o professor simplesmente reafirmou o que havia sido dito na orientação para a tarefa, uma vez mais forçando o grupo a trabalhar a partir da sua compreensão coletiva. Em um momento posterior, o professor respondeu a uma pergunta do grupo devolvendo a questão aos componentes da equipe, empoderando os alunos para que confiassem em suas próprias interpretações das informações disponíveis.

REFLETINDO SOBRE O TRABALHO EM GRUPO

Marque um encontro com o seu colega, mantenha um diário ou apenas escreva algumas notas para si mesmo. Reconheça e aplauda tudo que teve um bom desempenho. Em seguida, pergunte quais são alguns dos temas que você deverá abordar da próxima vez. Construa uma agenda para o encontro com o seu colega e gaste tempo pensando em algumas melhoras possíveis. Se seu trabalho em grupo estiver acontecendo, algumas das soluções podem ser colocadas em prática imediatamente. Comece com as perguntas identificadas na sessão de planejamento da avaliação. Por exemplo, se você estiver preocupado com a clareza das suas instruções, verifique então todos os dados que tiver sobre essa questão. Depois de reunir tudo o que foi aprendido a partir da avaliação, incluindo os dados sistemáticos e suas próprias observações, planeje e decida sobre como a próxima sessão do trabalho em grupo pode ser melhorada. Faça isso de uma maneira sistemática. Seu encontro ou sua reflexão será mais eficaz se você tomar decisões à luz do que aprendeu a partir dos dados coletados. O que funcionou bem e não deve ser mexido? O que precisa de algum ajuste e o que você e seu colega acham que pode ser feito sobre isso? Anote essas decisões e as guarde junto com seus planos de ensino para a tarefa de trabalho em grupo. Caso contrário, você pode esquecer o que aprendeu e dependerá de um julgamento geral vago sobre como ocorreu a atividade.

O que você pode fazer se realizar uma análise de *status* e concluir que ainda tem um problema acentuado, com alguns alunos realizando a maior parte do trabalho e alunos com baixo *status* oferecendo muito pouco ao grupo? Volte ao Capítulo 10 e veja se existem algumas técnicas que você possa introduzir. Talvez você precise passar mais tempo com uma introdução sobre habilidades múltiplas. Talvez deva observar os alunos com baixo *status* durante o trabalho de grupo e encontrar uma maneira de atribuir competências a eles. Talvez precise introduzir ou reforçar o papel do facilitador para garantir que todos participem; e talvez, se os alunos forem encorajados a desempenhar esse papel, eles receberão um impulso muito necessário nas suas expectativas de competência.

Obviamente você escolherá um método de avaliação que seja prático e que funcione. Faz sentido tentar cada uma dessas técnicas aos poucos. À medida que você ganhar experiência, demorará cada vez menos para analisar os dados. Se estiver tentando tratar um problema particular que identificou no primeiro momento da avaliação e quer avaliar o segundo momento para ver se as coisas melhoraram, utilize os mesmos instrumentos na segunda vez. Quando você tiver tentado as novas soluções e as avaliado, terá testado o formato do trabalho em grupo que você, seu parceiro e qualquer outro colega pode utilizar. Você ficará satisfeito em descobrir que um planejamento cuidadosamente pensado e avaliado funcionará bem em uma ampla variedade de turmas. Os alunos responderão com entusiasmo e excitação ano após ano.

12

Trabalho em grupo na sala de aula bilíngue

Elizabeth Cohen

O professor dedicado de uma turma bilíngue ou de inglês como segunda língua enfrenta um cenário de enorme complexidade – linguística, acadêmica e cultural. Ao mesmo tempo em que se esforça para ajudar as crianças a entenderem o que deve ser feito em cada tarefa, o professor tenta melhorar a proficiência na língua e em geral remediar habilidades básicas. Além disso, existem tantas diferenças no que cada criança precisará entender para fazer progresso razoável que os métodos convencionais de agrupamento por habilidade realmente não simplificam a situação. Se os professores agruparem as crianças por proficiência na língua (como recomendado pelo governo federal norte-americano),[*] o que eles devem fazer com as diferenças acadêmicas? E se eles agruparem por habilidade acadêmica, como podem ter certeza de que todos entendem a linguagem de ensino?

Não sou uma especialista em educação bilíngue, mas nos últimos 14 anos trabalhei com professores dos anos iniciais do ensino fundamental em que o tema da linguagem era central. No início desse trabalho, descobri que não era uma questão fácil o fato de a criança falar espanhol, inglês ou ser proficiente em ambas as línguas. Com muita frequência, encontramos crianças que não são classificadas como proficientes em inglês ou espanhol. O *status* linguístico real delas não é muito bem compreendido.

Além disso, as diferenças de classe social e cultura estão completamente misturadas com a questão da linguagem. Algumas dessas crianças com inglês ou espanhol limitado ou mínimo vêm de condições econômicas muito pobres. Elas estão chegando à escola com a força da sua própria cultura, mas sem muitas das experiências pré-escolares que as preparariam para o currículo típico. Também provenientes de lares de baixa renda são algumas crianças que não tiveram qualquer escolarização. Não é incomum encontrar novos imigrantes com 8 ou 9 anos que nunca estiveram na escola.

---

[*] N. de R. T.: Este capítulo se baseia no contexto específico do estado norte-americano da Califórnia, que atende uma parte significativa de estudantes que têm o espanhol ou outra língua que não o inglês como primeira língua.

Muitas salas de aula bilíngues de 4º, 5º e 6º anos apresentam crianças com habilidades mínimas de leitura e escrita em qualquer língua. Algumas delas começaram sua escolarização com proficiência limitada em inglês. Elas não tiveram acesso à educação em uma linguagem que podiam entender. Como resultado, não fizeram um bom progresso acadêmico. Para aqueles alunos com proficiência plena em espanhol, mas proficiência limitada em inglês, parece claro que o ensino na língua mãe nessas habilidades básicas é fundamental para assegurar o progresso acadêmico. Muitas das salas de aula nas quais tive o privilégio de trabalhar apresentam professores bilíngues e materiais de ensino em ambas as línguas. As crianças nesses ambientes apresentam a importante vantagem de terem acesso à linguagem em que ocorre o ensino.

Para tornar o cenário ainda mais complicado, existem outras línguas além do inglês nas escolas. Com os imigrantes asiáticos vem uma variedade de línguas tais como dialetos do Laos e do Vietnã. Em geral não é possível encontrar na sala de aula outra criança, professor credenciado ou auxiliares treinados que conheçam a língua do recém-chegado. Essas crianças costumam estar em salas de aula de inglês como segunda língua e, para elas, a prioridade máxima é aprender inglês rapidamente, às vezes desprezando as outras disciplinas.

Os objetivos principais da escola para turmas bilíngues e de inglês como segunda língua costumam ser aumentar a proficiência linguística em inglês e elevar as habilidades básicas dos alunos ao nível escolar em que se encontram. É feita a suposição errada de que o inglês é um pré-requisito para o ensino das habilidades básicas (CUMMINS, 1979). A ênfase no ensino de inglês ocorre frequentemente à custa de um ensino desafiador das habilidades básicas. Como consequência, os alunos ficam para trás em termos de conteúdo enquanto aprendem o novo idioma.

O trabalho em grupo oferece uma ferramenta poderosa para a obtenção tanto das habilidades em inglês como das demais habilidades básicas. Ao mesmo tempo pode ser utilizado para permitir que os professores de tais salas de aula forneçam acesso a habilidades de pensamento de nível mais elevado. Este capítulo começa com a questão da proficiência oral e abordará o problema de apresentar o currículo baseado em anos escolares para uma sala de aula que é heterogênea do ponto de vista acadêmico e linguístico. A seção final ilustra como o trabalho em grupo pode ser utilizado para produzir resultados de ampla dimensão com uma abordagem bilíngue planejada para desenvolver as habilidades do pensamento.

PROFICIÊNCIA ORAL

Em uma revisão da literatura e de pesquisas sobre como as crianças adquirem uma segunda língua, McLaughlin (1985) descobriu que a sua aprendizagem é acelerada quando os alunos possuem uma interação significativa com colegas que são falantes nativos. A ideia de falantes nativos como modelos de linguagem não é nova na pedagogia de uma segunda língua. Entretanto, práticas comuns na escola operam contra a interação entre colegas que falam inglês e os que têm limitações nesse idioma. Em primeiro lugar, as crianças que apresentam uma capacidade limitada de expressão em inglês são em geral retiradas da sala de aula regular e colocadas em turmas especiais para ensino bilíngue ou para o ensino do inglês como segunda língua. Certamente, nesse cenário em que estão isolados e estigmatizados, é pouco provável que apresentem interações significativas com seus colegas que falam inglês. Em segundo lugar, em salas de aula em que existam falantes proficientes em inglês são encontrados falantes de espanhol segregados em seus próprios grupos pequenos, mesmo quando é empregada a aprendizagem cooperativa.

Hoje em dia existe um número crescente de programas de imersão bilíngues de via dupla (LINDHOLM; ACLAN, 1991) demonstrando que, quando as crianças são ensinadas em ambas as línguas e os professores utilizam frequentemente grupos de ambas as línguas na aprendizagem cooperativa, todos os alunos se tornam bilíngues. Além disso, essas crianças têm um bom desempenho acadêmico nas avaliações de testes padronizados em inglês e espanhol.

Krashen (1988) argumenta que o aprendiz de uma segunda língua deve vivenciar um "estímulo compreensível", isto é, o ensino de uma língua que vá um pouco além do nível atual de proficiência do aluno. Uma imersão simples em um grupo que fala inglês não representa um estímulo significativo se a criança não estiver pronta para essa experiência. Além disso, estímulos significativos podem ser fornecidos em um contexto que não provoque ansiedade na criança com proficiência limitada em inglês. Krashen discute várias maneiras em que pode ser organizado um estímulo significativo na sala de aula e em outros ambientes da escola. Por exemplo, em situações de trabalho de grupo que ofereçam pistas não verbais e contextos para materiais manipuláveis ou adivinhações, a interação entre os colegas pode ser uma maneira muito eficaz de proporcionar estímulo significativo enquanto se ensina o conteúdo.

Segundo Faltis e Merino (1992), o aluno fala e escuta em interações nas quais é necessário se comunicar. Se os professores forem comunicadores hábeis, darão orientações claras para as tarefas em sala de aula e estruturarão essas tarefas para exigir participação e utilizar os materiais que aumentem a participação significativa dos alunos. Desse modo, um estímulo significativo é fornecido em uma atmosfera interessante e não ameaçadora que estimula a aprendizagem bem-sucedida de uma segunda língua em grande parte do mesmo modo que uma primeira língua se desenvolve.

A linguagem do ensino é especialmente crítica quando as crianças são falantes limitados de inglês. As atividades acadêmicas que exigem interação para que o conteúdo seja aprendido são preferíveis ao ensino direto da língua (CADIN, 1988).

Essas recomendações são muito semelhantes ao que chamei de "ricas tarefas para o trabalho em grupo". Particularmente se o treinamento e a organização do trabalho garantirem a participação de todos, parece que o cenário está pronto para as condições ideais recomendadas pelos especialistas.

Trabalho em grupo e o desenvolvimento da proficiência oral

Uma professora da educação infantil que participou da pesquisa em sua própria sala de aula como parte do Projeto Professor Investigador[1] surpreendeu-se com a facilidade de integrar o grupo de trabalho à sua atividade de ensino.

> Foi tão fácil que não percebemos que seria tão fácil – assumimos que seria uma coisa tremenda, difícil e complicada – e realmente não foi nada difícil. Você podia adaptar várias tarefas para trabalhar naqueles tipos de situações. Assim, você pode integrar atividades diárias normais como leitura e matemática. Não precisa ser algo que você retira de um livro de desenvolvimento de linguagem oral. Uma vez que tenha aprendido a lhes dar independência, você pode adaptar coisas a partir do texto.

A turma dessa professora apresentava os problemas típicos de diferenças de proficiência na língua. Muitas das crianças nessa escola entram na educação infantil com um vocabulário limitado. Além disso, esse vocabulário limitado pode ser dividido entre duas línguas. Algumas crianças com proficiência limitada em inglês não querem falar em sala de aula. Como uma dessas crianças descreveu: "quando ele chegou pela primeira vez e você perguntava 'Qual o seu nome?', ele apenas ria". Outros na mesma turma apresentam um bom nível de proficiência em espanhol ou inglês.

A questão para essa professora era: como fazer essas crianças falarem? Você tenta ensiná-las mais inglês por meio de atividades com todo o grupo, tais como exercícios e práticas, ou lendo em voz alta para elas? E o que você faz com aquelas que têm um bom domínio de inglês enquanto trabalha com aqueles que não têm?

Com a ajuda da professora de leitura da escola, a professora descobriu que os alunos da educação infantil que receberam um programa de pré-treinamento em atividades como Círculos Partidos, que foram desenvolvidas para ajudá-las a trabalhar em grupo, mostraram-se então capazes de participar em muitas atividades adicionais que estimularam discussões ativas. Exemplos de tais atividades incluíam dar a cada grupo um cartão com uma nova palavra nele e pedir que desenvolvessem uma brincadeira de adivinha, apresentando essa palavra de modo que outros grupos pudessem adivinhá-la. Aqui, aquelas crianças que dominavam o inglês atuaram como uma fonte valiosa e explicaram a palavra àquelas que não dominavam a língua. Além disso, todos tiveram ideias sobre como a brincadeira deveria ser desenvolvida. Ainda em outra tarefa, a professora de leitura entrou na sala com orelhas e narizes de porco de papel para cada grupo. Sua tarefa era encenar "Os Três Porquinhos". De acordo com o relatório dos professores, as crianças desenvolveram numerosas adaptações da história original com uma boa dose de entusiasmo e comunicação máxima. Essa professora de sala de aula até descobriu que tarefas simples que exigem memória visual poderiam ser adaptadas à discussão em grupo. Ela deu a eles um desenho detalhado de um elefante, seguido de um desenho de elefante com vários detalhes faltando. Cada criança teve de preencher a versão incompleta, mas eles se ajudaram com os detalhes. Por exemplo: "Pedro, você está esquecendo o olho". Antes que o ano escolar terminasse, ela considerou relativamente fácil realizar uma ou duas atividades de proficiência oral por dia. De modo interessante, quando a professora e a especialista em leitura compararam as gravações de um grupo de crianças discutindo sobre um animal vivo feitas antes e após essas experiências, elas ficaram satisfeitas e gratificadas em ver que quase todas as crianças aumentaram drasticamente sua disposição e capacidade de falar.

Composição do grupo e proficiência linguística

Se a tarefa for rica, com contexto, imagens e materiais de manipulação, é possível colocar as crianças que não compartilham nenhuma língua no mesmo grupo. Embora ainda seja um esforço significativo para um novato, se o grupo for treinado para que todos recebam a ajuda necessária, as crianças farão um impressionante trabalho de comunicação. Se for possível, grupos de mais de uma língua devem ser preferíveis. Caso contrário, os alunos não terão o benefício de ouvir colegas com proficiência em inglês. Quando uma criança for monolíngue em espanhol ou em outra língua, ela deve ser associada a falantes de inglês e a uma criança proficiente em ambas as línguas. A criança bilíngue precisa ser ensinada que é uma ponte valiosa no grupo, explicando às crianças monolíngues o que os outros estão dizendo e oferecendo ajuda especial aos alunos que não falam inglês. Também é importante que os falantes de inglês compreendam as contribuições daquele que não domina essa língua. Nas salas de aula em que ambas as línguas são utilizadas por professores e crianças, Neves (1983) descobriu que as crianças bilíngues tiveram, como um todo, o mais elevado *status* social; eram escolhidas com mais frequência em uma medida oscilométrica como amigas e como boas em matemática e ciências. À medida que o ano avança em uma sala de aula bilíngue, encontramos com frequência crianças que podem entender outra língua muito embora elas ainda não consigam falar muito nela. Minha equipe costumava observar conversações entre crianças que falavam espanhol e que falavam inglês, cada uma das quais falando na sua própria língua, mas claramente entendendo uma à outra.

Na sala de aula bilíngue de espanhol-inglês, às vezes os membros de um grupo falarão espanhol e às vezes falarão inglês. Nossos estudos demonstraram que não existe a necessidade de forçar uma regra para falar apenas inglês. A proficiência em inglês se desenvolverá nesse contexto. Se existirem alunos monolíngues em inglês no grupo, as regras de cooperação operam para que o falante de inglês compreenda o que os outros estão dizendo. Do mesmo modo, o falante de espanhol não deve ser excluído em um grupo predominantemente falante de inglês.

CURRÍCULO BASEADO NO ANO ESCOLAR EM SITUAÇÕES HETEROGÊNEAS

Os alunos com capacidade de expressão limitada em inglês que alcançam o 5º ou 6º ano usam esse idioma com frequência na sala de aula. Entretanto, enquanto eles se esforçavam por dominar a língua, perdiam as instruções sobre as habilidades básicas e assim operaram por vários anos abaixo do nível do ano escolar. O problema mais urgente vivenciado pela professora é a necessidade de remediar essas habilidades básicas enquanto avança com o currículo do ano.

Uma vez que os alunos tenham sido treinados para trabalhar em grupos, as tarefas curriculares que são necessárias para a turma, com muitos componentes de habilidades básicas, podem ser adaptadas para o trabalho em grupo. Os alunos mais avançados podem ajudar aqueles menos avançados. Os bilíngues podem ajudar aqueles que não compreendem o texto em inglês. A partir do 5º ano, o novo imigrante pode receber uma excelente assistência, pois existem muitos alunos proficientes bilíngues. Desse modo, a eficiência do professor é multiplicada, pois existem muitos "professores assistentes" que estão se certificando de que todos entendem as instruções e o texto da tarefa.

Uma professora de 4º ano e uma de 5º ano com quem trabalhei em tais situações relataram que podiam ensinar gramática de espanhol e inglês bem como habilidades de compreensão de leitura de um nível muito elevado ao preparar seus alunos para trabalhar em grupos heterogêneos. A professora do 5º ano relatou que os alunos eram capazes de trabalhar com livros didáticos de ciências de 8º e 9º anos. Ela pediu e os grupos parafrasearam várias sentenças a cada duas páginas que liam. Eles reconheceram a sequência do tópico em cada parágrafo e sublinharam os conceitos-chave utilizando esses conceitos para construir seu próprio índice para sua versão do material. Essa foi uma tarefa de três meses dada aos grupos. Ela relatou que seu trabalho foi entregue revelando uma excelente compreensão. Os alunos ajudaram uns aos outros com a leitura e em seguida discutiram como completar a tarefa. Os alunos assumiram os papéis de leitor, registrador e facilitador. Esse é um excelente exemplo de como o trabalho em grupo pode permitir que o professor de uma sala de aula heterogênea possa ensinar no nível mais elevado e não no mínimo denominador comum ou mesmo para o aluno médio.

DESCOBERTA

Descoberta (DE AVILA; DUNCAN, 1980) é um conjunto de cartões de atividade e planilhas de trabalho planejado para estimular o desenvolvimento das habilidades de pensamento do 3º ao 6º ano. Todos os materiais de aprendizagem são apresentados em espanhol, em inglês e por meio de imagens. O Programa de Ensino para Equidade da Universidade de Stanford desenvolveu um sistema de gerenciamento da sala de aula que é utilizado em conjunto com esses materiais. Em capítulos anteriores já descrevi algumas das características-chave da aprendizagem cooperativa desenvolvida em Stanford para essa abordagem de ensino. O Capítulo 4 descreveu as técnicas cooperativas utilizadas para preparar grupos heterogêneos ao trabalho em estações de aprendizagem. Cada criança é responsável por completar a tarefa e a planilha, mas o grupo é responsável por garantir que cada um receba a ajuda de que precisar. O Capítulo 8 descreveu os papéis específicos, tais como facilitador, verificador e relator, que assumiram parte do trabalho do professor e asseguraram que ninguém fosse deixado de lado ou sem se envolver com a tarefa.

Neste capítulo, gostaria de mostrar como a atividade Descoberta e as estratégias de Ensino para Equidade contribuem para o desenvolvimento da proficiência oral, aquisição e/ou remediação de habilidades básicas e desenvolvimento de conceitos de matemática adequados ao ano escolar. Entretanto, os avanços expressivos que foram observados em Descoberta ocorrem *apenas* quando professores e alunos recebem preparação adequada para o Ensino para Equidade, que envolve treinamento extenso para cooperação, múltiplos papéis para alunos nas estações de aprendizagem e delegação de autoridade pelo professor. Os materiais do currículo são muito bem desenvolvidos, mas não são mágicos. A menos que as crianças tenham um acesso adequado a cada uma das demais como uma fonte de informações e a menos que elas sejam ensinadas a resolver problemas como um grupo, muitas não saberão o que fazer com os materiais.

Materiais e gerenciamento

A atividade Descoberta utiliza os conceitos de ciências e matemática para desenvolver as habilidades de pensamento. Em cada estação de aprendizagem existem dois cartões de atividades, um em inglês e outro em espanhol. Os cartões dizem aos alunos o que é a atividade e lhes fazem algumas perguntas-chave. Existem muitas palavras desafiadoras nesses cartões, tais como "perímetro", "latitude" e "hexágono". Claramente essas palavras estão além do nível de leitura da maioria dos alunos nas salas de aula de 3º e 4º anos, nas quais muitos não conseguem ler ou escrever no início do ano escolar. Os cartões apresentam pictografias indicando a natureza da atividade. Existem também planilhas de trabalho em espanhol e inglês para cada criança na estação de aprendizagem. Elas em geral pedem à criança que descreva o que aconteceu. Elas também perguntam: "Por que você acha que isso aconteceu?". Eles podem pedir que uma criança avalie com antecedência o tamanho futuro de algo. Em seguida, pedem que o aluno deixe lado a lado os resultados da medição real e o quanto estava distante do palpite inicial. Desse modo, as planilhas precisam de um nível elevado de inferência e de habilidades como a estimativa, enquanto demandam habilidades básicas como leitura, expressão escrita e cálculo.

Medir, experimentar, construir, estimar, levantar hipóteses, analisar e muitas outras atividades intelectuais permitem que a criança desenvolva estratégias para a resolução de problemas. A atividade Descoberta sempre envolve materiais de manipulação interessantes. Eles foram desenvolvidos sem assumir que a criança teve um rico conjunto de experiências pré-escolares relevantes para matemática e ciências.

Conceitos-chave, tais como o de coordenadas lineares, estão embutidos nas atividades. A criança encontra coordenadas lineares repetidamente em diferentes formas e em diferentes estações. Por exemplo, em uma etapa, os alunos localizaram suas casas em um mapa, utilizando coordenadas. Em outra etapa, trabalharam com latitude e longitude em um globo. Após repetidas experiências com essas ideias abstratas em diferentes mídias, a criança adquire um domínio fundamental da ideia que irá transferir de modo que ela a reconhecerá em novas situações, incluindo exames e provas formais.

O grupo tem muitas funções nessa situação. Em primeiro lugar, é essencial assegurar que todas as crianças tenham acesso à tarefa. A menos que obtenham ajuda na leitura do cartão de atividades, muitas crianças serão incapazes de se beneficiar. Outras crianças que leem perfeitamente bem ainda podem ter dificuldade em descobrir como funciona uma escala de balança ou bobinas de enrolamento na unidade sobre eletromagnetismo. Os alunos devem pedir ajuda uns aos outros. Eles vivenciaram exercícios cooperativos específicos planejados para internalizar o comportamento de ajudar os outros sem realizar a tarefa por eles (ver Cap. 4). O facilitador é especificamente ensinado a garantir que cada um receba a ajuda necessária. Tanto a cooperação quanto os múltiplos papéis atribuídos ajudam a garantir que todos se beneficiem da atividade.

Uma segunda função do grupo é oferecer um fórum em que diferenças de ideias sobre o que fazer e sobre quais são as boas respostas podem ser compartilhadas e discutidas. As instruções nos cartões de atividades deixam uma boa margem de incerteza em muitas tarefas. Os membros do grupo têm de utilizar o método de tentativa e erro e devem compartilhar seus resultados, seja mostrando-os uns aos outros ou por meio de discussão. Mais uma vez, as crianças praticaram explicando e mostrando umas às outras como as coisas funcionam por meio de exercícios especiais (Cap. 4).

Uma terceira função do grupo é a de cuidar dos problemas das crianças que tendem a ficar frustradas ou que com frequência se mostram desmotivadas. Em vez de o professor ter de deslocar-se na sala para as seis estações de aprendizagem para dar assistência às crianças que não estão realizando a tarefa, o grupo funciona para garantir que todos estejam trabalhando. A regra é: ninguém acabou até que todos tenham acabado.

Uma quarta função do grupo é lidar com o problema das diferenças linguísticas. A criança bilíngue deve explicar para a monolíngue em espanhol o que as outras estão vivendo. Do mesmo modo, os falantes de inglês devem receber estímulo dos falantes de espanhol. A criança que não possui proficiência é exposta a uma rica experiência linguística à medida que utiliza o vocabulário do cartão de atividades em uma situação com todo o contexto e as pistas não verbais necessárias para um "estímulo significativo". Em vez de o professor ter de explicar tudo em espanhol e inglês, os cartões de atividades, os materiais manipuláveis e os recursos linguísticos do grupo se encarregam disso. Desse modo, a criança recebe ensino simultâneo na língua e nos conteúdos (BRINTON; SNOW; WESCHE, 1990).

No início de cada sessão Descoberta, o professor fornece uma breve orientação, demonstrando os conceitos de uma das estações de aprendizagem mais difíceis naquela unidade, por exemplo. A orientação pode ser uma demonstração ativa utilizando dispositivos visuais e envolvendo uma discussão ativa com os alunos. É solicitado que o professor inclua um tratamento de habilidades múltiplas com uma discussão de diferentes tipos de habilidades intelectuais que serão exigidas nesse conjunto de estações de aprendizagem. Como prescrito no Capítulo 10, o professor deve incluir o mote de que ninguém possui todas aquelas habilidades, mas que cada um possui algumas delas. Ele também pode falar sobre o sistema de gerenciamento de sala de aula, enfatizando normas de cooperação, ou como deseja que um dos papéis seja desempenhado.

Enquanto os alunos estiverem trabalhando nas estações de aprendizagem, a equipe de ensino (às vezes um professor ou um assistente, às vezes dois professores credenciados) circula pela sala, tomando cuidado para não interferir nas conversas e nos trabalhos coletivos. Apenas o facilitador pode ir até o professor fazer perguntas e mesmo assim os professores perguntam ao facilitador para se certificarem de que ninguém no grupo pode responder à pergunta. O sistema de gerenciamento funciona para liberar os professores de passar a maior parte do tempo acompanhando os alunos na tarefa e se certificando de que todos entenderam as instruções. Em vez de precisarem estar presentes imediatamente como supervisores diretos, eles atuam como supervisores de apoio. Isso envolve fazer perguntas de nível mais elevado, estimular o pensamento das crianças, ampliar suas atividades e fornecer *feedback* específico para grupos e indivíduos. Os professores ficam atentos para a presença de alguma das múltiplas habilidades intelectuais, tais como argumentação, pensamento visual e precisão, especialmente por parte das crianças com baixo *status*. Se o professor observar uma criança de baixo *status* realizando de maneira competente uma das múltiplas habilidades, ele deve atribuir competência àquele aluno dizendo pública e especificamente o que observou, de modo que o aluno e o grupo saibam com precisão o que foi bem realizado.

Ao final de cada sessão é feito um resumo de encerramento. O relator de cada estação de aprendizagem pode compartilhar o que o grupo descobriu. Um aluno de baixo *status* pode fazer uma apresentação especial do que realizou na estação de aprendizagem. O professor pode destacar algumas dificuldades enfrentadas por alguns grupos em algumas estações de aprendizagem. Nesse momento, o professor pode inclusive explicar um conceito específico ou, ainda, discutir como a cooperação e o desempenho de determinados papéis estão ocorrendo.

Os alunos vivenciam essa abordagem por aproximadamente uma hora por dia, quatro dias por semana. Eles estão repetidamente lendo e escrevendo em um contexto que é muito relevante e interessante para eles. Embora possam ter de aceitar ajuda, eles querem colocar suas próprias palavras nas planilhas de trabalho. Por exemplo, quando as crianças veem o que ocorre com o grão de milho em um tubo de ensaio colocado em um bico de Bunsen, elas querem escrever suas próprias ideias sobre por que ele estourou. No decorrer da exposição aos conceitos, às atividades e aos materiais, elas desenvolvem estratégias de resolução de problemas de alto nível que os mais jovens nas salas de aula bilíngues raramente vivenciam, porque estão preocupados demais com sua proficiência limitada em inglês.

Resultados de desempenho

Começando em 1979, o Programa de Ensino para Equidade coletou dados sobre o desempenho de crianças que vivenciaram o Descoberta e compararam sua pontuação em um teste no início e ao final do ano letivo com os progressos esperados em uma população nacional com distribuição normal. As crianças vieram em grande parte da classe trabalhadora, muitas das quais de escolas com alunos que predominantemente falam espanhol em diferentes distritos na Área da Baía da Califórnia.

Em 1979, 253 alunos de nove escolas em San Jose foram submetidos às Escalas de Avaliação de Linguagem (DE AVILA; DUNCAN, 1977) no início e no final do ano. Trata-se de uma medida da proficiência oral em inglês e espanhol que é amplamente utilizada nos Estados Unidos. Os resultados mostraram progressos muito significativos na proficiência oral em inglês por parte daquelas crianças que começaram com proficiência mínima ou limitada. Os alunos que apresentaram os progressos mais impressionantes foram aqueles que exibiram proficiência mínima no teste *tanto* em inglês *quanto* em espanhol (DE AVILA, 1981). Neves (1983) verificou um conjunto especial dessas crianças com proficiência linguística variável e observou que, quanto mais as crianças monolíngues em espanhol falavam sobre a tarefa, maiores eram os avanços na língua inglesa. Isso era verdadeiro mesmo quando essas crianças estavam falando a maior parte do tempo em espanhol, mas devemos lembrar que eles atuavam em grupos heterogêneos em que o inglês era falado.

Nos três anos em que coletamos dados no Teste Global de Habilidades Básicas (CTBS, 1981), registramos avanços altamente significativos nos subtestes de linguagem, leitura e matemática. Em 1983-1984, o teste de ciências do CTBS foi aplicado pela primeira vez e também apresentou avanços significativos. A comparação desses avanços com aqueles esperados na população com distribuição normal revelou que os alunos estavam progredindo mais do que a população nacional com distribuição normal em cada subteste da bateria de exames. Particularmente impressionantes foram os grandes progressos que ocorreram a cada ano em subtestes cujos conteúdos envolviam conceitos de matemática e aplicações, cálculo matemático e compreensão de leitura.

Tão importante quanto esses progressos de amplo espectro foi a pesquisa que revelou como esses avanços estavam conectados a experiências específicas na sala de aula. Por exemplo, quando visitamos as salas de aula e sistematicamente contamos o número de crianças que estavam envolvidas em conversações ou manipulando materiais, descobrimos que essa proporção era muito estreitamente relacionada aos avanços nos conceitos de matemática e no subteste de aplicações (COHEN; LOTAN; LEECHOR, 1989). Em outras palavras, alunos cujos professores criaram condições para mais conversas e trabalhos conjuntos apresentaram em média progressos maiores na seção do teste de matemática que lidava com conceitos e resolução de problemas. O trabalho em grupo é o cenário ideal para a promoção do domínio de conceitos abstratos.

A fim de maximizar a quantidade de conversas e de trabalho realizados coletivamente, é necessário que o professor delegue autoridade. Quando os alunos estavam nas estações de aprendizagem, descobrimos que aqueles professores que estavam tentando ajudar as crianças a realizar as tarefas, fornecendo instrução direta, fazendo muitas perguntas e disciplinando os alunos, contavam com menos alunos conversando e trabalhando juntos (COHEN; LOTAN; LEECHOR, 1989). Aqueles professores que prepararam bem as crianças, contando com algumas delas para acompanhar o progresso das demais e ajudá-las a completar a tarefa, não tinham necessidade de se deslocar entre os grupos para manter o trabalho fluindo. Além disso, aquelas professoras que mais utilizaram grupos menores descobriram que não precisavam correr pela sala de aula tentando ajudar todo mundo. Os grupos eram capazes de se gerenciar bem. Como a professora não teve de realizar supervisão direta, houve uma maior interação e, portanto, mais aprendizagem naquelas salas de aula.

A aprendizagem cooperativa e a utilização de papéis impulsionaram a interação de todos. Essas estratégias também propiciaram às crianças com baixo *status* acesso aos materiais manipuláveis e à compreensão dos materiais escritos. A utilização frequente de tratamentos de *status* ajudou a impulsionar as expectativas de competência para os alunos com baixo *status*, levando a um aumento do esforço, da atividade e da influência entre essas crianças. Como resultado, crianças com baixo *status* aprenderam mais do que teriam aprendido sem essas características especiais de treinamento cooperativo, papéis e tratamento de *status*.

De onde vieram os progressos na linguagem? Uma visita a uma sala de aula Descoberta revela muitos alunos que estão estudando os cartões de atividades e planilhas, argumentando sobre o que falam e sobre o que deveriam fazer. Aquelas salas de aula que apresentaram uma maior proporção de alunos lendo e escrevendo obtiveram maiores avanços no teste de compreensão de leitura. Os alunos estão lendo e escrevendo com um propósito, e não como parte de um exercício individual em sala de aula que não faz muito sentido para eles.

Na sala de aula do 2º ano, a professora dizia aos alunos todos os dias: "Não toquem nos materiais até que vocês tenham debatido sobre os cartões de atividade e possam me dizer o que devem fazer. Eu vou chegar e pedir que um de vocês me diga o que vão fazer". Ela repetiria exatamente essas instruções, perguntando com frequência aos não leitores o que eles planejavam fazer com os materiais. Se a criança não conseguia explicar, ela dizia: "Acho que vocês terão que ler e discutir um pouco mais. Voltarei para ver se vocês descobriram". Navarrete (1985) gravou vídeos de grupos trabalhando na sala de aula. Ela descobriu que a maior parte das discussões entre as crianças se baseava em descobrir o que o cartão de atividades dizia. Quanto mais as crianças buscavam ajuda e retornavam para sua tarefa (o que Navarrete chamou de uma sequência completa de resolução de problemas), maiores eram seus progressos em termos de habilidade de leitura. Não leitores foram estimulados a descobrir sozinhos o que dizia o cartão de atividades porque estavam ansiosos para se dedicarem aos interessantes materiais manipuláveis. Desse modo, o professor foi capaz de produzir melhora nas habilidades básicas, ao mesmo tempo em que sua turma registrou os maiores progressos no entendimento dos conceitos matemáticos.

CONCLUSÃO

Como os educadores apresentam uma enorme preocupação com a aquisição da linguagem, o currículo para os alunos com proficiência limitada em inglês é frequentemente tão restrito que restringe o seu desenvolvimento intelectual. Além disso, a enorme ênfase na linguagem pode tornar tanto professores quanto alunos autoconscientes sobre o uso da língua. O trabalho em grupo é uma abordagem alternativa que coloca a língua em uma perspectiva útil. A língua serve como comunicação para alcançar vários objetivos de aprendizagem. Por exemplo, no Ensino para Equidade, as pessoas conversam sobre conceitos desafiadores porque querem compreender, comunicar-se com seus pares e aprender a resolver problemas. A língua é utilizada em um contexto significativo, para descrever, analisar, levantar hipóteses e fazer inferências. Além disso, na medida do possível, as crianças têm acesso a uma linguagem que conseguem entender.

Nas salas de aula em que as crianças apresentam desempenhos negativos no segundo semestre, os resultados da utilização do Descoberta são impressionantes. O que podemos aprender a partir dessa experiência? Principalmente, devemos nos lembrar de que esses resultados surgiram como consequência da utilização de materiais de aprendizagem cuidadosamente planejados, teoricamente embasados e como resultado do trabalho duro por parte das equipes voluntárias de ensino. Começando em 1982, a implantação foi cada vez mais consistente de uma sala de aula de aula para outra, e os resultados foram cada vez mais fortes. O processo teve origem em uma oficina para professores de duas semanas e na implantação de um sistema de gerenciamento de sala de aula utilizando grupos cooperativos que foi cuidadosamente pesquisado. Por fim, esses resultados surgiram em função de um apoio intenso dos professores de sala de aula por parte dos funcionários da escola e da nossa equipe. Cada professora, de maneira ideal, teve três sessões com um fomentador da nossa equipe, baseadas em até nove observações sistemáticas da sua sala de aula. Sem isso, os resultados não teriam sido tão poderosos e consistentes.

E se você não tiver acesso a tal abordagem poderosa? Você ainda pode fazer muitos dos princípios centrais utilizados no currículo Descoberta e no Ensino para Equidade funcionarem. Você pode colocar a linguagem na sua própria perspectiva como uma ferramenta de comunicação em um grupo que esteja tentando aprender algo que valha a pena. Também pode utilizar o discurso e o trabalho juntos para ensinar conceitos. Você pode ainda implantar em sala de aula um sistema de gerenciamento de normas e regras e criar estações de aprendizagem adaptando as atividades recomendadas nos textos. Você pode criar cartões de atividade (preferencialmente em duas línguas) para atividades cooperativas que foram publicadas ou trocadas pelos professores. Pode ensinar os alunos a ajudar uns aos outros a vencer as barreiras da língua, ao propiciar situações ricas em estímulos que façam sentido e em oportunidades de conversar com os pares. Você pode ensinar os alunos a utilizar uns aos outros como recursos de modo que as turmas com alunos abaixo do nível daquele ano escolar não precisem ser privadas do currículo do ano ou de habilidades de pensamento de níveis mais elevados.

Em 15 anos trabalhando com professores e com pesquisa em sala de aula, não encontrei nada tão gratificante quanto a visão de alunos de minorias linguísticas trabalhando com entusiasmo nos grupos, aprendendo a resolver problemas intelectuais difíceis por conta própria. É meu desejo que você, que dá aula para esses alunos, decida por planejar um ambiente no qual também possa observar jovens alunos conversando e aprendendo juntos.

NOTAS

1. O Projeto Professor Investigador foi financiado pelo fundo Educação Anglo-americana e foi conduzido sob os auspícios da Escola de Educação da Universidade de Stanford.

Apêndice A

Exercícios de práticas cooperativas

TORNANDO OS ALUNOS SENSÍVEIS ÀS NECESSIDADES DOS OUTROS EM UM GRUPO

CÍRCULOS PARTIDOS

As instruções aos participantes e a discussão sugerida a seguir foram feitas pelos criadores de "Círculos Partidos", Nancy e Ted Graves (1985). Os "Círculos Partidos" se baseiam no jogo "Quadrados Partidos", criado pelo Dr. Alex Bavelas (1973).

A turma é dividida em grupos de três a seis pessoas. Cada pessoa recebe um envelope com diferentes peças do círculo. O objetivo é que cada uma complete um círculo. Para que esse objetivo seja alcançado, algumas peças devem ser trocadas. Não é permitido que os membros do grupo conversem ou peguem as peças do envelope de outra pessoa. É permitido apenas que eles doem suas peças (uma de cada vez).

Instruções para os participantes

Cada um de vocês receberá um envelope contendo duas ou três peças de um quebra-cabeça, mas não abram o envelope até que eu lhes autorize. O objetivo do exercício é colocar as peças juntas de modo que cada membro do grupo termine com um círculo completo. Existem algumas regras para tornar o exercício mais divertido.

1. O exercício deve ser feito em completo silêncio. Sem conversas.
2. Você não pode apontar ou fazer sinais para os outros jogadores com suas mãos de nenhuma forma.
3. Cada jogador deve construir seu próprio círculo. Ninguém pode dizer a um jogador como construir seu círculo ou construí-lo para ele.

4. Este é um exercício sobre doação. Você não pode retirar uma peça de outro jogador, mas pode *dar* suas peças, uma de cada vez, para qualquer membro de seu grupo, e outros membros do grupo podem dar peças para você. Você não pode colocar uma peça no quebra-cabeça de outra pessoa; os jogadores devem completar seus próprios quebra-cabeças. Em vez disso, entregue a peça ao outro jogador ou a coloque ao lado das outras peças na frente dele.

Agora vocês podem retirar as peças do seu envelope e colocá-las na sua frente, com o lado colorido voltado para cima. Essa é uma tarefa em grupo e vocês terão 10 minutos para construir os seus círculos.

Lembrem-se de que a tarefa não termina até que todos tenham um círculo completo à sua frente na mesa. Quando todos tiverem terminado, levantem suas mãos (se um grupo terminar antes dos outros sugira que tentem descobrir se existem *outras* maneiras de colocar as peças juntas para formar círculos diferentes).

Discussão

Quando todos os grupos tiverem completado a tarefa ou o tempo destinado a ela tiver terminado, o professor deve ajudar os participantes a identificar algumas das coisas importantes que ocorreram, analisar por que elas ocorreram e generalizar para outras situações de aprendizagem em grupo. As questões a seguir podem servir como um guia para a discussão:

- Em sua opinião, qual é o objetivo desse jogo?
- Como você se sente em relação ao que ocorreu no seu grupo hoje?
- O que você fez no seu grupo que lhe ajudou a resolver o problema?
- O que você fez que tornou essa resolução mais difícil?
- O que os grupos poderiam fazer melhor no futuro?

Ajude os participantes a serem concretos sobre o que fizeram e também resuma as implicações gerais do que eles fizeram e das lições que aprenderam para o futuro. Na versão avançada dos "Círculos Partidos", um jogador pode bloquear a tarefa para o resto do grupo ao completar seu círculo satisfatoriamente, mas recusando-se a compartilhar algumas peças com os outros. Isso é análogo a um membro de um grupo de aprendizagem cooperativa que tenta trabalhar sozinho e que não ajuda aos outros membros.

Durante a discussão, certifique-se de retornar a dois comportamentos-chave que tornam um grupo bem-sucedido: *preste atenção ao que os outros membros do grupo precisam. Ninguém acabou até que todos tenham acabado.* Destaque quando os grupos relatarem esses tipos de comportamentos ou quando decidirem que esses comportamentos os ajudarão a ter um melhor desempenho no futuro.

As orientações para construir e utilizar "Círculos Partidos" são fornecidas a seguir. São apresentadas orientações para os três níveis de dificuldade. Você pode querer utilizar as versões intermediária e avançada, partindo para a versão avançada mais tarde durante o ano se você sentir que essa aula específica precisa ser revista.

Padrões de utilização para alunos de diferentes idades

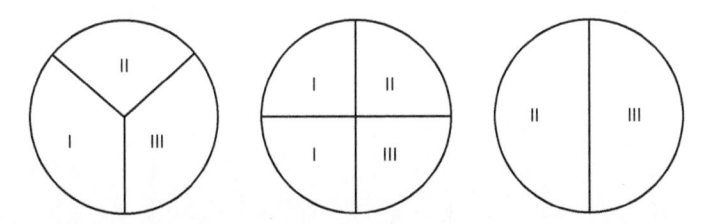

Versão mais simples de "Círculos Partidos". Esse padrão é adequado para crianças de 5 a 7 anos em grupos de três. Distribua as peças em três envelopes (I, II e III, como indicado na Fig. A.1) e dê um envelope para cada jogador. A Figura A.1 indica uma solução. Nela, cada jogador deve dar algumas das suas peças para os demais jogadores. O diagrama mostra como as peças dos jogadores I, II e III podem ser rearranjadas para formar três círculos. Dois círculos compostos por metade e dois quartos representa uma solução alternativa.

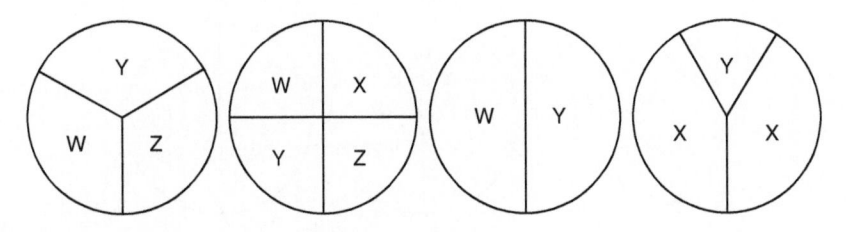

Versão simples de "Círculos Partidos". Esse padrão é adequado para crianças de 8 a 10 anos em grupos de quatro. Distribua as peças em quatro envelopes marcados como W, X, Y e Z. A Figura A.2 indica uma solução. Pergunte aos grupos que terminarem primeiro: "Quantas *outras* maneiras de formar quatro círculos vocês conseguem descobrir?".

Versão avançada de "Círculos Partidos". Esse padrão é adequado para crianças de 8 a 10 anos que já tiveram alguma experiência com a versão simples de "Círculos Partidos". Ela também pode ser utilizada como um primeiro exercício com crianças maiores, alunos do ensino médio e adultos.

Figura A.1. Versão mais simples de Círculos Partidos.

Figura A.2. Versão simples de Círculos Partidos.

182 Apêndice A

A Figura A.3 apresenta padrões para a versão avançada de "Círculos Partidos". Um único conjunto consiste de 15 peças que formarão seis círculos, como mostrado na figura. Construa um conjunto de seis círculos para cada grupo pequeno. Na Figura A.3, a colocação de quatro peças varia de acordo com o tamanho do grupo. Por exemplo, se você estiver jogando com grupos de seis pessoas, a peça marcada 6-F vai para o envelope F e a peça 6-E vai para o envelope E, a peça 6-C vai para o envelope C e a peça 6-D para o envelope D. Repita esse padrão para cada grupo de seis pessoas.

Uma vez que você tenha distribuído o conjunto de peças do grupo nos envelopes com letras, coloque esses envelopes dentro de um maior. Você agora está pronto para entregar os materiais para os grupos menores.

Embora seja muito fácil, uma vez que você esteja familiarizado com o exercício, modificar na hora um conjunto de seis círculos para grupos de cinco ou menos, é ainda mais eficiente preparar e etiquetar conjuntos de tamanhos variáveis previamente. Eles podem ser rapidamente substituídos quando necessário.

Instruções para construir um cenário de Círculos Partidos

Os círculos podem ser de qualquer tamanho, daquele mostrado até cerca de 20 cm de diâmetro. Entretanto, todos os círculos no conjunto devem ter o mesmo diâmetro. Cada conjunto de círculos deve ter uma cor diferente. Desse modo, cada pequeno grupo será capaz de trabalhar com as peças que forem todas da mesma cor, diferentes da cor dos outros grupos. Isso permitirá que você distribua facilmente as peças quando estiver preparando os materiais para o exercício.

A maneira mais fácil de produzir os materiais para qualquer um dos exercícios é ampliar os diagramas das figuras em uma copiadora até o tamanho desejado.

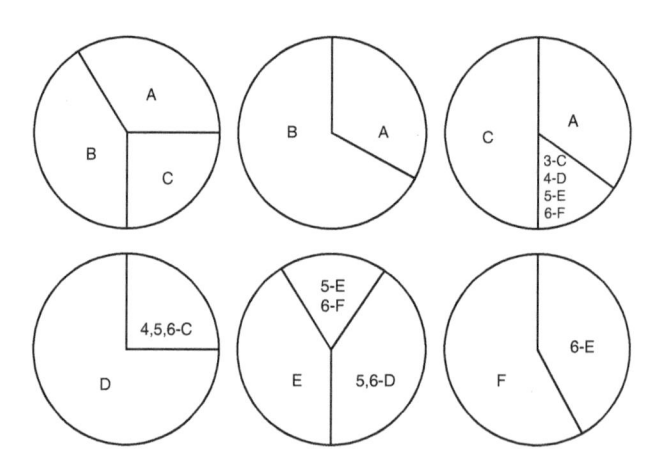

Figura A.3. Versão avançada de Círculos Partidos.

Utilize então a ampliação para reproduzir os padrões em cartolina resistente de diferentes cores. Você vai querer manter as legendas dos círculos para indicar o envelope a que cada peça pertence.

QUEBRA-CABEÇAS

Escolha alguns quebra-cabeças simples. Cada membro do grupo tem um saco com um quarto das peças (para um grupo com quatro pessoas). Eles têm que completar o quebra-cabeça sem uma imagem do produto na sua frente. Eles podem conversar, mas a tarefa não será concluída sem que cada indivíduo contribua com a sua parte. Uma criança não pode pegar a peça de outra criança e colocá-la no lugar por ela. Os alunos podem receber dicas e ser incentivados, mas todos os membros devem fazer o seu próprio trabalho.

Após esse exercício, mantenha um diálogo semelhante àquele sugerido para "Círculos Partidos". Enfatize o quanto isso pode ser útil durante o trabalho em grupo. Cada um dos alunos terá informações e ideias que ajudarão a completar as tarefas. Ao compartilhar essas informações e percepções com outros alunos, todos serão capazes de se beneficiar em aprender mais sobre a atividade.

Preparar os alunos para as estações de aprendizagem com relatórios individuais e materiais manipuláveis

Para trabalhar nesse cenário, os alunos terão que aprender a ajudar e explicar, fazer perguntas e dar boas respostas. Projetista Mestre e Adivinhe a Minha Regra são dois exercícios sugeridos para ensinar novos comportamentos associados à ajuda e à explicação. À medida que os alunos amadurecem, é muito importante aprender a justificar e fornecer razões para os próprios argumentos bem como tornar suas ideias claras para os demais. Com esse motivo foi incluída a Lógica do Arco-íris. Você pode querer desenvolver sua própria atividade utilizando esses exemplos de como escolher uma situação que destaque e coloque em prática novos comportamentos.

PROJETISTA MESTRE

Materiais

Esse jogo precisa de um conjunto de formas geométricas. Cada jogador precisa de um conjunto completo, exceto uma pessoa em cada grupo, que assume o papel de observador. É recomendado um total de cinco pessoas por grupo, mas grupos menores são aceitáveis. As formas devem ser feitas de alguns materiais resistentes, tais como borracha EVA. O tamanho exato dessas formas é fornecido na Figura A.4. Além disso, você precisará de alguma cartolina ou de outras divisórias que podem

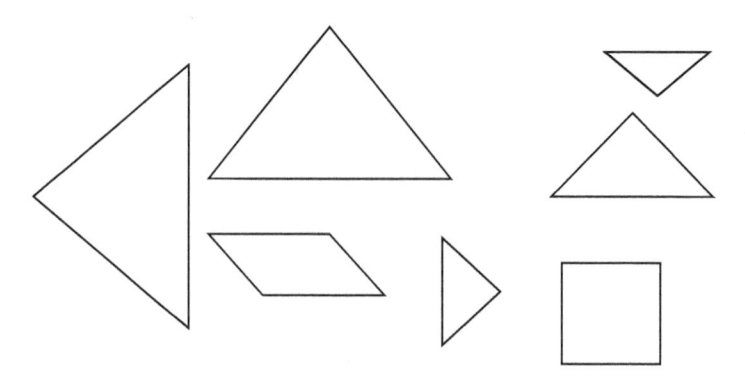

Figura A.4. Formas do Projetista Mestre.

ser colocadas em pé em uma mesa. A ideia é que cada jogador possa ver os outros membros do grupo acima das divisórias, mas *não possa* ver o que os outros estão fazendo com suas peças.

Regras e discussão

Uma pessoa desempenha o papel de projetista mestre. Essa pessoa tem de instruir os outros jogadores a repetir o desenho que ele criou com as peças (todas ou parte delas), mas o projetista mestre não pode fazer essa tarefa por elas. Os jogadores não podem ver o que os outros estão fazendo nem o desenho do mestre. Entretanto, os membros do grupo podem fazer perguntas ao projetista mestre. Isso ilustra um novo comportamento importante:

- Ajudar os alunos a pensarem por conta própria.

O grupo depende do projetista mestre para explicar como o trabalho deve ser feito. Esse é o segundo novo comportamento:

- Explicar dizendo como.

Além das orientações verbais, os alunos podem utilizar a linguagem de sinais para se comunicarem com os outros. Isso pode ajudar a contornar quaisquer diferenças de língua que você tenha em sua turma.

Quando qualquer membro do grupo achar que descobriu o desenho do projetista, deve ser pedido a ele que verifique a solução. Se o projetista mestre disser que a imagem está correta, então aquele jogador deve ajudar aos outros no grupo explicando como. Essa regra ilustra outro novo comportamento importante:

- Todos ajudam.

Faça uma tabela com esses três comportamentos e coloque-a em destaque na sala de aula.

Depois que todos no grupo tiverem completado o desenho correto, outro aluno pode assumir o papel de projetista mestre. Se você tiver tempo para que todos revezem, escolha vários alunos para desempenharem esse papel – não apenas os líderes naturais.

Um aluno desempenha o papel de observador a cada rodada. O observador acompanha o grupo e faz uma marcação a cada momento que observa a ocorrência de dois ou três novos comportamentos. São eles:

- Explicar dizendo como.
- Todos ajudam.

Faça também uma planilha de valores simples de modo que o observador possa verificar os novos comportamentos a cada momento em que os observarem.

Como essa é a primeira vez em que foi pedido aos alunos que fizessem uma observação, você precisará discutir como uma pessoa saberia que um aluno estaria "dizendo como" e "ajudando os outros". Não é tão importante que o observador registre corretamente toda vez que o comportamento ocorre. O fato de haver alguém observando e verificando os comportamentos ajuda a tornar mais objetivas as atitudes desejáveis e todo o grupo reconhecerá mais os comportamentos quando eles ocorrerem.

Depois do exercício, peça aos observadores que relatem quantas vezes observaram cada novo comportamento. Eles podem ser capazes de fornecer alguns bons exemplos do que foi observado. Isso fornece uma oportunidade para que o professor reforce os novos comportamentos. Depois faça uma discussão semelhante àquela descrita em detalhe para "Círculos Partidos". Discuta como esses comportamentos podem ser úteis para o currículo. Explique que todos terão que fazer o seu próprio relatório e assim será importante que todos entendam e façam as coisas por conta própria.

ADIVINHE A MINHA REGRA

Objetivo

Esse é um jogo que Rosenholtz (1977) desenvolveu para ilustrar as habilidades de argumentação. Os alunos devem deduzir um princípio central que é responsável por todas as diferentes formas e cores colocadas no centro de um anel. Alguém segura um cartão, chamado "cartão de regras", no qual está escrito o princípio central, tais como "Apenas formas vermelhas". Aquele que segura o cartão de regras diz aos jogadores se sua escolha por um cartão é adequada ou não à regra.

Materiais

Cada grupo de cinco (três jogadores, um portador do cartão de regras e um observador) precisará ter uma série formada por cartões de regras, um grande círculo feito por um fio de lã e um conjunto especial de cartas de jogo. Cada carta de jogo apresenta uma de quatro formas diferentes (círculo, quadrado, triângulo e losango), um de três tamanhos (grande, médio e pequeno) e uma de três cores (vermelho, azul e verde), sendo que cada cartão tem uma combinação de todas as possíveis combinações de forma, tamanho e cor, resultando em um conjunto de 36 cartas. Destaque a forma particular no tamanho e na coloração corretos na frente de cada carta e repita a cor nas margens da carta (é bem mais fácil desenhar as formas em cartolina uniforme do que cortar as cartas em cada formato; o conjunto formado por cartas uniformes é também bem mais fácil de ser manipulado pelos alunos). Para cada grupo de jogadores, você também precisará confeccionar um conjunto de cartões de regras. Essas são as cartas com o princípio central que os jogadores devem deduzir. As regras são apresentadas na Figura A.5.

Instruções para os alunos

Esse jogo de argumentação é chamado de "Adivinhe a Minha Regra" e é jogado com esse conjunto especial de cartas. Como você pode ver, existem quatro formas diferentes na série: um círculo, um quadrado, um triângulo e um losango. Cada forma vem em três tamanhos: grande, médio e pequeno. E cada tamanho em cada forma vem em três cores diferentes: vermelho, azul e verde. Existem muitas maneiras de organizar essas cartas em categorias. Quero lhes ensinar a pensar em uma maneira. Aqui tenho alguns cartões de regras que apresentam diferentes maneiras de dispor o conjunto em várias categorias. O objetivo de "Adivinhe a Minha Regra" é fazer

1) Apenas △ s

2) Apenas as menores formas

3) Apenas os MAIORES ◇ s

4) Apenas as formas vermelhas*

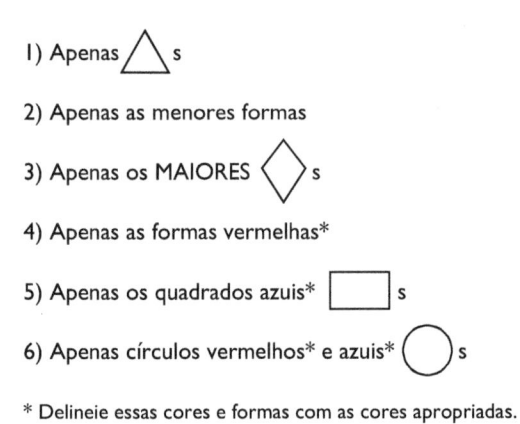

5) Apenas os quadrados azuis* ☐ s

6) Apenas círculos vermelhos* e azuis* ○ s

* Delineie essas cores e formas com as cores apropriadas.

Figura A.5. Cartões de regras para Adivinhe a Minha Regra.

você tentar argumentar sobre qual cartão de regras estou segurando. Colocaremos as cartas do jogo no centro da tabela e cada um de vocês pegará uma carta em cada rodada. Se a carta que você pegou se encaixar na minha regra, eu direi "sim" e você poderá colocá-la no interior do círculo. Se a carta que você escolheu não se encaixar na minha regra, eu direi "não" e você poderá colocá-la fora do círculo. Cada pessoa pode pegar apenas uma carta a cada rodada. Assim que você tiver encontrado algumas cartas que se encaixam na regra, você pode tentar defender qual é a minha regra, mas você pode tentar adivinhar a regra apenas quando for a sua vez de pegar uma carta.

(O professor escolhe um grupo e joga uma rodada simples atuando como o portador do cartão de regras. Os outros alunos se aproximam para observar.)

Como você pode perceber, esse é um jogo que exige argumentação e algum raciocínio meticuloso. Muitas das coisas que você fará nas estações de aprendizagem precisarão de argumentação e raciocínio. Quando as pessoas têm um problema difícil como esse para resolver, uma coisa que podem fazer é *descobrir o que os outros pensam*.

Vamos praticar a descoberta do que os outros pensam. Quando for a sua vez e você tiver uma ideia de qual é a regra, pergunte aos dois outros membros do seu grupo o que eles acham da sua ideia. Você pode dizer: "Eu acho que a regra é todas as formas azuis. Vocês acham que essa é a regra?". Se eles disserem que sim ou não, solicite que digam *por que* pensam dessa maneira. Depois de ouvir o que eles têm a dizer, faça à outra pessoa as mesmas perguntas. Em seguida, *decida-se* sobre qual você pensa ser a regra e pergunte ao portador do cartão se ela está correta.

Discussão

Faça os alunos praticarem perguntando uns aos outros o que eles pensam e por que pensam dessa forma. Discuta com eles por que é importante argumentar em suas respostas. Essa é uma nova habilidade importante.

Uma terceira regra é também uma importante preparação para trabalhar nas estações de aprendizagem. Como cada aluno é responsável por seu próprio relatório, é importante que todos se sintam responsáveis por tomar suas próprias decisões sobre o que fazer após consultar os demais.

("Descobrir o que os outros pensam", "Explicar por quê" e "Tomar sua própria decisão") devem ser impressos em uma tabela colocada de maneira visível na sala de aula.

Como na atividade construtora de habilidades anterior, deve haver um observador. Os dois comportamentos que um observador pode escutar e ver são:

- Descobrir o que os outros pensam.
- Explicar por quê.

A pessoa que atua como observadora deve ter uma planilha de observação simples semelhante àquela do "Projetista Mestre", mas com os novos comportamentos. Você agora está pronto para que cada grupo jogue o jogo, com seus membros se revezando nos vários papéis. Uma pessoa é o portador do cartão de regras, uma é o observador e as outras três são jogadores. Após cada rodada, outros membros do grupo serão portadores do cartão de regras e observadores. O novo portador do cartão de regras escolhe um uma nova carta do conjunto, que está voltado para baixo.

Depois do jogo, faça os observadores relatarem quantas vezes observaram os novos comportamentos na rodada em que anotaram. Peça aos alunos que discutam se foi útil ou não obter as opiniões dos demais. Veja se você pode escolher alguns bons exemplos de alunos dizendo "por que" se não chegaram a esses argumentos por conta própria. Peça que comentem sobre o processo de escutar opiniões diferentes das próprias e sobre terem que levar em conta essas ideias antes de tomarem suas próprias decisões. Pergunte a eles se conhecem qualquer outra situação que seja como essa. Enfatize que terão de fazer isso nas estações de aprendizagem.

LÓGICA DO ARCO-ÍRIS[*]

Esse é um exercício desenvolvido pelo programa Matemática da Família para oferecer aos alunos prática na comunicação do seu raciocínio dedutivo e espacial. Os alunos devem deduzir por meio de uma série de perguntas o padrão de coloração de uma grade de 3 X 3. A grade é construída utilizando as regras sobre as maneiras possíveis em que os quadrados podem ser colocados. De acordo com essas regras, o grupo deve discutir e decidir sobre as melhores perguntas a fazer ao projetista da grade.

Materiais

Quadrados de papel colorido para cada jogador
4 de cada uma das 4 cores (mais do que necessário para a solução)
Grades 3 X 3

Procedimento

Para a primeira rodada, o professor pode ser o projetista da grade. Um grupo pode ser escolhido para demonstrar o exercício, e o resto da turma pode se reunir para observar. Após a primeira rodada, os alunos devem se revezar sendo os projetistas da grade em seus distintos grupos. O tamanho dos grupos pode variar de três a cinco. A pessoa que atua como projetista da grade também pode atuar no papel de observador.

---

[*] Adaptado de Stenmark, Thompson e Cossey (1986).

O projetista da grade prepara uma grade colorida secreta utilizando três quadrados de cada coloração.

Regra: Todos os quadrados da mesma cor devem estar conectados por pelo menos um lado. Veja a Figura A.6 para exemplos de grades permitidas e não permitidas.

O objetivo é que todos os jogadores sejam capazes de fornecer a localização de todas as cores na grade com o menor número de perguntas. Desse modo, o grupo deve *discutir e decidir* antes de fazer uma pergunta ao projetista da grade. Durante a discussão, os alunos devem compartilhar a lógica do seu raciocínio: por que essa pergunta reúne a máxima quantidade de informação útil para resolver o problema? Durante essa discussão, existem dois novos comportamentos que os alunos devem aprender:

- Discutir e decidir.
- Fornecer argumentos para as suas sugestões.

Regras para fazer e responder a perguntas:

- Os jogadores perguntam as cores encontradas em uma linha ou coluna específica (linhas são horizontais, colunas são verticais).
- O projetista da grade informa as cores, *mas não necessariamente na ordem*.
- Cada jogador deve utilizar uma grade e quadrados de papel colorido para acompanhar as indicações.
- Os quadrados devem ser colocados *ao lado* da linha ou da coluna até que os locais exatos sejam determinados.

Discussão

O observador de uma rodada específica deve acompanhar com que frequência as pessoas fornecem argumentos para as suas sugestões. O observador também deve prestar atenção no caráter da discussão para ver se as pessoas realmente debateram antes de chegar a uma decisão. Talvez uma pessoa tenha feito a pergunta ao projetista da grade antes, sem que outros no grupo a tenham escutado ou antes de uma controvérsia ter sido resolvida.

Depois que a maioria dos grupos teve a chance de completar algumas rodadas do exercício, o professor deve interromper a ação e pedir que os observadores de cada grupo relatem o que observaram. Então, a turma pode discutir como pode melhorar o processo de discussão e de fornecer argumentos. Deixe que a turma prossiga dando a cada um a chance de atuar como projetista da grade e observador. Depois que eles terminarem a rodada final, peça que os observadores formem um painel para discutir se o que ouviram melhorou a discussão e as justificativas na segunda parte da aula. Alternativamente, os alunos podem escrever sobre o que aprenderam a respeito das três regras de cooperação e sobre como elas se encaixam no trabalho em grupo no conteúdo das disciplinas.

EXEMPLO DE UMA GRADE SECRETA

	Coluna A	Coluna B	Coluna C
Linha 3	Verde	Amarelo	Amarelo
Linha 2	Verde	Verde	Amarelo
Linha 1	Azul	Azul	Azul

PADRÕES COMO ESTES A SEGUIR NÃO SÃO PERMITIDOS

Vermelho		
	Vermelho	
		Vermelho

	Vermelho	
		Vermelho
	Vermelho	

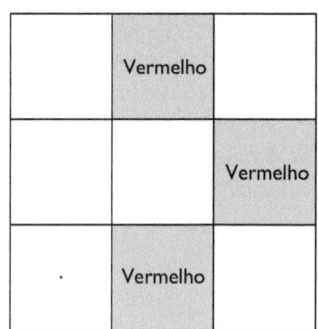

Figura A.6. Grades para Lógica do Arco-íris.

PREPARANDO OS ALUNOS PARA TRABALHO EM GRUPO COM DISCUSSÕES

FOGUETE DE QUATRO ESTÁGIOS DE EPSTEIN

Essa é a tarefa original desenvolvida por Epstein (1972) para melhorar as habilidades de discussão de qualquer faixa etária. Existem algumas pequenas adaptações da versão original no material apresentado.

Pré-teste

Explique para a turma que para se preparar para o trabalho em grupo eles precisam aprender o que é necessário para uma boa discussão. Divida a turma em grupos de cinco pessoas. Dê ao grupo uma tarefa muito interessante para discutir (dois modelos de tarefas de discussão são fornecidos ao final do Apêndice A). O professor deve circular, ouvir, observar e fazer anotações sobre os bons e maus exemplos de técnicas de discussão. Deve ser permitido que os grupos discutam por 5 minutos.

Praticando os quatro estágios

Depois do pré-teste, mantenha um debate em grupo sobre o que torna uma discussão boa e quais são as barreiras. Diga à turma que eles irão praticar quatro habilidades necessárias para que uma habilidade decole como um foguete (utilize uma ilustração de um foguete de quatro estágios) seguindo as seguintes instruções:

Estágio 1, Concisão – "Chegar rapidamente ao ponto sem rodeios".
Escolha alguém para controlar o tempo, que se encarregará de olhar para o relógio e marcar o tempo para o grupo. Continue discutindo o assunto por 5 minutos. O controlador do tempo garante que *cada pessoa fale por apenas 15 segundos*.

Estágio 2, Escuta – "Prestar atenção no que é dito".
Escolha um novo controlador do tempo. Continue discutindo o mesmo assunto por mais 5 minutos, mais uma vez garantindo que cada pessoa fale por apenas 15 segundos. Dessa vez, entretanto, *cada pessoa deve esperar 3 segundos depois que a pessoa antes dela falou para que ela possa falar*.

Estágio 3, Reflexão – "Repetir em voz alta para o grupo o que a pessoa antes de você falou"
Escolha um novo controlador do tempo. Continue discutindo o mesmo assunto, certificando-se de que cada pessoa fale por apenas 15 segundos e que ela espere por 3 segundos depois que a pessoa que falou antes dela tenha falado. Além disso, *todos que falarem devem começar repetindo para o grupo algo que foi dito pela pessoa que falou imediatamente antes*. Isso é chamado reflexão. A pessoa que falou antes tem que acenar com a cabeça indicando se concorda com a reflexão. A nova pessoa que fala não pode continuar até que ela reflita corretamente sobre o que a pessoa anterior falou.

Estágio 4, Todos devem contribuir – "Todos no grupo têm de falar"
Escolha um novo controlador do tempo. Continue discutindo o mesmo assunto por mais 5 minutos. Todas as regras anteriores se aplicam, bem como uma nova:
Ninguém pode falar uma segunda vez até que todos no grupo tenham falado.

Depois de cada estágio, peça a cada controlador do tempo que relate o desempenho do grupo na habilidade que estava sendo praticada. O controlador do tempo pode ter outras observações a fazer sobre quão difícil foi a tarefa e sobre o que aconteceu. Relembre à turma a importância de cada habilidade.

Pós-teste

Escolha uma nova pessoa para atuar como observador que ainda não tenha tido a chance de desempenhar um papel como controlador do tempo. Mantenha mais 5 minutos de discussão sem ter de observar as regras, mas tentando utilizar as habilidades de *concisão, escuta, reflexão e contribuições por parte de todos*. Os observadores anotarão cada momento em que verificarem bons exemplos de cada um desses comportamentos. Você pode criar uma planilha de pontuação.

Após o pós-teste, solicite aos observadores que relatem o que observaram. Também peça a toda a turma que descreva algumas das diferenças entre o pré-teste e o pós-teste.

Observação: A menos que a turma tenha tido alguma experiência anterior com discussões, você perceberá que os alunos terminam as tarefas de discussão muito rapidamente. Você precisará ter preparado perguntas ou tarefas alternativas. Modelos de atividades para discussão são fornecidos no final deste apêndice.

Melhorando as habilidades de funcionamento do grupo

O Foguete de Quatro Estágios pode ser suficiente para que o trabalho em grupo se inicie. Entretanto, existem habilidades adicionais, especialmente para projetos em grupo, que se tornam mais importantes à medida que os grupos se envolvem com projetos de longo prazo mais ambiciosos. Podem ser elaboradas listas de comportamentos construtivos e destrutivos para melhorar as habilidades de funcionamento dos grupos.

Comportamentos construtivos são maneiras de ajudar o grupo a realizar o trabalho. Um membro habilidoso do grupo:

- tem novas ideias;
- solicita ou fornece informações;
- explica ideias;
- associa as ideias;
- pergunta se todos estão prontos para decidir o que fazer.

Comportamentos especialmente construtivos são aqueles que contribuem para um bom funcionamento do grupo. Um membro do grupo construtivo

- pergunta aos membros quietos de um grupo o que eles pensam;
- escuta com interesse o que as outras pessoas dizem;

- elogia boas ideias e sugestões;
- está disposto a se comprometer.

Comportamentos destrutivos são problemas comuns que surgem em grupos e frequentemente resultam em mágoas e em um produto final ruim. Um membro destrutivo do grupo

- fala demais;
- escuta muito pouco;
- insiste em ter suas ideias aceitas;
- não consegue fazer a nada a respeito do comportamento destrutivo de outros;
- critica as pessoas em vez de suas ideias;
- deixa que outras pessoas façam todo o trabalho.

Escolha um número pequeno desses comportamentos que você considera de importância crítica com base no que você pensa que o grupo precisará ou nos problemas observados durante as discussões. Sempre é melhor se os membros da turma puderem selecionar os comportamentos que precisam ocorrer com base na sua própria experiência. Explique para a turma que esse exercício os ajudará com essas habilidades específicas.

Divida a turma em grupos de discussão depois de você ter lhes apresentado o conjunto de comportamentos que eles trabalharão. Sempre utilize a mesma palavra para se referir aos comportamentos selecionados. Escolha um observador para cada grupo, que será responsável por registrar cada vez que um desses comportamentos específicos ocorra. Elabore uma planilha de pontuação. Converse de antemão com os observadores e se assegure de que eles sabem como trabalhar por 5 ou 10 minutos.

Interrompa a discussão e peça aos observadores que relatem o que viram e pontuaram. Retire da discussão algumas boas estratégias que tenham sido utilizadas ou estratégias alternativas para lidar com os problemas que surgiram. O mesmo formato básico pode ser utilizado para qualquer número de habilidades que você acredita que exijam prática.

MODELOS DE ATIVIDADES PARA DISCUSSÃO

ESPAÇONAVE

O objetivo do jogo é escolher sete pessoas para entrar em uma espaçonave para uma viagem para outro planeta. Você acabou de ser alertado de que um meteoro gigante está em curso de colisão com o planeta Terra e atingirá os Estados Unidos. Desse modo, é muito provável que seja o fim da civilização humana como a conhecemos.

As coisas e as pessoas na espaçonave terão capacidade de estabelecer vida em outro planeta. Doze pessoas foram escolhidas por sorteio para entrar na espaçonave. Entretanto, foi cometido um erro e agora parece que só existe espaço para sete. Seu grupo deve decidir quais sete pessoas começarão uma vida no novo planeta. Lembre-se de que apenas sete pessoas cabem na espaçonave. Você deve ter a concordância de todo o grupo antes que uma seleção possa ser realizada. Os 12 indivíduos originais dos quais sete serão selecionados são os seguintes:

1. Um violinista de orquestra sinfônica com 30 anos.
2. Um pastor de 67 anos.
3. Um engenheiro de 23 anos e sua mulher de 21 anos (eles não aceitaram ser separados).
4. Um policial de 40 anos que se recusa a ser separado do seu revólver.
5. Um estudante do sexo masculino da sua idade e da sua escola.
6. Um homem de 35 anos que abandonou o ensino médio e foi recentemente preso por roubo à mão armada.
7. Uma professora do 7º ano de 32 anos.
8. Uma médica de 40 anos.
9. Uma artista e escultora de 50 anos.
10. Um poeta de 25 anos.
11. Uma criança do sexo feminino com 1 ano.

RIO DE JACARÉS

Era uma vez uma menina chamada Abigail que era apaixonada por um garoto chamado Gregory. Gregory sofreu um acidente infeliz e quebrou seus óculos. Abigail, sendo uma amiga verdadeira, ofereceu-se para levá-los ao conserto. Porém, a loja de reparos era do outro lado do rio e, durante uma inundação, a ponte foi arrastada. O pobre Gregory não conseguia ver nada sem seus óculos e, assim, Abigail estava desesperada para cruzar o rio e chegar à loja de reparos. Enquanto ela estava desesperada às margens do rio, segurando os óculos quebrados em suas mãos, um jovem chamado Simbad se aproximou deslizando em seu barco a remo.

Ela pediu a Simbad que a levasse para a outra margem do rio. Ele concordou com a condição de que, enquanto ela esperasse o conserto dos óculos, fosse a uma loja vizinha e roubasse um rádio desejado por ele. Abigail se recusou a fazer isso e procurou um amigo chamado Ivan, que tinha um barco.

Quando Abigail contou a Ivan seu problema, ele disse que estava ocupado demais para ajudá-la e não queria se envolver. Abigail, sentindo que não tinha escolha, voltou a Simbad e lhe disse que concordava com seu plano.

Quando Abigail devolveu o par de óculos para Gregory, ela lhe contou o que teve que fazer. Gregory ficou tão irritado com o que ela fez que lhe disse que nunca mais queria vê-la novamente.

Abigail, triste, procurou Slug e contou sua história triste. Slug ficou com tanta pena de Abigail que lhe prometeu que acertaria as contas com Gregory. Eles foram para o pátio da escola onde Gregory estava jogando bola e Abigail assistiu feliz a Slug bater em Gregory e quebrar seus novos óculos.

Classifique esses personagens do "melhor" ao "pior": Abigail, Gregory, Simbad, Ivan, Slug. *Forneça argumentos para as suas decisões* (SIMON; HOWE; KIRSCHENBAUM, 1972).

Estratégias de resolução de conflitos para o trabalho em grupo*

Os alunos são primeiro introduzidos a duas novas ferramentas para a resolução de conflitos: as frases "Eu me sinto" e as solicitações positivas. O professor introduz as novas maneiras de falar, fornecendo definições, exemplos e oportunidades de prática. Essas afirmações são contrastadas com outras que culpam os outros; os alunos aprendem que as afirmações "eu me sinto" são substitutas para a estratégia mais familiar de culpar os demais. Essa discussão com toda a turma é acompanhada por uma planilha de comunicação em que os alunos praticam a tradução de frases que culpam o outro em afirmações do tipo "eu me sinto" e solicitações positivas.

DISCUSSÃO CONDUZIDA PELO PROFESSOR E PRÁTICA DOS ALUNOS

Frases "Eu me sinto"

Na maior parte dos casos, quando os alunos se sentem magoados e ficam com raiva por causa de algo que outra pessoa fez, eles confrontam uns aos outros com acusações que só exacerbam o conflito. As frases "Eu me sinto" fornecem uma maneira construtiva de expressar sentimentos desagradáveis para os outros. Elas nos permitem assumir a responsabilidade por nossos sentimentos e pela maneira como reagimos ao que os outros dizem e fazem. Ao mesmo tempo, deixam que os outros saibam como o seu comportamento nos afeta – sem culpa.

Frases que culpam os outros geralmente começam com "Você" e se concentram na outra pessoa de uma maneira altamente crítica e negativa. As frases "Eu me sinto" se concentram nos seus próprios sentimentos em resposta ao comportamento de outra pessoa. Elas consistem de três partes: identificar o comportamento, expressar os sentimentos vivenciados como resultado do comportamento e explicar as razões para aqueles sentimentos. Uma fórmula útil para construir afirmações "Eu me sinto" é:

Quando você... (Declare o problema de comportamento)
Eu me sinto... (Expresse o sentimento)
Porque... (Declare as razões para o seu sentimento)

---

* Os materiais desta seção foram desenvolvidos por Diane Kepner.

Prática dos alunos. Compartilhe com a turma os seguintes exemplos de frases "Você" e as contraste com as frases "Eu me sinto" relacionadas ao mesmo tópico. Os exemplos foram retirados de conflitos comuns em grupos pequenos. Faça um pequeno grupo de alunos vir para frente da turma e represente as duas respostas alternativas. Faça a turma analisar as afirmações "eu me sinto" em termos da fórmula proposta. Eles conseguem construir afirmações "eu me sinto" alternativas que se encaixam na fórmula? Você pode utilizar grupos de discussão para esse exercício.

Situação nº 1: O membro de um grupo lhe interrompe constantemente quando você está falando.
Frase "Você": "Você é muito grosso! Você nunca me deixa falar nada!".
Frase "Eu me sinto": "Quando você me interrompe, me sinto realmente magoado porque considero o que tenho a dizer também importante".
Situação nº 2: Dois membros do grupo estão segurando os cartões de atividades de modo que você não consegue ver os diagramas.
Frase "Você": "Vocês estão sempre monopolizando tudo!".
Frase "Eu me sinto": "Eu me sinto deixado de lado quando vocês monopolizam as cartas entre vocês, pois assim eu não consigo acompanhar o que está acontecendo".
Situação nº 3: Um membro do seu grupo está ocupado jogando bolas de papel em uma pessoa de outro grupo e conversando com pessoas do outro grupo.
Afirmação "Você": "Você é um encostado mesmo. Você nunca ajuda".
Frase "Eu me sinto": "Quando você começa a fazer coisas que não são parte da atividade, eu fico realmente irritado porque precisamos da ajuda de todos para terminar esse projeto no prazo".

Solicitações positivas

A maioria dos problemas não é resolvida apenas porque uma frase "Eu me sinto" foi utilizada. Os membros do grupo devem escutar atentamente o que foi dito para que o grupo responda de uma maneira construtiva – os membros precisam saber o que deve ser feito. Solicitações positivas podem ajudar o grupo a passar da compreensão de sentimentos à ação. Isso exige nos concentrarmos não no que queremos que a outra pessoa pare de fazer, mas nas ações específicas que queremos que a outra pessoa assuma. Devemos perguntar a nós mesmos: "O que quero que você faça diferente e como deve se parecer essa nova ação?".

Isso exige que sejamos específicos e enérgicos, em vez de vagos e negativos nas nossas solicitações aos outros.

Prática dos alunos. Reveja os exemplos a seguir com a turma. Peça que descrevam por que a terceira afirmação é específica e como ela contrasta com a segunda afirmação. Solicitações positivas geralmente começam com "Eu quero que você", "Eu gostaria", "Eu gostaria que você" e "Preciso que você". Os alunos podem resistir à formalidade da linguagem nessas afirmações e nas frases "Eu me sinto". Depois de alguma prática inicial acompanhando a fórmula, você pode querer deixar que eles deem suas respostas em sua "própria língua", mas se certifique de que acompanha a fórmula com um exame e uma discussão sobre se os próprios termos empregados mudam ou não a natureza da mensagem e, se assim for, como.

1. *Negativa:* "Pare de me interromper".

    Vaga: "Quero que você me escute".
    Positiva e específica: "Quero que você espere até que eu tenha terminado antes de você começar a falar".

2. *Negativa:* "Pare de monopolizar todas as cartas!".

    Vaga: "Quero que você compartilhe as cartas comigo".
    Positiva e específica: "Preciso que você coloque as cartas no meio da mesa para que eu possa vê-las".

3. *Negativa:* "Quero que você pare de fazer bagunça".

    Vaga: "Quero que você ajude o nosso grupo".
    Positiva e específica: "Gostaria que você preenchesse a tabela com as informações das suas observações".

Colocar as solicitações positivas junto à frase "Eu me sinto" cria uma ferramenta poderosa para comunicação ao ajudar os alunos a expressarem seus sentimentos e solicitarem mudanças nos outros de uma maneira direta e honesta. Volte aos exemplos nas frases "Eu me sinto" e faça a turma criar frases de ação positiva para esses exemplos.

PLANILHA DE COMUNICAÇÃO

À medida que vocês trabalharem nos seus grupos, ocorrerão problemas com os outros membros. Utilizem seus novos conhecimentos para que eles saibam como vocês se sentem e o que vocês precisam deles. Pratiquem utilizando frases "Eu me sinto" e solicitações positivas para se expressar e evitem a utilização de mensagens que culpem o outro, aumentando o problema.

Para cada uma das situações a seguir, escreva uma mensagem que culpe o outro, seguida por uma frase "Eu me sinto" e uma solicitação positiva.

Em seguida, tente escrever algumas situações por conta própria baseadas em experiências reais que você vivenciou ou observou nos grupos.

1. Um membro do seu grupo está fazendo todo o projeto sozinho. Cada vez que você tenta fazer uma sugestão, é ignorado. Quando você escolhe um material, ele é tirado de você.
2. Um membro do seu grupo tem dado voltas visitando os amigos enquanto o resto de vocês trabalhava no pôster da sua apresentação. Agora que vocês estão à beira de terminar, ele esbarra na sua mesa fazendo você borrar toda a página.
3. Só existem três pessoas em seu grupo. As outras duas são bons amigos, mas você não as conhece muito bem. Elas estão sentadas juntas e agindo como se você não existisse.
4. Todos os outros membros do seu grupo estão discutindo ativamente as questões da sua atividade. Você também gostaria de dizer algumas coisas, mas todas as vezes que eles lhe perguntam sua opinião, passam para outras pessoas antes que você tenha a chance de expor seus pensamentos.
5. Um membro do seu grupo sempre tira boas notas em todos os seus trabalhos cotidianos em sala de aula, mas no grupo ele nunca contribui. Você suspeita de que ele sabe como resolver o problema em que vocês estão trabalhando.

Apêndice B

Ferramentas para avaliação do trabalho em grupo

MODELO DE QUESTIONÁRIO PARA OS ALUNOS

Nome: _____

Por favor, marque um "X" na linha à esquerda da resposta que mais se aproxima do que você sente em relação a cada questão. Lembre-se, isso não é um teste. Não existem respostas certas. Quero saber o que você pensa.

Seção A

1. Qual foi seu nível de interesse pelo trabalho em grupo?
   a. _____ Muito interessante.
   b. _____ Razoavelmente interessante.
   c. _____ Um pouco interessante.
   d. _____ Não muito interessante.
   e. _____ Nem um pouco interessante.
2. Qual foi o nível de dificuldade encontrado no trabalho em grupo?
   a. _____ Extremamente difícil.
   b. _____ Razoavelmente difícil.
   c. _____ Às vezes difícil.
   d. _____ Não muito difícil – apenas o suficiente.
   e. _____ Muito fácil.
3. Você entendeu exatamente o que o grupo deveria fazer?
   a. _____ Sabia exatamente o que fazer.
   b. _____ No início eu não tinha entendido.
   c. _____ Nunca ficou claro para mim.

4. Para as tarefas de habilidades múltiplas
   a. _____ Que habilidades você considerou importantes para fazer um bom trabalho nessa tarefa?
   b. _____ Houve alguma habilidade em que você acha que teve um desempenho muito bom?
      _____ Sim.
      _____ Não.
5. Quantas vezes você teve a chance de falar durante a sessão em grupo de hoje?
   a. _____ Nenhuma.
   b. _____ Uma ou duas vezes.
   c. _____ Três ou quatro vezes.
   d. _____ Cinco ou mais vezes.
6. Se você falou menos do que gostaria, quais foram as principais razões para isso?
   a. _____ Tive medo de dizer a minha opinião.
   b. _____ Outra pessoa me interrompeu.
   c. _____ Não tive chance de dar a minha opinião.
   d. _____ Falei o quanto quis.
   e. _____ Ninguém prestou atenção ao que falei.
   f. _____ Não estava interessado no problema.
   g. _____ Não estava me sentindo bem hoje.
7. Você se entendeu bem com todos do seu grupo?
   a. _____ Com alguns deles.
   b. _____ Com metade deles.
   c. _____ Com a maioria deles.
   d. _____ Com todos eles.
   e. _____ Com nenhum deles.
8. Quantos alunos escutaram as ideias dos outros?
   a. _____ Poucos.
   b. _____ Metade deles.
   c. _____ A maioria deles.
   d. _____ Todos eles, exceto um.
   e. _____ Todos eles.

Seção B
1. Quem falou a maior parte do tempo no seu grupo hoje?
2. Quem falou menos no seu grupo hoje?
3. Quem teve as melhores ideias no seu grupo hoje?
4. Quem mais liderou as discussões?
5. Você gostaria de trabalhar com esse grupo de novo?
   _____ Sim.
   _____ Não.
   Se não, por quê?
6. Como você classifica o trabalho do facilitador no dia de hoje?

GUIA PARA ANALISAR O QUESTIONÁRIO DOS ALUNOS

I. Qual percentual da turma considerou a tarefa desinteressante, difícil demais ou confusa? (As questões A, B e C lhe mostrarão como calcular a resposta utilizando as respostas dos alunos à Seção A, questões 1-3.)
   a. Qual percentual dos alunos relatou que o trabalho não foi muito interessante ou que eles não se interessaram nem um pouco por ele? (Some o número de alunos que escolheu "d" ou "e" na questão 1. Divida esse número pelo total apresentado nos questionários para obter o percentual.)
   b. Qual percentual de alunos relatou que o trabalho foi extremamente difícil ou muito fácil? (Some o número de alunos que escolheu "a" ou "e" na questão 2. Utilize o mesmo procedimento descrito anteriormente para obter o percentual.)
   c. Qual percentual de alunos relatou que as instruções nunca foram claras para eles? (Some o número de alunos que escolheu "c" para a questão 3. Siga o mesmo procedimento descrito anteriormente para obter o percentual.)

II. *Para tarefas de habilidades múltiplas:* os alunos encaram a tarefa como envolvendo habilidades múltiplas? (Utilize Seção A, questão 4.)
   a. Quantos alunos são capazes de listar mais de uma habilidade? (Questão 4a)
   b. Quantos alunos foram capazes de listar uma habilidade em que acreditam terem apresentado um bom desempenho? (Questão 4b)
   c. Quantas das habilidades listadas eram semelhantes àquelas encontradas no trabalho rotineiro em sala de aula? (Questão 4b)

III. Como foi o trabalho em grupo? Existem problemas especiais que precisem de trabalho adicional?
   a. Que tipos de problemas são frequentemente registrados na Seção A, questão 6?
   b. Quantos alunos relataram ter um bom relacionamento com metade ou menos dos membros do seu grupo? (Seção A, questão 7; some "a", "b" e "e")
   c. Quantos alunos relataram que metade ou menos dos membros do seu grupo escutava os demais? (Seção A, questão 8; some a e b)
IV. Como os alunos de baixo *status* se sentiram diante das suas experiências? (Pegue seus questionários e faça as seguintes tabulações.)
   a. Quantos desses alunos consideraram a tarefa desinteressante, difícil demais ou confusa? Como esse número se compara com o número total de alunos na turma que se sentiu dessa forma? *Se um percentual muito maior de alunos de baixo* status *estava infeliz com tarefa do que o percentual geral da turma calculados nas questões 1-3, então sua tarefa foi particularmente malsucedida com alunos de baixo* status.
   b. *Para tarefas de habilidades múltiplas:* Quantos dos alunos de baixo *status* relataram uma habilidade em que acreditam terem tido um bom desempenho? (Seção A, questão 4b) *Se o tratamento em habilidades múltiplas tiver sido bem-sucedido, praticamente todos esses alunos devem responder sim.*
   c. Foi mais provável que esses alunos relatassem que raramente participavam em comparação com o resto da turma? (Conte quantos alunos de baixo *status* escolheram "a" ou "b" na questão 5, Seção A. Agora faça o mesmo para o resto da turma.) *Se mais da metade dos alunos com baixo* status *relatou uma baixa participação, enquanto apenas 25% ou menos dos alunos no resto da turma disseram que participaram raramente, então você ainda tem um problema de* status *na participação.*
   d. Houve algum aluno com baixo *status* para o qual essa experiência não foi boa? Examine na íntegra os questionários dos alunos com baixo *status* que relataram uma baixa participação na questão 5 para tentar descobrir qual foi a fonte do problema.
V. Qual foi o grau de sucesso de cada grupo em alcançar um *status* igual e um bom funcionamento do grupo? (Rearranje os questionários colocando juntos aqueles do mesmo grupo.)
   a. Alguns grupos relataram mais problemas interpessoais do que outros? Ou as reclamações estavam bastante dispersas entre os grupos? (Seção A, questões 6, 7 e 8) Se três ou mais membros do mesmo grupo fizerem uma dessas reclamações sobre a sua experiência, pode-se inferir razoavelmente que esse grupo em particular apresentou dificuldades interpessoais.

b. Houve algum grupo em que o aluno de baixo *status* foi escolhido por pelo menos dois outros membros como aquele que tinha as melhores ideias? (Seção B, questão 3) Isso seria uma indicação de que você foi bem-sucedido em tratar o problema de *status* pelo menos em alguns dos seus grupos.
c. Em quantos grupos quase todos escolheram um dos alunos com baixo *status* como sendo um dos que falaram menos? (Seção B, questão 2) Isso ocorre em grupos em que você não atingiu comportamentos de *status* igual. Verifique cuidadosamente os questionários desses grupos. Da próxima vez, você pode apontar esses alunos como facilitadores.
d. Como foram as avaliações do facilitador em cada grupo? (Seção B, questão 6)
e. Se um aluno de baixo *status* foi o facilitador, ele foi escolhido por pelo menos alguns membros do grupo como aquele que fez o máximo para direcionar a discussão? (Seção B, questão 4)

VI. Como eram as relações entre os alunos de diferentes grupos raciais, étnicos ou linguísticos? (Divida os questionários por pertencimento a grupos raciais, étnicos ou linguísticos.)
a. A maior parte dos alunos de minorias relatou uma boa convivência com a maioria ou todos os outros alunos em seus grupos? (Seção A, questão 7)
b. Que proporção de grupos minoritários *versus* majoritários afirmou que não gostaria de trabalhar novamente com seus grupos? (Seção B, questão 5) O ideal é que a proporção não seja muito superior a 15% em qualquer uma das categorias e certamente não é um bom sinal se ela for muito maior nas minorias do que em grupos de alunos majoritários.

Referências

AARONSON, E. *The jigsaw classroom*. Beverly Hills, CA: SAGE, 1978.

ABRAM, P. et al. The use of evaluation criteria to improve academic discussion in cooperative groups. *Asia Pacific Journal of Education*, v. 22, n. 1, p. 16 -17, 2002.

AHMADJIAN, J. *Academic status and reading achievement*: modifying the effects of the self-fulfilling prophecy. 1980. 226 f. Dissertação (Mestrado) - Stanford University, Stanford, 1980.

ALEXANDER, M. G. et al. Lower status participation and influence: task structure matters. *Journal of Social Issues*, v. 65, p. 365–381, 2009.

ANDERSON, L. M. *Student response to seatwork*: implications for the study of students cognitive processing. East Lansing: Michigan State University, 1982. (Série Research, 102).

APPLEBEE, A. et al. Discussion-based approaches to developing understanding: classroom instruction and student performance in middle and high school English. *American Educational Research Journal*, v. 40, n. 3, p. 685–730, 2003.

ARELLANO, A. D. *Bilingual students' acquisition of academic language*: a study of the language processes and products in a complex instruction class- room. 2003. Dissertação (Mestrado) - Stanford University, Stanford, 2003.

AWANG-HAD, B. S. *Effects of status and task upon observable power and prestige order of small task-oriented groups*. 1972. 198 f. Dissertação (Mestrado) - Stanford University, Stanford, 1972.

BALABANIAN, N.; DEAN, D. *Group-worthy task write-up*. Stanford, CA: Stanford University, 2012.

BANDURA, A. *Principles of behavior modification*. New York: Holt, Rinehart & Winston, 1969.

BARRON, B. When smart groups fail. *Journal of the Learning Sciences*, v. 12, n. 3, p. 307-359, 2003.

BASSAREAR, T.; DAVIDSON, N. The use of small group learning situations in mathematics instruction as a tool to develop thinking. In: DAVIDSON, D.; WORSHAM, T. (Ed.). *Enhancing thinking through cooperative learning*. New York: Teachers College Press, 1992. p. 236-250.

BAVELAS, A. The five squares problem: an instructional aid in group cooperation. *Studies in Personnel Psychology*, v. 5, p. 29–38, 1973.

BERGER, J.; CONNER, T.; MCKEOWN, W. Evaluations and the formation and maintenance of performance expectations. In: BERGER, J.; CONNER, T.; FISEK, H. (Ed.). *Expectation states theory*: a theoretical research program. Cambridge: Winthrop, 1974.

BERGER, J.; ROSENHOLTZ, S. J.; ZELDITCH, M., Jr. Status organizing processes. *Annual Review of Sociology*, v. 6, p. 479–508, 1980.

BERLINER, D. et al. *Teaching behaviors, academic learning time and student achievement*: final report of phase III-B, beginning teachers evaluation study. San Francisco: Far West Laboratory, 1978.

BIANCHINI, J. Where knowledge construction, equity, and context intersect: student learning of science in small groups. *Journal of Research in Science Teaching*, v. 34, n. 10, p. 1039-1065, 1997.

BLACK, P.; WILLIAM, D. Inside the black box: raising standards through classroom assessment. *Phi Delta Kappan*, v. 80, p. 139-148, 1998.

BOALER, J. "Opening our ideas": how a detracked mathematics approach promoted respect, responsibility, and high achievement. *Theory into Practice*, v. 45, n. 1, p. 40–46, 2006.

BOALER, J.; STAPLES, M. Creating mathematical futures through an equitable teaching approach: the case of Railside School. *Teachers College Record*, v. 110, n. 3, p. 608-645, 2008.

BOWER, A. *The effect of a multiple ability treatment on status and learning in the cooperative social studies classroom*. Dissertação (Mestrado) - Stanford University, Stanford, 1990.

BRINTON, D. M.; SNOW, M. A.; WESCHE, M. B. *Content-based second language instruction*. Boston, MA: Heinle & Heinle, 1990.

BUNCH, G. C. "Academic English" in the 7th grade: broadening the lens, expanding access. *Journal of English for Academic Purposes*, v. 5, p. 284–301, 2006.

BUNCH, G. C. "Going up there": challenges and opportunities for language minority students during a mainstream classroom speech event. *Linguistics and Education*, v. 20, p. 81–108, 2009.

BUNCH, G. C. Pedagogical language knowledge: preparing mainstream teachers for English learners in the New Standards era. *Review of Research in Education*, v. 37, p. 298–341, 2013.

BUNCH, G. C. The language of ideas and the language of display: reconceptualizing "academic language" in linguistically diverse classrooms. *International Multilingual Research Journal*, v. 81, p. 70–86, 2014.

BUNCH, G. C.; WILLETT, K. Writing to mean in middle school: under- standing how second language writers negotiate textually-rich content-area instruction. *Journal of Second Language Writing*, v. 22, p. 141–160, 2013.

BUNCH, G. C. (2005). Keeping content at the heart of content-based instruction: Access and support for transitional English learners. In: CRANDALL, J.; KAUFMAN, D. (Ed.). *Content-based instruction in primary and secondary school settings*. Alexandria, VA: Teachers of English to Speakers of Other Languages, 2005. p. 11-25.

CARLSON, S.; DUMPLIS, A. *Was immigration worth it*? Or "For class, it was pretty fun." Stanford, CA: Stanford University, Graduate School of Education, 2012.

CAZDEN, C. *Classroom discourse*: the language of teaching and learning. 2nd ed. Portsmouth, NH: Heinemann, 2001.

COHEN, E. G. et al. Expectations states and interracial interaction in school settings. *Annual Review of Sociology*, v. 8, p. 209-235, 1982.

COHEN E. G. From theory to practice: the development of an applied research program. In: BERGER, J.; ZELDITCH, M. (Ed.). *Theoretical research programs*: studies in the growth of theory. Stanford: Stanford University Press, 1993.

COHEN, E. G. Interracial interaction disability. *Human Relations*, v. 25, p. 9–24, 1972.

COHEN, E. G. Producing equal status behavior in cooperative learning. In: CONVENTION OF THE INTERNATIONAL ASSOCIATION FOR THE STUDY OF COOPERATION IN EDUCATION, 1998, Shefayim. *Proceedings…* Shefayim: International Association for the Study of Cooperation in Education, 1998.

COHEN, E. G. *Restructuring the classroom*: conditions for productive small groups. Madison: University of Wisconsin, 1992.

COHEN, E. G. Talking and working together: status, interaction and learning. In: PETERSON, P.; WILKINSON, L. C.; HALLINAN, M. (Ed.). *The social context of instruction*: group organization and group processes. New York: Academic Press, 1984.

COHEN, E. G. Teaching in multiculturally heterogeneous classrooms: findings from a model program. *McGill Journal of Education*, v. 26, n. 1, p. 7-23, 1991.

COHEN, E. G. Understanding status problems: sources and consequences. In:

COHEN, E.; LOTAN, R. (Ed.). *Working for equity in heterogeneous classrooms*: sociological theory in practice. New York: Teachers College Press, 1997.

COHEN, E. G.; INTILI, J. K. *Interdependence and management in bilingual classrooms*: final report II. (NIE Contract #NIE-G-80-0217). Stanford, CA: Stanford University, 1982.

COHEN, E. G.; LOCKHEED, M.; LOHMAN, M. Center for interracial cooperation: a field experiment. *Sociology of Education*, v. 49, n. 1, p. 47–58, 1976.

COHEN, E. G.; LOTAN, R. Operation of status in the middle grades: recent developments. In: SZMATKA, J.; SKVORETZ, J.;. BERGER, J. (Ed.). *Status, network, and structure*: theory development in group processes. Stanford: Stanford University Press, 1997b.

COHEN E. G.; LOTAN, R. Producing equal status interaction in the heterogeneous classroom. *American Educational Research Journal*, v. 32, p. 99-120, 1995.

COHEN, E. G.; LOTAN, R. (Ed.). *Working for equity in heterogeneous classrooms*: sociological theory in practice. New York: Teachers College Press, 1997a.

COHEN, E. G.; LOTAN, R. Producing equal status interaction in the heterogeneous classroom. *American Educational Research Journal*, v. 32, n. 1, p. 99-120, 1995.

COHEN, E. G. et al. Can groups learn? *Teachers College Record*, v. 104, p. 1045–1068, 2002.

COHEN, E. G.; LOTAN, R.; CATANZARITE, L. Can expectations for compe- tence be treated in the classroom? In: WEBSTER, M. Jr.; FOSCHI, M (Ed.). *Status generalization*: new theory and research. Stanford: Stanford University Press, 1988.

COHEN, E. G.; LOTAN, R.; CATANZARITE, L. Treating status problems in the cooperative classroom. In: SHARAN, S. (Ed.). *Cooperative learning*: theory and research. New York: Praeger, 1990. p. 203-229.

COHEN, E. G.; LOTAN, R.; HOLTHUIS, N. Organizing the classroom for learning. In: COHEN, E. G.; LOTAN, R. (Ed.). *Working for equity in heterogeneous classrooms*: sociological theory in practice. New York: Teachers College Press, 1997. p. 31-43.

COHEN, E. G.; LOTAN, R.; LEECHOR, C. Can classrooms learn? *Sociology of Education*, v. 62, n. 2, p. 75–94, 1989.

COHEN, E. G.; ROPER, S. Modification of interracial interaction disability: an application of status characteristic theory. *American Sociological Review*, v. 37, n. 6, p. 648-655, 1972.

COHEN, E. G.; SHARAN, S. Modifying status relations in Israeli youth. *Journal of Cross-Cultural Psychology*, v. 11, n. 3, p. 364–384, 1980.

COHEN, G. L. et al. Reducing the racial achievement gap: a social psychological intervention. *Science*, v. 313, n. 5791, p. 1307-1310, 2006.

COOK, T. *Producing equal status interaction between Indian and white boys in British Columbia*. 1974. Tese (Doutorado) - Stanford University, Stanford, 1974.

CORRELL, S.; RIDGEWAY, C. Expectation states theory. In: DELAMATER, J. (Ed.). *Handbook of social psychology*. New York: Kluwer Academic/Plenum, 2003.

COSSEY, R. *Mathematical communication*: issues of access and equity. 1997. Dissertação (Mestrado) - Stanford University, Stanford, 1997.

CUMMINS, J. Linguistic interdependence and the educational development of bilingual children. *Review of Educational Research*, v. 49, p. 222–251, 1979.

DAR, Y.; RESH, N. Classroom intellectual composition and academic achievement. *All American Educational Research Journal*, v. 23, n. 3, p. 357-374, 1986.

DAVIDSON, N. Small group learning and teaching in mathematics: a selective review of the research. In: SLAVIN, R. et al. (Ed.). *Learning to cooperate, cooperating to learn*. New York: Plenum, 1985. p. 211-230.

DE AVILA, E. A. *Multicultural improvement of cognitive abilities*: final report to Stoill of California, Department of Education. Stanford, CA: Stanford University, School of Education, 1981.

DE AVILA, E. A.; DUNCAN, S. E. *Finding out! Descubrimiento*. Corte Madera, CA: Linguametrics Group, 1980.

DE AVILA, E. A.; DUNCAN, S. E. *Language assessment scales, level I*. 2nd ed. Corte Madera, CA: Linguametrics Group, 1977.

DEMBO, M.; MCAULIFFE, T. Effects of perceived ability and grade status on social interaction and influence in cooperative groups. *Journal of Educational Psychology*, v. 79, p. 415–423, 1987.

DEUTSCH, M. et al. *The effects of training in cooperative learning and conflict resolution in an alternative high school*. New York: Columbia University, 1992.

DEUTSCH, M. The effects of cooperation and competition upon group process. In: CARTWRIGHT, D.; ZANDER, A. (Ed.). *Group dynamics*. New York: Harper & Row, 1968. p. 319-353.

DREW, Z.; WOFSEY, K. *What in the world are we supposed to do?* An analysis of a group-worthy task. Stanford, CA: Stanford University, 2012.

DURLING, R.; SHICK, C. Concept attainment by pairs and individuals as a function of vocalization. *Journal of Educational Psychology*, v. 68, n. 1, p. 83-91, 1976.

DWECK, C. S. *Mindset*: the new psychology of success. New York: Ballantine Books, 2008.

EHRLICH, D. E. *Moving beyond cooperation*: developing science thinking in independent groups. 1991. Dissertação (Mestrado) - Stanford University, Stanford, 1991.

EISNER, E. W. *The educational imagination*: on the design and evaluation of school programs. 3rd ed. New York: Macmillan, 1994.

EPSTEIN, C. *Affective subjects in the classroom*: exploring race, sex and drugs. Scranton: Intext Educational Publications, 1972.

FALTIS, C. J.; MERINO, B. J. Toward a definition of exemplary teachers in bilingual multicultural school settings. In: PADILLA, R. V.; BENAVIDES, A. H. (Ed.). *Critical perspectives on bilingual education research*. Tempe, AZ: Bilingual Press, 1992. p. 276-299.

FEATHERSTONE, H. et al. *Smarter together!* Collaboration and equity in the elementary math classroom. Reston, VA: National Council of Teachers of Mathematics, 2011.

GARDNER, H. *Frames of mind*: the theory of multiple intelligences. New York: Basic Books, 2011.

GARDNER, H. *Multiple intelligences*: the theory in practice. New York: Basic Books, 1993.

GIBBONS, P. *Scaffolding language, scaffolding learning*: teaching second language learners in the mainstream classroom. Portsmouth, NH: Heinemann, 2002.

GILLIES, R. M. The residual effects of cooperative-learning experiences: a two-year follow-up. *Journal of Educational Research*, v. 96, n. 1, p. 15-20, 2002.

GOULD, S. J. *The mismeasure of man*. New York: Norton, 1981.

GRAVES, T.; GRAVES, N. *Broken circles* (game). Santa Cruz: [s. n.], 1985.

GREENO, J. G. Gibson's affordances. *Psychological Review*, v. 101, p. 336-342, 1994.

GREENWOOD, C.; HORTON, B.; UTLEY, C. Academic engagement: current perspectives on research and practice. *School Psychology Review*, v. 31, n. 3, p. 328-349, 2002.

GROSSMAN, P.; DAVIS, E. Mentoring that fits: effective induction requires high-quality mentoring and a supportive school environment, tailored to fit new teachers' individual needs. *Educational Leadership*, v. 69, p. 54–57, 2012.

HALL, J. Decisions, decisions, decisions. *Psychology Today*, v. 5, n. 6, 1971.

HALLINAN, M. T.; KUBITSCHEK, W. Curriculum differentiation and high school achievement. *Social Psychology of Education*, v. 3, n. 1-2, p. 41-62, 1999.

HOFFMAN, D.; COHEN, E. G. *An exploratory study to determine the effects of generalized performance expectations upon activity and influence of students engaged in a group simulation game.* Paper presented at the annual meeting of the American Educational Research Association, Chicago, 1972.

HOLTHUIS, N. *Scientifically speaking*: identifying, analyzing, and promoting science talk in small groups. 1998. Dissertação (Mestrado) - Stanford University, Stanford, 1998.

HOLTHUIS, N. et al. Supporting and understanding students' epistemological discourse about climate change. *Journal of Geoscience Education*, v. 62, n. 3, p. 374-387, 2014.

HORN, I. *Strength in numbers*: collaborative learning in secondary mathematics. Reston, VA: National Council of Teachers of Mathematics, 2012.

HUBER, G.; EPPLER, R. Team learning in German classrooms: processes and outcomes. In: SHARAN. S. (Ed.). *Cooperative learning*: theory and research. New York, NY: Praeger, 1990.

JOHNSON, D. W. et al. Effects of cooperative, competitive and individualistic goal structure on achievement: a meta-analysis. *Psychological Bulletin*, v. 89, n. 1, p. 47-62, 1981.

JOHNSON, D. W.; JOHNSON, R. T. An educational psychology success story: social interdependence theory and cooperative learning. *Educational Researcher*, v. 38, n. 5, p. 365-379, 2009b.

JOHNSON, D. W.; JOHNSON, R. T. Energizing learning: the instructional power of conflict. *Educational Researcher*, v. 38, p. 37–51, 2009a.

JOHNSON, D., & JOHNSON, R. Classroom conflict: Controversy versus debate in learning groups. *American Educational Research Journal*, v. 22, p. 237–256, 1985.

JOHNSON, D.; JOHNSON, R. Cooperative learning and achievement. In: SHARAN, S. (Ed.). *Cooperative learning*: theory and research. New York, NY: Praeger, 1990.

JOHNSON, D. W.; JOHNSON, R. T. Encouraging thinking through constructive controversy. In: DAVIDSON, N.; WORSHAM, T. (Ed.). *Enhancing thinking through cooperative learning*. New York: Teachers College Press, 1992. p. 120-137.

JOHNSON, D. W.; JOHNSON, R. T. Energizing learning: the instructional power of conflict. *Educational Researcher*, v. 38, n. 1, p. 37–51, 2009a.

JOHNSON, D.; JOHNSON, R.; HOLUBEC, E. *Cooperative learning in the classroom.* Edina, MN: Interaction Book Company, 1998.

JOHNSON, D. W.; JOHNSON, R. T.; MARUYAMA, G. Goal interdependence and interpersonal attraction in heterogeneous classrooms: a meta-analysis. In: MILLER, N.; BREWER, M. (Ed.). *Groups in contact*: the psychology of desegregation. Orlando: Academic Press, 1984. p. 187-212.

KAGAN, S. Group grades miss the mark. *Educational Leadership*, v. 52, n. 8, p. 68-72, 1995.

KERCKHOFF, A. C. Effects of ability grouping in British secondary schools. *American Sociological Review*, v. 51, n. 6, p. 842-858, 1986.

KINNEY, K.; LEONARD, M. *Group lessons*: geometry. 1984. Dissertação (Mestrado) - Stanford University, Stanford, 1984.

KRASHEN, S. D. Bilingual education and second language acquisition theory. In: CALIFORNIA STATE DEPARTMENT OF EDUCATION. *Schooling and language minority students*: a theoretical framework. Los Angeles, CA: Evaluation, Dissemination and Assessment Center, California State University, 1988. p. 51-79.

KRASHEN, S. D. *The input hypothesis*: issues and implications. New York, NY: Longman, 1985.

KREIDLER, J. *Creative conflict resolution*. Glenview: Scott Foresman & Co, 1984.

LEAL, A. *Sex inequities in classroom interaction*: an evaluation of an intervention. 1985. Dissertação (Mestrado) - Stanford University, Stanford, 1985.

LEE, O.; QUINN, H.; VALDÉS, G. Science and language for English language learners in relation to next generation science standards and with implications for Common Core State Standards for English Language Arts and Mathematics. *Educational Researcher*, v. 42, n. 4, p. 223-233, 2013.

LEECHOR, C. *How high achieving and low achieving students differentially benefit from working together in cooperative small groups*. 1988. 206 f. Tese (Doutorado) - Stanford University, Stanford, 1988.

LEKNES, B.; XU, L. *Group worthy task write-up*. Stanford, CA: Stanford University, 2012.

LINDHOLM, K. J.; ACLAN, Z. Bilingual proficiency as a bridge to academic achievement: Results from bilingual/immersion programs. *Journal of Education*, v. 173, p. 99-113, 1991.

LOCKHEED, M. S.; HARRIS, A. M.; NEMCEFF, W. P. Sex and social influence: does sex function as a status characteristic in mixed-sex groups? *Journal of Educational Psychology*, v. 75, p. 877-888, 1983.

LOTAN, R. A. Developing language and content knowledge in heterogeneous classrooms. In: GILLIES, R.; ASHMAN, A.; TERWEL, J. (Ed.). *The teacher's role in implementing cooperative learning in the classroom*. New York, NY: Springer, 2008. p. 187-203.

LOTAN, R. A. Managing groupwork. In: EVERTSON, C.; WEINSTEIN, C. (Ed.). *Handbook of classroom management*: research, practice, and contemporary issues. Saddle River: Lawrence Erlbaum Associates, 2006. p. 525-540.

LOTAN, R. A. Principles of a principled curriculum. In: COHEN, E. G.; LOTAN, R. A. (Ed.). *Working for equity in heterogeneous classrooms*: sociological theory in practice. New York, NY: Teachers College Press, 1997.

MARKS, H. Student engagement in instructional activity: Patterns in elementary, middle and high school years. *American Educational Research Journal*, v. 37, n. 1, p. 153-184, 2000.

MARQUIS, A.; COOPER, C. Peer interaction and learning in cooperative settings. In: INTERNATIONAL CONFERENCE ON COOPERATION IN EDUCATION, 2., 1982, Provo. *Proceedings*... Provo: Brigham Young University Press, 1982.

MARTELLA, R.; NELSON, J.; MARCHAND-MARTELLA, N. *Managing disruptive behaviors in the schools*. Boston: Pearson Education, 2003.

MCGROARTY, M. The benefits of cooperative learning arrangements in second language instruction. *National Association for Bilingual Association Journal*, v. 13, n. 2, p. 127-143, 1989.

MCLAUGHLIN, B. *Second-language acquisition in childhood*. Hillsdale, NJ: Lawrence Erlbaum, 1985. (Schoolage Children, v. 2).

MCLAUGHLIN, M. W.; TALBERT, J. E. *Building school-based teacher learning communities*: professional strategies to improve student achievement. New York, NY: Teachers College Press, 2006.

MELOY, M.; BEANS, L.; CHENG, A. *Dr. Sneab's gummi buddies*: a groupworthy task for balancing chemical equations. Stanford, CA: Stanford University, 2012.

MICHAELS, S.; O'CONNOR, C.; RESNICK, L. B. Deliberative discourse idealized and realized: accountable talk in the classroom and in civic life. *Studies in Philosophy and Education*, v. 27, p. 283-297, 2008.

MILLER, N.; BREWER, M.; EDWARDS, K. Cooperative interaction in desegregated settings: a laboratory analogue. *Journal of Social Issues*, v. 41, n. 3, p. 63-79, 1985.

MILLER, N.; HARRINGTON, H. J. A situational identity perspective on cultural diversity and teamwork in the classroom. In: SHARAN, S. (Ed.). *Cooperative learning*: theory and research. New York: Praeger, 1990. p. 39-75.

MORRIS, R. *A normative intervention to equalize participation in task oriented groups*. 1977. Dissertação (Mestrado) - Stanford University, Stanford, 1977.

MURRAY, F. Acquisition of conservation through social interaction. *Developmental Psychology*, v. 6, n. 1, p. 1–6, 1972.

NATIONAL AERONAUTICS AND SPACE ADMINISTRATION. *GISS Surface Temperature Analysis*. [S. l.]: NASA, [2010]. Disponível em: < http://data.giss.nasa.gov/gistemp/graphs/>. Acesso em: 06 set. 2016.

NATIONAL GOVERNORS ASSOCIATION CENTER FOR BEST PRACTICES; COUNCIL OF CHIEF STATE SCHOOL OFFICERS. *Common Core State Standards*. Washington: Authors, 2010a.

NATIONAL GOVERNORS ASSOCIATION CENTER FOR BEST PRACTICES; COUNCIL OF CHIEF STATE SCHOOL OFFICERS. *Common Core State Standards for English Language Arts and Literacy in History/Social Studies, Science, and Technical Subjects*. Washington: Authors, 2010b.

NATIONAL GOVERNORS ASSOCIATION CENTER FOR BEST PRACTICES; COUNCIL OF CHIEF STATE SCHOOL OFFICERS. *Common Core State Standards for Mathematics*. Washington: Authors, 2010c.

NAVARRETE, C. *Finding out/descubrimiento*: a developmental approach to language and culture in a bilingual elementary classroom. Stanford: Stanford University, 1980.

NAVARRETE, C. *Problems in small group interaction*: a bilingual classroom study. Dissertação (Mestrado) - Stanford University, Stanford, 1985.

NEVES, A. *The effect of various input on the second language acquisition of Mexican-American children in nine elementary school classrooms*. Dissertação (Mestrado) - Stanford University, Stanford, 1983.

NGSS Lead States. *Next generation science standards*: for states, by states. Washington, DC: The National Academies Press, 2013.

NEVES, A. *The effect of various input on the second language acquisition of Mexican-American children in nine elementary school classrooms*. Dissertação (Mestrado) - Stanford University, Stanford, 1983.

NEWMANN, F.; THOMPSON, J. A. *Effects of cooperative learning on achievement in secondary schools*: a summary of research. Madison: University of Wisconsin, 1987.

NEXT GENERATION SCIENCE STANDARDS. *Next generation science standards*: for states, by states. Washington: The National Academies Press, 2013.

NYSTRAND, M.; GAMORAN, A.; HECK, M. J. *Small groups in English*: when do they help students and how are they best wed? Madison: University of Wisconsin, 1991.

OAKES, J. *Keeping track*: how schools structure inequality. New Haven: Yale University Press, 2005.

PALINSCAR, A.; BROWN, A.; CAMPIONE, J. *Structured dialogues among communities of first grade learners*. San Francisco, CA: [s. n], 1989. Paper presented at the annual meeting of the American Educational Research Association.

PERROW, C. B. A framework for the comparative analysis of organizations. *American Sociological Review*, v. 32, p. 194–208, 1961.

PFEIFFER, J.; JONES, F. E. *A handbook of structural experiences for human relations training*. Iowa City: University Associated Press, 1970. v. 1.

QIN, Z.; JOHNSON, D. W. JOHNSON, R. T. (1995). Cooperative versus competitive efforts and problem solving. Review of Educational Research, 65, 129–143.

ROBBINS, A. *Fostering equal-status interaction through the establishment of consistent staff behaviors and appropriate situational norms*. 1977. Tese (Doutorado) - Stanford University, Stanford, 1977.

ROSEBERY, A. S. *Appropriating scientific discourse*: findings from language minority classroom. Santa Cruz: National Center for Research on Cultural Diversity and Second Language Acquisition, 1992.

ROSENBERG, M. B. *A model for nonviolent communication*. Baltimore: New Society Publishers, 1983.

ROSENHOLTZ, S. J. Modifying status expectations in the traditional classroom. In: BERGER, J.; ZELDITCH, M. (Ed.). *Status, rewards, and influence*. San Francisco: Jossey-Bass, 1985. p. 445-470.

ROSENHOLTZ, S. J. *The multiple ability curriculum*: an intervention against the self-fulfilling prophecy. Dissertação (Mestrado) - Stanford University, Stanford, 1977.

ROSENHOLTZ, S. J.; COHEN, E. G. Activating ethnic status. In: BERGER, J.; ZELDITCH, M. Jr. (Ed.). *Status, rewards, and influence*. San Francisco: Jossey-Bass, 1985.

ROSENHOLTZ, S. J.; SIMPSON, C. Classroom organization and student stratification. *Elementary School Journal*, v. 85, p. 21-37, 1984.

ROSENHOLTZ, S. J.; WILSON, B. The effects of classroom structure on shared perceptions of ability. *American Educational Research Journal*, v. 17, p. 175-182, 1980.

RUBIN, B. Unpacking detracking: when progressive pedagogy meets students' social worlds. *American Educational Research Journal*, v. 40, n. 2, p. 539-573, 2003.

SCARLOSS, B. A. *Sensemaking, interaction, and learning in student groups*. 2001. Dissertação (Mestrado) - Stanford University, Stanford, 2001.

SCHULTZ, S. E. *To group or not to group*: effects of groupwork on students' declarative and procedural knowledge in science. Dissertação (Mestrado) - Stanford University, Stanford, 1999.

SCHWARTZ, D. L.; BLACK, J. B.; STRANGE, J. Dyads have a fourfold advantage over individuals inducing abstract rules. In: MEETING OF THE AMERICAN EDUCATIONAL RESEARCH ASSOCIATION, 1991, Chicago. *Proceedings...* Chicago: AERA, 1991.

SCOTT, W. R. *Institutions and organizations*: ideas, interests, and identities. Los Angeles, CA: SAGE, 2013.

SHARAN, S. et al. *Cooperative learning in the classroom*: research in desegregated schools. Hillsdale: Lawrence Erlbaum, 1984.

SHARAN, S.; HERTZ-LAZAROWITZ, R. (1980). A group investigation method of cooperative learning in the classroom. In: SHARAN, S. et al. (Ed.). *Contributions to the study of cooperation in education*. Provo, UT: Brigham Young University Press, 1980. p. 19-46.

SHARAN, S.; HERTZ-LAZAROWITZ, R.; ACKERMAN, Z. Academic achievement of elementary school children in small group versus whole-class instruction. *Journal of Experimental Education*, v. 48, p. 125-129, 1980.

SHARAN, S.; SHACHAR, H. *Language and learning in the cooperative classroom*. New York: Springer, 1988.

SHARAN, S.; SHARAN, Y. *Small-group teaching*. Englewood Cliffs: Educational Technology Publications, 1976.

SHARAN, Y.; SHARAN, S. *Cooperative learning through group investigation*. New York: Teachers College Press, 1992.

SHULMAN, J.; LOTAN, R.; WHITCOMB, J. *Groupwork in diverse classrooms*: a casebook for educators. New York: Teachers College Press, 1998.

SIMON, S.; HOWE, L. W.; KIRCHENBAUM, H. *Values clarification*. New York, NY: Hart Publishing, 1972.

SLAVIN, R. E. Ability grouping and student achievement in elementary schools: a best-evidence synthesis. *Review of Educational Research*, v. 57, n. 3, p. 293-336, 1987.

SLAVIN, R. E. *Cooperative learning*. New York: Longmann, 1983.

SLAVIN, R. E. Cooperative learning: what makes group-work work? In: DUMONT, H.; INSTANCE, D.; BENAVIDES, F. (Ed.). *The nature of learning*: using research to inspire practice. Paris: OECD Publishing, 2010. p. 161-178.

SLAVIN, R. E. *Educational psychology*: theory and practice. 7th ed. Boston: Allyn & Bacon, 2003.

SMITH, K.; JOHNSON, D. W.; JOHNSON, R. T. Can conflict be constructive? controversy versus concurrence seeking in learning groups. *Journal of Educational Psychology*, v. 73, n. 5, p. 651-663, 1981.

SOLOMON, R. D.; DAVIDSON, N.; SOLOMON, E. C. L. Some thinking skills and social skills that facilitate cooperative learning. In: DAVIDSON, N.; WORSHAM, T. (Ed.). *Enhancing thinking through cooperative learning*. New York: Teachers College Press, 1992. p. 101-119.

STEELE, C. *Whistling Vivaldi*: how stereotypes affect us and what we can do. New York: W.W. Norton, 2010.

STEELE, C.; ARONSON, J. Stereotype threat and the intellectual test performance of African-Americans. *Journal of Personality and Social Psychology*, v. 69, n. 5, p. 797-811, 1995.

STENMARK, J. S.; THOMPSON, V.; COSSEY, R. *Family math*. California, CA: Lawrence Hall of Science, 1986.

STERNBERG, R. J. Abilities are forms of developing expertise. *Educational Research*, v. 27, n. 3, p. 11-20, 1998.

STERNBERG, R. J. *Wisdom, intelligence, and creativity synthesized*. New York: Cambridge University Press, 2007.

STERNBERG, R. J.; BEYOND, I. Q. *A triarchic theory of human intelligence*. Cambridge: Cambridge University Press, 1985.

SWANSON, P. E. The intersection of language and mathematics. *Mathematics Teaching in the Middle School*, v. 15, n. 9, p. 516 –523, 2010.

TAMMIVAARA, J. The effects of task structure on beliefs about competence and participation in small groups. *Sociology of Education*, v. 55, n. 4, p. 212–222, 1982.

TUDGE, J. Vygotsky: the zone of proximal development and peer collaboration: implications for classroom practice. In: MOLL, L. (Ed.). *Vygotsky and education*: instructional implications and applications of socio historical psychology. New York: Columbia University Press, 1990. p. 155-172.

VALDÉS, G. Realistic expectations: english language learners and the acquisition of "academic" English. In: VALDÉS, G.; CAPITELLI, S.; ALVAREZ, L. (Ed.). *Latino children learning English*: steps in the journey. New York, NY: Teachers College Press, 2011. p. 15-41.

VALDÉS, G. et al. Enhancing the development of students' language(s). In: DARLING-HAMMOND, L. et al. (Ed.). *Preparing teachers for a changing world*: what teachers should learn and be able to do. San Francisco, CA: Jossey-Bass, 2005. p. 126-168.

VAN LIER, L. From input to affordance: social-interactive learning from an ecological perspective. In: LANTOLF, J. (Ed.). *Sociocultural theory and second language learning*. Oxford, England: Oxford University Press, 2000. P. 155-177.

VYGOTSKY, L. *Mind and society*: the development of higher psychological processes. Cambridge: Harvard University Press, 1978.

WEBB, N. Predicting learning from student interaction: defining the interaction variable. *Educational Psychologist*, v. 18, n. 1, p. 33-41, 1983.

WEBB, N. Task-related verbal interaction in mathematics learning in small groups. *Journal for Research in Mathematics Education*, v. 22, n. 5, p. 361-389, 1991.

WEBB, N.; ENDER, P.; LEWIS, S. Problem-solving strategies and group processes in small group learning computer programming. *American Educational Research Journal*, v. 23, n. 2, p. 243–261, 1986.

WEBB, N.; FARIVAR, S. Developing productive group interaction in middle school mathematics. In: O'DONNELL, A. M.; KING, A. (Ed.). *Cognitive perspectives on peer learning*. Mahwah: Lawrence Erlbaum Associates, 1999. p. 117-149.

WESTHEIMER, J.; KAHNE, J. What kind of citizen? the politics of educating for democracy. *American Education Research Journal*, v. 41, n. 2, p. 237–269, 2004.

WIGGINS, G.; MCTIGHE, J. *Understanding by design*. New York: Association for Supervision and Curriculum Development, 2005.

WILCOX, M. *Comparison of elementary school children's interaction in teacher-led and student-led small groups*. Dissertação (Mestrado) - Stanford University, Stanford, 1972.

YACKEL, E.; COBB, P. Sociomathematical norms, argumentation, and autonomy in mathematics. *Journal for Research in Mathematics Education*, v. 27, p. 458–477, 1996.

YACKEL, E.; COBB, P.; WOOD, T. Small-group interactions as a source of learning opportunities in second-grade mathematics. *Journal for Research in Mathematics Education*, v. 22, n. 5, p. 390–408, 1991.

YAGER, S.; JOHNSON, D.; JOHNSON, R. Oral discussion, group-to-individual transfer and achievement in cooperative learning groups. *Journal of Educational Psychology*, v. 77, n. 1, p. 60-66, 1985.

ZACK, M. *Delegation of authority and the use of the student facilitator role*. Shefayim: [s. n], 1988. Paper presented at the triannual meeting of the International Association for the Study of Cooperation in Education.

Índice

A

Aaronson, E., 113-4
Abertas, tarefas não determinadas, 64-5, 79-82
Abram, P., 62-3, 69-70, 86, 111-2
Abram, P. L., 86
Ackerman, Z., 120
Aclan, Z., 166-7
Adivinhe a Minha Regra, 48, 57, 182-4, 185-9
Afro-americanos, formação para a mudança de expectativa, 135-7
Agrupamento por habilidades *versus* trabalho em grupo, 1-2
Ahmadjian, J., 21-2
Aleatoriedade controlada, 70-1
Alexander, M. G., 34
Alger, Chris, 160-2
Alunos com *status* elevado, 133
Alunos de baixo *status*
  atribuindo competência a, 144-8
  autoavaliação negativa, 136-8
  como recurso intelectual, 133-5
  expectativas de competência, 133-4
  formação para a mudança de expectativa, 135-8
  percepção de incompetência, 136-7
Alunos mais jovens
  desenvolvendo papéis, 116-7
  papéis de grupo para, 111-3
Alunos mais velhos, 109-12
Ameaça do estereótipo, 136-7
Anderson, L. M., 20-1
Apfel, N., 136-7
Applebee, A., 61-2
Aprendizagem conceitual, 8-13
  ensaios ou relatórios escritos, 8-9
  interação, 11-3, 15-6
  memorização, 9-11
  pelos colegas, 11-2
  pesquisa, 10-3
  trabalho em grupo facilitando, 9-10
Aprendizagem cooperativa, 15-7, 26-8
Arellano, A. D., 101-3
Aronson, J., 30-3, 136-7
Arranjos do Dia de Ação de Graças, 80-1
Associação Internacional para o Estudo da Cooperação, 16-7
Atire na Lua, 30, 33-4, 136-7, 139-40
Atividade coletiva, 62-4
Atividades e jogos
  Adivinhe a Minha Regra, 48, 57, 182-4, 185-9
  Atire na Lua, 28-9, 33-4, 136-7, 139-4
  Círculos Partidos, 41-3, 57, 168-9, 179-183
  Foguete de Quatro Estágios, 48, 57, 190-4
  Perdido na Lua, 14, 138-9
  Projetista Mestre, 47-8, 57, 182-6
  Quadrados Partidos, 41-2, 57, 179
  Quebra-cabeças, 182-4
  Rio de Jacarés, 57, 194-5
Atribuição de competências, 144-8
Atribuindo papéis, 114-7
Autoavaliação, 111-2
Autoridade, delegação de
  gerenciamento de conflitos, 127-8
  papel do professor, 122-30
  papel do professor enquanto os grupos trabalham, 124-8
  papel do professor na orientação, 128-9
  papel do professor no encerramento, 128-30
  responsabilidade dos alunos, 128-9
  rondando os grupos, 123-5

sistema de gerenciamento efetivo, 122-4
tarefas para grupos de alunos, 2
Autoridade intelectual, 86
Avaliação da/para aprendizagem, 74-8
  avaliação por colegas, 76-7
  autoavaliação, 111-2
  feedback, 74-6, 78
  tarefas adequadas ao trabalho em grupo, 86-7
  testagem e pontuação, 76-8
  visão geral, 74-5
Avaliação por pares, 76-7
Avaliação. *Ver* Avaliação da/para aprendizagem
Awang Had, B. S., 78

B

Balabanian, Nanor, 155-6
Bandura, A., 46-8
Barron, B., 13
Bassarear, T., 15-6
Bavelas, Alex, 179
Beans, Liz, 80-2, 156-8
Berger, J., 26-7, 33-4
Berliner, D., 8-9, 20-1
Bianchini, J., 10-1
Black, J. B., 14
Black, P., 74
Boaler, J., 15-6, 124-5
Bower, A., 29-30
Brewer, M., 77-8
Brinton, D. M., 172-3
Brown, A., 109-8
Bunch, G. C., 92-3, 97-8, 100-1

C

Cálculo
  pontuação de participação, 159-61
  utilização de estratégias de múltiplas habilidades, 143-5
Cálculos dos pontos de participação, 159-61
Campione, J., 109-8
Características do trabalho em grupo
  delegação de autoridade, 2
  membros do grupo precisando de outros membros, 2-3
  natureza da tarefa, 2-3
Carlson, Sarah, 83-4
Cartões de atividades, 166
  modelo, 80-90
  objetivo dos, 123-4
  para tarefas em grupo, 86-9
Cartões recurso, 87-90
Catanzarite, L., 34-5, 139-40
Cazden, C., 92-3, 167-8
Centro de Cooperação Inter-racial, 113-4
Cheng, Adrian, 80-2, 156-8
Chizhik, A. W., 34
Chizhik, E. W., 34
Ciência
  Next Generation Science Standards, 14-5, 93-4
  tarefas adequadas ao trabalho em grupo, 80-2
Círculos Partidos, 41-3, 57, 168-9, 179-83
Clareza por meio de um sistema de gerenciamento efetivo, 122-3
Classe social e sala de aula bilíngue, 165-6
Cobb, P., 15-6, 46-7
Cohen, Elizabeth G., 3-5, 10-3, 26-7, 28-30, 33-35, 34-7, 61-4, 74, 77-8, 82-3, 86, 100-1, 111-4, 122, 124-5, 129-131, 135-7, 139-40, 147-8, 156, 165-77
Cohen, G., 136-7
Colaboração para o planejamento da sala de aula, 150-1
Competência
  alunos de baixo *status versus* alto *status*, 133-4
  atribuindo a alunos de baixo *status*, 144-8
  demonstrações de, 81-4
  do baixo *status* ao recurso intelectual, 133-5
  estratégia de habilidades múltiplas, 137-45
  expectativas para, 133-48
  formação para a mudança de expectativa, 135-8
  reconhecimento público da, 146-7
Competência e crescimento intelectual, 98-102

Competição, 77-8
Comportamento
  antissocial, 53-7
  construtivo, 192-3
  destrutivo, 192-3
  habilidades de trabalho em grupo, 192-4
  para cooperação entre os alunos, 57
Composição do grupo e proficiência linguística, 168-70
Composição dos grupos, 67-72
Conceito da ideia principal, 65-6
Conhecimento da linguagem pedagógica, 92-4
Conner, T., 26-7
Conselho Nacional Para Professores de Matemática, 14-5
Conteúdo das disciplinas, domínio dos, 101-3
Controvérsia construtiva, 112-4
Cook, T., 135-7
Cooperação,
  comportamento antissocial, 53-7
  ensinando comportamentos cooperativos, 42-50
  experiências de acompanhamento, 42-3
  funcionamento do grupo, 51-4
  habilidades para um discurso de alto nível, 44-7
  preparação de alunos, 40-54
  preparando para, 39-57
  prevenção da dominância, 50-2
  princípios sociais de formação de equipes, 46-8
  regras, 39-40
  regras como ferramenta da sala de aula, 56-7
  regras para o comportamento do grupo, 49-52
  respondendo às necessidades do grupo, 41-3
  treinamento, 48-50
Correll, S., 31-3
Cossey, R., 10-1
Crespo, S., 80-1
Cronograma da aula, 78
Crusaders' Handbook, 65-7, 127-8

Cultura
  inteligência e, 140-1
  sala de aula bilíngue e, 165-6
Cummins, J., 166
Currículo
  componentes, 88-9
  habilidades múltiplas, 139-40, 143-4
  Padrões Curriculares Nacionais para Estudos Sociais, 14-5
  Parâmetros Estaduais de Núcleo Comum, 14-5
  revisão dos materiais, 72-4
  sala de aula bilíngue, 169-71, 175-7
  tradicional, 14
Currículo de Alteração Climática Global de Stanford, 84-5

D

Dar, Y., 22
Davidson, N., 15-6
Davis, E., 131-2
De Avila, E. A., 111-2, 170-1, 174-5
Dean, Diana, 155-6
DeAvila, E. A., 83-4, 87-8
Del Rio, 144-6, 147
Delegando autoridade. *Ver* Autoridade, delegação de
Dembo, M., 30-1
Descobrimento
  funções do grupo, 172-3
  instruções, 87-8
  materiais e gerenciamento, 171-5
  objetivo do, 170-1
  papéis para alunos mais jovens, 111-2
  procedimentos, 171-5
  resultados de desempenho, 174-7
Desenvolvimento da linguagem, 91-103
  acesso à tarefa de aprendizagem, 94-6
  aprendizagem cooperativa, 16-8
  competência e crescimento intelectuais, 98-102
  conhecimento da linguagem pedagógica, 92-4
  domínio do conteúdo da disciplina, 101-3
  em salas de aula justas, 91-5
  interações no grupo, 95-9

linguagem dos alunos, 92
Padrões Estaduais de Núcleo Comum, 93-5
papéis no grupo, 98-8
perspectiva da linguagem, 92-3
persuasão, 100-2
sala de aula bilíngue e, 165-6
uso de linguagem coloquial e formal pelos alunos, 93-4
Desenvolvimento de habilidades
discurso de alto nível, 44-7
melhorando as habilidades de funcionamento do grupo, 49-50, 192-4
objetivos intelectuais do trabalho em grupo, 14-7
para cooperação dos alunos, 57
Desenvolvimento de práticas, 14-7
Desigualdade, desvantagens educacionais da, 35-8
Dessegregação sexual, 26-7
Deutsch, M., 17-8
Dilema do trabalho em grupo, 23-38
comportamento de grupos orientados por tarefa, 26-33
desafios da sala de aula, 23-7
dominância e desigualdade, 35-6
expectativas e profecia autorrealizável, 32-6
hierarquia de *status*, 26-7
problemas de *status*, 34-6
status acadêmico, 28-31
status com os colegas, 30-2
status de especialista, 27-9
status social, 31-33
Discussão durante a tarefa, 111-2
Discussão liderada pelo professor e prática dos alunos, 195-8
Discutir e decidir, 45-6
Dispositivos de gravação, 110-1, 160-4
Divisão de Grupos por Desempenho dos Alunos (STAD), 63-4
Divisão de trabalho, 109-8, 112-5
Documentação em vídeo, 150, 151-2, 160-4
Dominância
desvantagens educacionais da, 35-8
prevenção da, 50-2

Drew, Zach, 149-52
Dumplis, Ariana, 83-4
Duncan, S. E., 87-8, 111-2, 170-1, 174-5
Durling, R., 11-2
Dweck, Carol, 140-1

E

Ecologia, sala de aula, 71-4
Edwards, K., 77-8
Eficiência dos grupos, 106-8
Ehrlich, D. E., 110-1
Eisner, E. W., 82-3
Encerramento
discutindo papéis, 116-8
feedback e interrogatório, 129-30
papel do professor, 128-30
planejamento, 73-4
responsabilidade do grupo durante, 128-9
utilização de estratégias de habilidades múltiplas, 14102
Ender, P., 40
Ensaios, 8-9
Ensino bilíngue para aprendizagem conceitual, 10-1
Ensino conjunto, 130-2
Ensino por alunos, 2
Eppler, R., 46-7
Epstein, C., 190-1
Epstein, Charlotte, 48
Equipe
ensino conjunto, 130-2
papel do professor, 129-32
planejamento e avaliação, 131-2
Equipes-Jogos-Torneios (TGT), 63-4
Escalas de Avaliação da Linguagem, 174-5
Escrita
competência e crescimento intelectuais, 98-102
uso de estratégia de habilidades múltiplas, 143-5
Escutando nas interações de grupo, 95-6
Espaçonave, 57, 193-5
Estações de trabalho, 72-3
Estágios do planejamento, 59-78
avaliação da/para aprendizagem, 74-8

avaliação pelos colegas, 76-7
composição dos grupos, 67-72
cronograma da aula, 78
ecologia da sala de aula, 71-4
encerramento, 73-4
equipes, 131-2
estruturas para trabalhar em grupo, 59-65
planejamento da orientação, 66-8
planejando a tarefa, 64-7
responsabilidade, 61-5
tamanho dos grupos, 67-8
testagem e pontuação, 76-8
visão geral, 59-60
Estereótipos
dominância e desigualdade, 36-7
expectativa de competência, 134-5
Estratégia de múltiplas habilidades, 137-45
currículo, 139-40, 143-4
definição, 139-42
etapas, 141-3
evidência de pesquisa, 138-40
leitura, escrita e cálculo, 143-5
para problemas de *status*, 137-8
tratamentos bem-sucedidos, 142-3
Estratégias para resolução de conflitos para o trabalho em grupo, 55-6, 195
Estruturas para trabalhar em grupo, 59-65
Estudo de Avaliação de Professores Iniciantes, 20-1
Exercícios de treinamento cooperativo, 179-98
Adivinhe a Minha Regra, 185-9
Círculos Partidos, 179-83
discussão liderada por professores e Espaçonave, 193-5
Foguete de Quatro Estágios, 190-4
frases "Eu me sinto", 195-6
Lógica do Arco-íris, 188-9
planilha de comunicação, 196-8
prática de alunos, 195-8
Projetista Mestre, 183-6
Quebra-cabeças, 182-4
Rio de Jacarés, 194-5
solicitações positivas, 196-7
Expectativas, conjunto misto de, 138-9

Expectativas e profecia autorrealizável, 32-6

F

Facilitador
atribuindo papéis, 115-7
papéis, 111-3
papel de liderança limitado, 108-10
treinamento, 117-9
Fala
acesso à tarefa de aprendizagem, 94-6
nas interações em grupo, 95-6
Faltis, C. J., 166-7
Farivar, S., 61
Featherstone, H., 80-1
Feedback para responsabilidade pela aprendizagem e, 128-9
avaliação do/para aprendizagem, 74-6
durante o encerramento, 129-30
pontuação *versus*, 78
Foguete de Quatro Estágios, 48, 57, 190-4
Formação para a mudança de expectativa, 135-8
Frames of Mind, 140-1
Frases "Eu me sinto", 195-6
Funcionamento do grupo, 51-4
Funcionando como um grupo, 51-4

G

Games. Ver Atividades e jogos
Gamoran, A., 61-2
Garcia, J., 136-7
Gardner, Howard, 140-1
Gerenciamento da sala de aula
idade dos alunos e, 3-4
linguagem em salas de aula justas, 91-5
melhorando, 19-22
Gerenciamento de conflitos, 127-8
Gibbons, P., 92-3
Gillies, R. M., 17-8
Goodman, J. A., 34
Gould, Stephen Jay, 140-1
Graves, Nancy, 41-2, 179
Graves, Ted, 41-2, 179

Greeno, J. G., 94-5
Greenwood, C., 20-1
Grossman, P., 131-2
Grupo de Investigação, 120
Grupos efetivos, 106-8
Grupos orientados por tarefas, 26-33
   hierarquia de *status*, 26-7
   status acadêmico, 28-9
   status de especialista, 27-9
   status entre os colegas, 30-2
   status social, 31-3
Grupos pequenos *versus* trabalho em grupo, 2
Guia para um observador, 149-50, 151-5

H

Habilidade artística, 142-3
Hall, J., 138-9
Hall, Jay, 14, 50-1
Hallinan, M. T., 22
Harrington, H. J., 49-50, 68
Harris, A. M., 115-6
Heck, M. J., 61-2
Hertz-Lazarowitz, R., 120
Hoffman, D., 29-30
Holthuis, N., 10-1, 46-7, 61-2, 85, 98, 122
Holubec, E., 85
Horn, I., 80-1
Horton, B., 20-1
Huber, G., 46-7

I

Imigrantes asiáticos e a sala de aula bilíngue, 166
Individualização Assistida dos Grupos (TAI), 63-4
Indivíduos afetivos em sala de aula, 48
Inglês como segunda língua, 16-7, 165-6
Integração, 120
Inteligência, 140-42
Interação
   competência e crescimento intelectuais, 98-102
   delegando autoridade, 122-3
   do grupo, 2-3
   entre colegas, 131-2
   linguagem e interação no grupo, 97-9
   linguagem e papéis no grupo, 95-8
   para aprendizagem conceitual, 12-3, 15-6
   participação no grupo, 95-9
   planejamento da sala de aula para, 59-61
Interação do grupo. *Ver* Interação
Interação entre colegas, 131-2
Intercâmbio
   aberto, 120
   criativo, 119
Interdependência, 85, 114-5
Intervenção
   atribuição de competência, 146-7
   papel do professor enquanto os grupos trabalham, 125-7
Intili, J. K., 129-31
Investigação em grupo, 120
Isolamento social, 26-7

J

Jilk, L., 80-1
Johnson, D., 12-3, 15-6, 49-50, 61, 77-8, 85
Johnson, D. W., 12-3, 17-8, 53-4, 63-4, 80, 112-3
Johnson, R., 12-3, 15-6, 49-50, 61, 77-8, 85
Johnson, R. T., 12-3, 17-8, 53-4, 63-4, 80, 112-3
Jones, F. E., 41-2
Justiça em sala de aula, 21-2

K

Kagan, S., 63-4
Kahne, J., 19-20
Kepner, Diane, 53-7
Kerckhoff, A. C., 22
Kinney, K., 106-7
Krashen, S. D., 95-6, 166-7
Kreidler, J., 54-5
Kubitschek, W., 22

L

Langer, J., 61-2
Leal, A., 115-6
Lee, C., 92
Lee, O., 93-4

Leechor, C., 10-2, 61-2, 122, 175
Leitura
  competência e crescimento intelectual, 98-102
  uso de estratégias de habilidades múltiplas, 143-5
Leknes, Brittany, 161-3
Leonard, M., 106-7
Leonard, Mike, 106-8
LeTendre, Gerald, 65-6
Lewis, S., 40
Liderança
  domínio de alunos de baixo *status*, 134-5
  limitada, 108-10, 118-9
  meninas *versus* meninos, 115-6
  papéis, 107-9
Lindholm, K. J., 166-7
Linguagem como recurso intelectual, 133-5
Linguagem de exposição, 97-8
Linguagem de ideias, 97-8
Lockheed, M., 113-4, 135-7
Lockheed, M. S., 115-6
Lógica do Arco-íris, 44-7, 48, 57, 188-9
Lohman, M., 113-4, 135-7
Lotan, Rachel A., 3-5, 10-1, 23, 34-6, 40, 61-2, 65-6, 70-1, 74, 79-90, 91-103, 122, 124-5, 128-9, 139-40, 144-5, 147-8, 156, 160-1, 175
Luther, Martin, 52-3

M

Marchand-Martella, N., 20-1
Marks, H., 20-1
Martella, R., 20-1
Martini, Paul, 121
Maruyama, D. W., 15-6
Maruyama, G., 77-8
Master, A., 136-7
Mastrandrea, M., 85, 98
McAuliffe, T., 30-1
McGroarty, Mary, 16-7
McKeown, W., 26-7
McLaughlin, B., 166-7
McLaughlin, M. W., 131-2
McTighe, J., 59-60
Meloy, Melissa, 80-2, 156-8, 162-4

Memorização, 9-11
Merino, B. J., 166-7
Método do Quebra-cabeça, 113-4
Michaels, S., 103
Miller, N., 49-50, 68, 77-8
Modelo de troca igual, 61
Modelo de troca limitada de trabalho conjunto, 61
Moderador, objetivo do, 109-10
Morris, R., 50-2
Múltiplas habilidades. *Ver* Estratégia de habilidades múltiplas
Murray, F., 11-2

N

National Governors Association Center for Best Practices & Council of Chief State School Officers, 14-5, 93-4
National Research Council, 14-5
Natureza da tarefa, 2-3
Naufrágio, 50-1, 57
Navarrete, C., 8, 175-6
Nelson, D., 15-6
Nelson, J., 20-1
Nemceff, W. P., 115-6
Neves, A., 83-4, 169-70, 174-5
Newmann, F., 15-6
Next Generation Science Standards, 14-5, 93-4
Nystrand, M., 61-2

O

O'Connor, C., 103
Oakes, J., 22
Objetivo do trabalho em grupo, 7
Objetivos das aulas, 59-61
Objetivos intelectuais do trabalho em grupo, 7-18
  aprendizagem conceitual, 8-13
  desenvolvimento da linguagem, 16-8
  desenvolvimento de habilidades e práticas, 14-7
  exemplo, 7-9
  resolução criativa de problemas, 13-4
Objetivos sociais, 17-20
  relações intergrupais positivas, 18-9

socializando alunos para papéis adultos, 19-20
trabalho em grupo para atingir, 17-9
Observações colegiais, 156-8
Observações na sala de aula
  avaliação do trabalho em grupo, 149-50
  cálculos dos pontos de participação, 159-61
  guia para o observador, 149-50, 151-5
  observações de colegas, 156-8
  observações quantitativas sistêmicas, 155-8
  participação individual, 158-61
  planilha de pontos de participação, 158-60
Observações quantitativas sistêmicas, 155-8
Ordem de *status* acadêmico, 27-31
Orientações
  papel do professor, 128-9
  planejamento, 66-8
  uso de estratégias de habilidades múltiplas, 14102
Oslund, J., 80-1

P

Padrões Estaduais de Núcleo Comum, 14-5, 93-5
Palinscar, A., 109-8
Papa Leão XI, 52-3
Papa Urbano II, 65-6
Papéis
  do grupo. *Ver* Papéis e responsabilidades do grupo
  do professor. *Ver* Papel do professor
  para alunos mais jovens, 111-3
  para alunos mais velhos, 109-12
Papéis "como", 106-7
Papéis "o que", 113-4
Papéis e responsabilidades do grupo, 105-20
  alunos mais jovens, 111-3
  alunos mais velhos, 109-12
  atribuindo papéis, 114-7
  controvérsia construtiva, 112-4
  desenvolvimento de papéis, 116-9

diferentes e complementares, 113-4
divisão de trabalho, 109-8, 112-5
eficácia, 106-8
eficiência, 106-8
exemplos, 105-7
facilitadores de treinamento, 117-9
interdependência, 114-5
investigação em grupo, 120
moderador, 109-10
objetivos dos, 106-8
papéis "como", 106-13
papéis "o que", 113-4
papéis de liderança, 107-9
projetos de longo prazo, 118-20
técnicas de liderança limitada, 108-10, 118-9
Papel do professor, 121-31
  dando voltas, 123-5
  delegando autoridade, 122-30
  encerramento, 128-30
  enquanto os grupos trabalham, 124-8
  gerenciamento de conflito, 127-8
  orientação, 128-9
  responsabilidade dos alunos, 128-9
  sistema de gerenciamento efetivo, 122-4
  trabalhando como uma equipe, 129-32
  trabalhar com outra fonte de apoio, 122
  trabalho em grupo *versus* supervisor de alunos, 121
Parâmetros Curriculares Nacionais para Estudos Sociais, 14-5
Parks, A., 80-1
Perrow, C. B., 130-1
Perdido na Lua, 14, 138-9
Persuasão, 100-2
Pesar o coração, 86-7
Pesquisa
  aprendizagem conceitual, 10-3
  autoavaliação, 111-2
  desenvolvimento da linguagem e domínio do conteúdo das disciplinas, 101-3
  desenvolvimento da linguagem, 92-3
  estratégia de habilidades múltiplas, 138-40
  Estudo de Avaliação do Professor

Iniciante, 20-1
gerenciamento da sala de aula e progressos na aprendizagem, 124-5
interação entre os estudantes, 122
papéis facilitadores, 109-10
teorias da sala de aula, 3-5
Pfeiffer, J., 41-2
Planejando a tarefa, 64-7
Planejando o trabalho em grupo na sala de aula, 149-50, 151-2
Planilha de comunicação, 196-8
Planilha de pontuação de participação, 158-60
Planilha ou tarefa escrita, 123-4
Pontuação, 76-8
Preparação da discussão em grupo, 190-4
Preparação para o trabalho em grupo, 40-54
  ensinando comportamentos cooperativos, 42-50
  experiências de acompanhamento, 42-3
  Foguete de Quatro Estágios, 190-3
  funcionamento do grupo, 51-4
  habilidades para o discurso de alto nível, 44-7
  melhorando as habilidades para funcionamento do grupo, 192-4
  prevenção da dominância, 50-2
  princípios sociais de formação de equipes, 46-8
  regras para o comportamento do grupo, 49-52
  respondendo às necessidades do grupo, 41-3
  treinamento, 48-50
Preparações para o Dia das Bruxas, 80-1
Preparando o cenário, 66-74
  composição de grupos, 67-72
  ecologia da sala de aula para os grupos, 71-4
  encerramento, 73-4
  planejamento de orientação, 66-8
  tamanho dos grupos, 67-8
Princípios, 2-5
Princípios sociais de formação de equipes, 46-8, 179-89

Problema do aproveitador, 62-3
Problema dos preguiçosos sociais, 62-3
Profecia autorrealizável, 32-6
Proficiência oral, 166-70
Programa de Ensino para Equidade, 86-7, 62-3, 174-5
Projetista Mestre, 47-8, 57, 182-6
Projeto Mudança Climática Global, 98-9
Projeto Professor Investigador, 167-8
Projetos a longo prazo, 118-20

Q

Qin, Z., 80
Quadrados Partidos, 41-2, 57, 179
Quebra-cabeças, 182-4
Questionário dos alunos, 154-6, 199-203
Questões de segurança, 72-3
Quinn, H., 93-4

R

Recompensas do grupo, 63-4, 77-8
Recursos intelectuais, 133-5
Redação e Leitura Integradas Cooperativas (CIRC), 63-4
Refletindo sobre o trabalho em grupo, 163-4
Regras
  como ferramenta prática para a sala de aula, 56-7
  definição, 39
  internalizadas, 39
  para o comportamento do grupo, 49-52
  sala de aula tradicional, 40
Relações positivas entre grupos, 18-9
Relator, 110-12
Relatório individual, 88-90
Relatórios de progresso dos alunos, 74-6
Relatos escritos, 8-9
Resh, N., 22
Resnick, L. B., 103
Resolução criativa de problemas, 13-4
Responsabilidade
  de indivíduos e grupos, 61-5
  do grupo, 128-9
  individual, 85-6, 128-9

Responsabilidades do grupo. *Ver* Papéis e responsabilidades do grupo
Resposta às necessidades do grupo, 179-89
  Adivinhe a Minha Regra, 185-9
  Círculos Partidos, 179-83
  Lógica do Arco-íris, 188-9
  Projetista Mestre, 183-6
  Quebra-cabeças, 182-4
  tarefas cooperativas, 41-3
Revezamento, 61
Ridgeway, C., 31-3
Rio de Jacarés, 57, 194-5
Robbins, A., 135-7
Rondar o grupo, 123-6
Roper, S., 135-7
Rosebery, A. S., 11-2
Rosenberg, M. B., 54-5
Rosenholtz, S. J., 28-30, 32-4, 82-3, 138-40, 185-6
Rubin, B., 35-6, 68, 69-70
Ruído na sala de aula, 72-3

S

Sala de aula
  atribuindo competências e a sala de aula justa, 147-8
  avaliação, 111-2
  desenvolvimento da linguagem e a sala de aula justa, 91-5
  justiça, 21-2
  heterogênea, 21-2
Sala de aula bilíngue, 165-77
  composição do grupo e proficiência linguística, 168-70
  currículo, 169-71, 175-7
  desafios da, 165-6
  Descobrimento, 170-6
  objetivos para aumentar a proficiência em inglês, 166
  proficiência oral, 166-70
Saltzman, J., 85, 98
Scarloss, B. A., 12-3, 86
Schultz, S. E., 11-3, 86, 122, 124-5
Schwartz, D. L., 14
Scott, W. R., 130-1
Sentar para discutir em grupo, 71-2

Shachar, H., 18-9
Sharan, H., 19-20
Sharan, S., 17-20, 63-4, 120, 135-7
Sharan, Y., 19-20, 120
Shick, C., 11-2
Shulman, J., 23-6, 31-2, 128-9, 144-5, 160-1
Simpson, C., 82-3
Sintetizador, 109-10
Sistema de gerenciamento, 122-4
Skon, L., 15-6
Slavin, R. E., 18-9, 20-22, 63-4, 77-8
Smith, K., 12-3, 112-3
Snow, C. E., 92
Snow, M. A., 172-3
Solicitações positivas, 196-7
Solomon, E. C. L., 15-6
Solomon, R. D., 15-6
Staples, M., 15-6
Status
  alunos de alto *status*, 133
  alunos de baixo *status*. *Ver* Alunos de baixo *status*
  característico, 32-3
  entre os colegas, 30-2
  especialista, 27-9
  estratégia de habilidades múltiplas para problemas, 137-8
  hierarquia de *status* acadêmico, 27-8, 28-31
  hierarquia, 26-7
  influências contextuais nos problemas de *status*, 34-6
  reconhecendo problemas de *status*, 34-5
  social, 31-3
Steele, C., 30-1, 32-3
Steele, Claude, 29-30, 136-7
Sternberg, R. J., 140-1
Strange, J., 14
Sintetizador, 109-10
Swanson, P. E., 102-3

T

Talbert, J. E., 131-2
Tamanho dos grupos, 67-8
Tammivaara, J., 138-40
Tangram, 47-8, 183-4

Tarefas. *Ver também* Tarefas de aprendizagem adequadas ao trabalho em grupo
  abertas, incertas, 64-5, 79-82
  aprendizagem, 79-90
  avaliação, 149-50
  avaliação de tarefas de aprendizagem, 94-8
  conversas durante a atividade, 111-2
  discussão, 193-8
  instruções, 86-8
  multidimensionais, 81-3
  natureza das, 2-3
  planejamento, 64-7
  rotineiras, bem definidas, 64-5, 79
  tarefas de grupos de alunos, 2
  tempo nas, 20-1
  tempo para, 88-90
  unidimensionais, 81-3
  uso de estratégias de habilidades múltiplas, 142-3
Tarefas de aprendizagem adequadas ao trabalho em grupo, 79-90. *Ver também* Tarefas
  abertas, 80-2
  atividades para adultos, 140-1
  avaliação, 86-7
  baseadas em disciplinas, conteúdo intelectualmente importante, 84-5
  cartões de recursos, 87-90
  cartões de tarefas, 86-90
  considerações sobre o tempo, 88-90
  demonstrações de competência, 81-4
  descrição de, 79
  em ciências, 80-2
  instruções, 86-9
  interdependência, 85
  múltiplos estímulos iniciais, 81-4
  relatório individual, 88-90
  responsabilidade individual, 85-6
Tarefas de aprendizagem. *Ver* Tarefas de aprendizagem adequadas ao trabalho em grupo
Tarefas de discussão, 193-8
Técnica de especialista, 112,4
Tecnologia complexa, 130-1
Temperatura global da atmosfera e dos oceanos, 84-5
Tempo na tarefa, 20-1
Tempo para tarefas, 88-90
Teoria dos Estados de Expectativa, 33-4
Testagem, 76-8. *Ver também* Avaliação da/para aprendizagem
Teste global para habilidades básicas, 174-5
The Mismeasure of Man, 140-1
Thompson, J. A., 15-6
Title I Schools, 20-1
Trabalho em grupo
  agrupamento por habilidades *versus*, 1-2
  características, 2-3
  definição, 1
  objetivo do, 7
  papel do professor, 121
  pequenos grupos *versus*, 2
  planejamento para o trabalho em grupo na sala de aula, 149-50, 151-2
  preparação. *Ver* Preparação para o trabalho em grupo
  princípios, 2-5
Trabalho em grupo na sala de aula
  avaliando, 149-64
  avaliação do planejamento, 151-2
  colaboração, 150-1
  dispositivos de gravação, 160-4
  ferramentas para avaliação, 151-64, 199-203
  guia de observação, 149-50, 151-2
  guia para o observador, 152-5
  observações de participação individual, 158-61
  observações quantitativas sistêmicas, 155-8
  questionário dos alunos, 154-6
  reflexões, 163-4
  responsabilidade dos alunos, 199-203
  tarefas de planejamento, implantação e avaliação, 149-50
  vídeo documentando, 150-2, 160-4
Trabalho em grupo em salas de aula diversas: um livro de casos para educadores, 23
Trabalho em sala de aula colaborativo, 61, 123-4

desvantagens do uso, 20-2
individualizado, 22
Treinamento
    exercícios. *Ver* Expectativas de exercícios cooperativo, 135-8
    facilitadores, 117-9
    preparação para o trabalho em grupo, 48-50
Tudge, J., 11-2

U
Utley, C., 20-1

V
Valdés, G., 92-4, 100-1
Van Lier, L., 94-5
Vygotsky, L., 11-2

W
Webb, N., 10-1, 22, 40, 43-4, 61
Websites IASCE, 16-7
    Currículo de Alteração Climática Global de Stanford, 84-5
    desenvolvimento da linguagem, 92-3
Wesche, M. B., 172-3
Westheimer, J., 19-20

Whitcomb, J., 23, 128-9, 144-5, 160-1
Whitcomb, Jennie, 65-6
Wiggins, G., 59-60
Wilcox, M., 117-9
Wild, A., 85, 98
Willett, K., 100-1
William, D., 74
Wilson, B., 29-30, 82-3
Wofsey, Kevin, 149-52
Wood, T., 15-6
Woods, M., 80-1

X
Xu, Lily, 161-3

Y
Yackel, E., 15-6, 46-7
Yager, S., 61

Z
Zack, M., 109-10
Zelditch, M., Jr., 33-4